《投资项目可行性研究报告编写大纲》学习辅导

U0954218

中国工程咨询协会　编著

中国统计出版社
China Statistics Press

图书在版编目(CIP)数据

《投资项目可行性研究报告编写大纲》学习辅导 / 中国工程咨询协会编著. —— 北京 ：中国统计出版社，2023.12

ISBN 978－7－5230－0390－9

Ⅰ. ①投… Ⅱ. ①中… Ⅲ. ①投资项目－可行性研究－研究报告－写作－自学参考资料 Ⅳ. ①F830.593 ②H152.3

中国国家版本馆 CIP 数据核字(2023)第 237710 号

《投资项目可行性研究报告编写大纲》学习辅导

作　　者/中国工程咨询协会
责任编辑/冯诗萌
封面设计/李　静
出版发行/中国统计出版社有限公司
通信地址/北京市丰台区西三环南路甲 6 号　邮政编码/100073
发行电话/邮购(010)63376909　书店(010)68783171
网　　址/http://www.zgtjcbs.com/
印　　刷/河北鑫兆源印刷有限公司
开　　本/710mm×1000mm　1/16
字　　数/262 千字
印　　张/21
印　　数/1—3000 册
版　　别/2023 年 12 月第 1 版
版　　次/2023 年 12 月第 1 次印刷
定　　价/78.00 元

序　言

2023年3月23日，国家发展改革委印发了《政府投资项目可行性研究报告编写通用大纲(2023年版)》和《企业投资项目可行性研究报告编写参考大纲(2023年版)》，这是我们工程咨询行业的一件大事。高质量发展需要高质量的投资，高质量的投资离不开高质量的投资决策，而可行性研究是投资决策的核心环节。两个大纲的发布对于指导工程咨询机构强化投资项目可行性研究，提升项目前期工作质量，推动投资高质量发展具有重要意义。工程咨询行业要深入学习贯彻两个大纲的精神和要求，着力深化可行性研究工作，为各类投资主体推进项目科学决策提供有力的支撑。

中国工程咨询协会高度重视两个大纲的宣贯，先后组织开展了一系列宣传和培训工作。2023年4月10日，肖凤桐会长在国家发展改革委官网发表题为《贯彻大纲理念要求践行行业使命担当以高质量咨询服务引领行业转型升级》的解读文章。2023年4月25日，在国家发展改革委投资司的指导下，协会组织召开了两个大纲培训会，在京有关中央管理企业、金融机构、承担国家发展改革委咨询评估任务的咨询评估机构，以及工程咨询行业有关专家230余人现场参会，全国各有关单位约5.7万人线上参会。之后，协会又组织行业17位资深专家组成师资团，在华北、东北、西北、华中、华南、西南等六大区举办了6场培训会。每一场培训会都精心设计课程，收到了良好的效果。

新版《通用大纲》和《参考大纲》以习近平新时代中国特色社会主义思想为指导，全面贯彻新发展理念，是对我国二十多年来可行性研究与投融资建设工作的系统总结，内涵丰富，具有时代先进性。为巩固培训效果，营造持续学习的氛围，中国工程咨询协会组织力量对一系列宣贯文章和培训材料进行了系统整理，编撰出版了《〈投资项目可行性研究报告编写大纲〉学习辅导》。

本书取材广泛，内容丰富。一是包含了国家发展改革委投资司、中国工程咨询协会、国家开发银行、国家开发投资集团、浙江省发展规划研究院等单位对大纲的解读，既有综合性阐述，也有重点分析，有助于系统学习掌握；二是对一系列培训材料进行了再整理，内容详实，案例丰富；三是选编了部分工程咨询从业人员学习两个大纲的心得体会，着重从咨询业务的实际出发谈两个大纲的指导作用。

党的十八大以来，工程咨询领域业务发展日新月异，但是，无论业务创新的步伐迈得有多快、多远，可行性研究仍然是工程咨询服务的源头起点，是工程咨询从业人员的"基本功"和"看家本领"。新形势下，工程咨询行业贯彻好两个大纲，具有多方面的意义：

一是新时期投资高质量发展的需要。党的二十大报告提出高质量发展是全面建设社会主义现代化国家的首要任务。中国经济发展从"重视数量"转向"提升质量"，从"规模扩张"转向"结构升级"，从"要素驱动"转向"创新驱动"。做好可行性研究工作，有利于进一步扩大有效投资，激发社会投资活力，增强投资优化供给结构关键作用。在世界格局深度调整、国内经济增速从高速转为中高速后，投资的外部边界约束条件和因素也发生了变化，化解大规模债务的空间一定程度受到了压缩，纠正重复建设、过热投资的代价也越来越高，被动处理问题不如关口前移，从投资决策的源头把好关，尤为重要。在这一背景下，国家发展改革委发布两个大纲，意义重大，影响深远，有助于从源头提升投资决策质量，推动投资高质量发展。

二是有利于促进工程咨询机构高质量发展。工程咨询机构要将两个大纲的咨询要求视为一次系统的能力检视，进一步加强创新，培养高素质的综合型人才，加大数字化资源投入，积极与外部机构开展横向合作，强优势、补弱项，突破传统"工程建设可行性研究"范畴，从项目全生命周期出发，推进全过程工程咨询等一体化咨询模式的发展。前期咨询在全过程工程咨询中发挥着引领作用，直接决定项目建设、运营的质量。夯实可行性研究，是对全过程工程咨询发展的有力促进。

三是有利于切实激发民间投资活力。民营资本在我国经济社会发展中，是一支不可或缺的重要力量。工程咨询机构要认真贯彻《参考大纲》理念和要求，创新民间投资咨询理念，精准把握民间投资需求定位，完善要素分析，优化技术、设备方案设计，加强数字化方案应用，谋划好民间投资项目运营模式、商业模式，系统制定融资方案，降低债务风险，提高民营企业参与国家重大战略、重大科技创新、重大基础设施建设的投资决策和管理水平。

四是有利于防范和化解风险，保障投资效益实现。《通用大纲》和《参考大纲》将风险防范要求贯穿于需求可靠性、要素保障性、工程可行性、运营有效性、财务合理性、影响可持续性等方面分析。要精准把握政府投资项目与企业投资项目定位，做好要素保障分析，注重技术方案和设备方案的安全可控，充分做好项目融资方案，重视商业模式与管理运营，加强社会风险评估，通过一系列的论证分析，使投资项目达到需求明确、定位清晰、条件具备、依法合规、风险可控的目标，最大程度地规避各类风险。

大纲的生命力在于执行，在于与时俱进。工程咨询行业要认真学习贯彻大纲精神，在执行过程中，注意总结经验、发现问题、提出建议。中国工程咨询协会将继续深化两个大纲的宣贯工作，密切跟踪并向行业主管部门及时反映大纲执行情况，与广大工程咨询机构和从业人员一起，努力谱写中国式现代化建设工程咨询服务新篇章。

目　录

学习交流

附录

政策解读

国家发展改革委有关负责同志就投资项目可行性研究报告编写大纲及说明答记者问

2023 年 3 月，国家发展改革委印发投资项目可行性研究报告编写大纲及说明(发改投资规〔2023〕304 号，以下简称《可研大纲》)，具体包括《政府投资项目可行性研究报告编写通用大纲(2023 年版)》《企业投资项目可行性研究报告编写参考大纲(2023 年版)》和《关于投资项目可行性研究报告编写大纲的说明(2023 年版)》(以下分别简称《通用大纲》《参考大纲》和《编写说明》)。国家发展改革委有关负责同志就此接受采访，回答记者提问。

一、《可研大纲》的制定背景是什么?

可行性研究是投资项目决策阶段的基础性工作，是投资决策的重要依据。20 世纪 80 年代初，学习借鉴世界银行和联合国工业发展组织推进项目建设的有益经验，我国探索引入可行性研究制度。1983 年，原国家计委发布《关于建设项目进行可行性研究的试行管理办法》，明确可行性研究是建设前期工作的重要内容，是基本建设程序的组成部分，标志着可行性研究制度在我国的正式确立。2002 年，原国家计委印发《投资项目可行性研究指南(试用版)》(以下简称《指南》)，作为国家层面上用以指导全国投资项目可行性研究工作的规范性文本。20 多年来，《指南》在指导项目可行性研究工作、引领我国投资项目科学决策等方面发挥了重要作用。但随着我国经济社会发展形势的变化，投资法规政策制度的持续完善，投融资体制改革的不断深化，《指南》有关内容已难以适应我国投资管理的实践需要。主要是《指南》对坚持以人民为中心的发展思想、共同富裕、绿色发展、数字经济，以及增强投资对优化供给结构的关键作用等高质量发展的要求体现不够，以审批制为核心确立的可行性研究报告框架已不符合政府投资项目和企业投资项目分类管理的要求，对项目全生命周期管理的理念关注不够等。

党的二十大报告指出，要加快构建新发展格局，着力推动高质量发展。高质量发展需要高质量的投资，高质量的投资需要高质量的投资决策，而可行性研究是投资决策的核心环节，投资项目是投资活动的微观基础。要实现投资高质量发展，就必须强化投资项目可行性研究的基础作用，深入把握项目可行性研究的重点，注重防控项目决策、建设、运营风险，着重提高投资综合效益，推动投资项目转化为有效投资，助力经济社会健康可持续发展。为此，国家发展改革委在系统总结 2002 年《指南》使用经验的基础上，立足新发展阶段，广泛征求各方意见，凝聚各方共识，制定印发了可研大纲。

二、《可研大纲》的主要内容和创新亮点有哪些？

此次颁布的《可研大纲》与 2002 年的《指南》是承继关系，对于大纲没有涵盖的可行性研究方法等内容，仍然适用《指南》有关规定。但相对于《指南》，可研大纲更加突出可行性研究重点内容的前后逻辑和统筹协调，重点补充完善碳达峰碳中和、扩大内需、自主创新、共同富裕、国家安全、数字经济等体现高质量发展的内容。

（一）关于《通用大纲》。共 11 个部分 39 条，主要包括项目概述、项目建设背景和必要性、需求分析与项目产出、项目选址与要素保障、项目建设方案、项目运营方案、项目投融资与财务方案、项目影响效果分析、项目风险管控方案、研究结论及建议等。《通用大纲》要求政府投资项目的可行性研究重点聚焦经济社会发展需要，在满足基本需求时更加关注社会效果评价；在适用上，《通用大纲》属于强制适用，政府投资项目可行性研究报告原则上应按照大纲进行编写，并作为项目审批的基本依据。

（二）关于《参考大纲》。共 10 个部分 38 条，结构基本与《通用大纲》保持一致，但在具体内容上，《参考大纲》更加突出引导企业投资项目聚焦市场需求分析，合理测算企业投资收益，关注企业财务的可持续性，指导企业切实防范各类风险。《参考大纲》不具有强制性，属于参考适用，主要是引导企业重视项目可行性研究，加强项目内部决策管理，促进依法合规生产经营，实现健康可持续发展。

（三）关于《编写说明》。共 5 个部分。第一、二、三部分主要明确了可研大纲的制定目的、适用范围和原则要求。第四部分按照《通用大纲》和《参考大纲》确定框架结构，重点阐述了项目可行性研究报告的主要内容及相应编写说明。第五部分阐明了可行性研究报告与政府投资项目建议书、企业投资项目申请书等投资决策其他手续的关系。

此次颁布的可研大纲创新亮点在于，立足新发展阶段，贯彻新发展理念，在 2002 年《指南》基础上，坚持以着力推动投资高质量发展为主线，按照政府投资项目和企业投资项目分类管理的总体思路，围绕项目建设必要性、方案可行性及风险可控性等三大目标，更加注重发挥重大战略、重大规划和产业政策的引领作用，更加注重从项目全生命周期出发统筹拟定项目投融资和建设实施方案，更加注重经济、社会、环境等新评价理念的应用，更加注重可行性研究重点内容的前后逻辑和统筹协调，将扩大内需、碳达峰碳中和、自主创新，以及投资建设数字化等新要求有机融入可行性研究制度规范。

三、《可研大纲》明确了哪些开展可行性研究工作的原则要求？

此次颁布的《可研大纲》，明确开展可行性研究工作要按照政府投资项目和企业投资项目分类管理的要求，围绕项目建设必要性、方案可行性及风险可控性三大目标，将投资项目全生命周期等新理念新要求融入可行性研究，推动建立适应高质量发展的投资项目可行性研究制度规范。

一是要贯彻投资项目全生命周期管理的理念。可行性研究应从项目全生命周期管理的角度出发，全面系统分析各环节涉及的因素，客观进行经济、社会、环境等影响论证评价，准确识别和管控各类风险，在此基础上择优提出项目建设实施方案，重点突出“四个强化”，即强化规划政策符合性，强化投资建设全过程数字化应用方案分析，强化项目运营方案的比较分析，强化项目融资方案和财务可持续性保障分析。

二是要体现政府投资项目和企业投资项目分类管理的要求。可行性研究应充分发挥市场在资源配置中的决定性作用，更好发挥政府作用，根据政府投资项目和企业投资项目分类管理要求，明确政府投资项目和企业投资项目可行性研究的不同侧重。其中，政府投资项目可行性研究应突出经济社会综合效益，并根据经济社会发展需要和财政可负担性，合理确定建设标准、建设内容、投资规模等，防范地方政府隐性债务风险；企业投资项目可行性研究应突出经济性，聚焦企业自主投资决策所关注的投资收益、市场风险规避等内容，引导企业提高投资决策的科学性和财务的可持续性。

三是要聚焦“三大目标、七个维度”的核心内容。无论是《通用大纲》，还是《参考大纲》都强调，可行性研究要围绕投资项目建设必要性、方案可行性及风险可控性三大目标开展系统、专业、深入论证，重点要把握“七个维度”的研究论证内容。其中，项目建设必要性应从需求可靠性维度研究得出结论，项目方案可行性应从要素保障性、工程可行性、运营有效性、财务合理性和影响可持续性等五个维度进行研究论证，项目风险可控性应通过各类风险管控方案维度研究得出结论。

四、如何推动《可研大纲》更好落地实施？

《可研大纲》的颁布实施，将引领工程咨询服务和投资管理工作理念、模式的转变和创新。国家发展改革委将以《可研大纲》颁布为契机，推动各有关方面更加重视项目可行性研究工作，将有关要求落实落细到投资各行业各领域各主体，以高质量的可行性研究工作提升投资决策的科学化水平，助力扩大有效投资。下一步，国家发展改革委将从两个方面，推动《可研大纲》的贯彻落实工作。

一方面，加强《可研大纲》的宣传解读和专题培训。组织新闻媒体、行业协会和专家学者多渠道、多角度广泛开展宣传解读，并针对各地方、企业、咨询机构和金融企业等分层次、有重点开展系列专题培训。推动各级投资主管部门和其他有关部门落实《可研大纲》要求，加强项目可行性研究重点内容的审核，提升投资管理法治化水平。指导各类投资主体和工程咨询机构在投资项目谋划、储备和上报阶段，更加重视项目可行性研究工作，促进全过程工程咨询深入发展，切实提升项目前期工作质量。引导金融机构注重把握《可研大纲》有关财务及投融资管理的内容，促进投贷联动。推动高校、科研院所设置可行性研究理论和方法专业课程，促进相关理论研究和实践发展。

另一方面，建立《可研大纲》动态调整机制。投资项目可行性研究工作也要随着经济社会发展和改革的不断深化，因应形势、与时俱进，在实践中不断地总结、改进、提升。国家发展改革委将加强《可研大纲》阶段性评估和动态调整，及时收集、整理各方面对《可研大纲》的意见建议，并结合投资管理新形势新要求适时予以修订，形成实践和制度相互检验、相互促进、共同发展的良性循环。

加强投资项目可行性研究
着力推动投资高质量发展

国家发展改革委投资司

2023年3月，国家发展改革委印发投资项目可行性研究报告编写大纲及说明（发改投资规〔2023〕304号，以下简称《可研大纲》），包括《政府投资项目可行性研究报告编写通用大纲（2023年版）》（以下简称《通用大纲》）、《企业投资项目可行性研究报告编写参考大纲（2023年版）》（以下简称《参考大纲》）和《关于投资项目可行性研究报告编写大纲的说明（2023年版）》。在组织起草《可研大纲》过程中，我们坚持贯彻党的二十大精神，立足我国国情，强化系统观念，努力推动建立适应高质量发展要求，符合中国投资实践活动的投资项目可行性研究制度规范。《可研大纲》的颁布实施，将为扩大有效投资，促进高质量发展提供有力支撑。

一、深刻认识加强投资项目可行性研究的重要性和迫切性

党中央、国务院高度重视投资项目前期工作。习近平总书记在2022年中央经济工作会议的重要讲话中指出，要加强项目储备和前期工作，强化要素保障。党的二十大报告强调，要增强投资对优化供给结构的关键作用。党的十八大以来，投融资体制改革持续深化，投资法规制度体系逐步健全，投资政策工具不断丰富，投资形势和结构发生深刻变化，《可研大纲》作为开展项目可行性研究工作的基础指南，顺应经济社会发展新形势新要求，巩固和深化投融资体制改革成果，着力加强对项目前期工作的政策指导，将为各有关方面高质量开展项目可行性研

究工作，切实提升项目前期工作质量提供重要基础性技术支撑和制度遵循。

加强投资项目可行性研究是实现投资高质量发展的基础支撑。党的二十大报告指出，要加快构建新发展格局，着力推动高质量发展。高质量发展需要高质量的投资，高质量的投资需要高质量的投资决策，高质量的投资决策需要高质量的可行性研究。要实现投资高质量发展，就必须强化投资项目可行性研究的基础作用，深入把握项目可行性研究的重点，着重提高投资综合效益，注重防控项目决策、建设、运营风险，推动投资项目转化为有效投资，助力经济社会健康可持续发展。

加强投资项目可行性研究是巩固和深化投融资体制改革的客观需要。2004 年《国务院关于投资体制改革的决定》确立了政府投资和企业投资分类管理的改革框架。2018 年《中共中央、国务院关于深化投融资体制改革的意见》，部署深化投资领域“放管服”改革，推进投资审批由串联改为并联。2016 年、2019 年《企业投资项目核准和备案管理条例》《政府投资条例》先后颁布，标志着投资管理全部纳入法治化轨道。贯彻落实充分发挥市场在资源配置中的决定性作用和更好发挥政府作用的精神，《可研大纲》根据政府投资项目和企业投资项目分类管理要求，明确两类项目可行性研究的不同侧重，努力将投融资体制改革成果转化制度规范，并通过制度促进改革不断向纵深推进。

加强投资项目可行性研究是提升投资决策科学化法治化水平的内在要求。20 世纪 80 年代初，学习借鉴世界银行和联合国工业发展组织推进项目建设的有益经验，我国探索引入可行性研究制度。2002 年原国家计委印发《投资项目可行性研究指南（试用版）》（以下简称《指南》），在指导项目可行性研究工作、引领我国投资项目科学决策等方面发挥了重要作用。随着我国经济社会发展形势的深刻变化，《指南》有关内容需要根据我国投资管理的实践进行相应修改。《可研大纲》在《指南》基础上，着力补充完善绿色发展、共同富裕、数字经济等高质量发展的内容，着力加强可行性研究工作重点内容的统筹协调，有助于深化项目可行性研究的广度和深度,将为各类投资主体推进项目科学决策提供重要指引,为各级人民政府依法加强和改进投资管理提供基础依据。

二、准确把握《可研大纲》的原则要求,着力深化可行性研究工作

此次颁布的《可研大纲》,立足新发展阶段,贯彻新发展理念,在2002年《指南》基础上,坚持以着力推动投资高质量发展为主线,按照政府投资项目和企业投资项目分类管理的总体思路,围绕项目建设必要性、方案可行性及风险可控性等三大目标,更加注重发挥重大战略、重大规划和产业政策的引领作用,更加注重从项目全生命周期出发统筹拟定项目投融资和建设实施方案,更加注重经济、社会、环境等新评价理念的应用,更加注重可行性研究重点内容的逻辑衔接,将扩大内需、碳达峰碳中和、自主创新,以及投资建设数字化等新要求有机融入可行性研究制度规范。在具体适用过程中,要重点把握好三方面的原则要求。

(一)可行性研究要贯彻投资项目全生命周期管理的理念

从投资项目全生命周期来看,投资项目包括项目决策、建设、运营三个主要阶段。在三个主要阶段中,具体包括项目发起、可行性研究、项目决策、建设准备、建设实施、运营管理,以及涉及项目全生命周期的投融资与财务管理、风险管控等一系列具体环节。这些环节既有先后顺序,也互相交叉、影响和制约。为了保证投资决策达到预期效果,提升投资决策的科学性和精准性,可行性研究应从项目全生命周期管理的角度出发,全面系统分析各环节涉及的因素,客观进行经济、社会、环境等影响论证评价,准确识别和管控各类风险,在此基础上择优提出项目建设实施方案。《可研大纲》重点突出"四个强化"。

强化规划政策符合性分析。可行性研究应体现经济社会发展战略和规划要求,从扩大内需、共同富裕、乡村振兴、科技创新、节能减排、碳

达峰碳中和、国家安全、基本公共服务保障等重大政策目标层面进行分析，研究提出项目建设的必要性，评价项目与战略规划目标、政策要求的一致性。

强化投资建设全过程数字化应用方案分析。投资建设数字化转型有利于带动项目建设和建筑材料产业的数字化、网络化、智能化转型，实现投资项目造价、进度、质量、安全的精准有效控制，促进项目全生命周期降本增效。因此，可行性研究在确定项目建设方案时，应重视数字化应用，在对项目组织实施、工期安排、招标方案等进行分析，明确建设管理方案基础上，结合项目实际研究提出推进项目设计、施工、运维数字化应用和交付的方案。

强化项目运营方案的比较分析。可行性研究要改变以往“重建设、轻运营”的做法，更加重视项目运营方案分析研究。在可行性研究提出项目运营方案时，要注意运营模式的选择和创新，制定项目全生命周期关键绩效指标和绩效管理机制，着力加强基于项目全生命周期的运营方案优化和系统性论证。

强化项目融资方案和财务可持续性保障分析。可行性研究要在统筹明确项目产出方案、建设方案和运营方案的基础上，精准研究拟定项目投资需求和融资方案。对于使用债务融资的项目，要评价项目债务清偿能力，以及是否增加当地政府财政支出负担、引发地方政府隐性债务风险等。对于企业投资项目，要突出财务可持续性论证，分析投资项目对企业整体财务状况的影响，判断项目是否有足够的净现金流量，确保维持正常运营及保障资金链安全。

（二）可行性研究要体现政府投资项目和企业投资项目分类管理的要求

可行性研究作为投资项目决策的重要依据，是国际通行的项目决策管理工具。无论是政府投资项目还是企业投资项目，在进行决策时都应高度重视可行性研究工作。但基于两类项目在投资目的、投资方向、资金来源、决策程序和管理等方面的差异性，应区分两类项目在可行性研究内容的不同侧重，增强研究论证的精准性和科学性，为科学化投资决策提供基础支撑。

政府投资项目可行性研究应突出经济社会综合效益。《通用大纲》要求政府投资项目的可行性研究重点聚焦经济社会发展需要，在满足基本需求时更加关注社会效果评价。在编写过程中，政府投资项目可行性研究应根据经济社会发展需要和财政可负担性，合理确定建设标准、建设内容、投资规模等，切实防范地方政府隐性债务风险。《通用大纲》属于强制适用范畴，政府投资项目可行性研究报告原则上应按照《通用大纲》进行编写，并作为各级政府及有关部门审批政府投资项目的基本依据。

企业投资项目可行性研究应突出经济性和可持续性。根据《参考大纲》，企业投资项目《可研大纲》在落实企业投资自主权基础上，重在引导企业重视项目可行性研究，关注战略、规划和政策的引导，以满足市场需求为导向，加强企业发展战略需求分析，引导企业提高项目决策的科学性和财务的可持续性，促进依法合规生产经营，防范各类风险，实现健康可持续发展。《参考大纲》不具有强制性，属于参考适用。

（三）可行性研究要聚焦“三大目标、七个维度”的核心内容

可行性研究的主要内容是对项目产出、资源保障、建设规模、工艺路线、设备选型、资金筹措等方案进行策划，从需求、建设、运营、财务、影响及风险管控等角度进行综合研究分析，提出项目是否值得投资以及如何进行建设与运营的结论与建议。无论是《通用大纲》，还是《参考大纲》都强调，可行性研究要围绕投资项目建设必要性、方案可行性及风险可控性三大目标开展系统、专业、深入论证，重点要把握“七个维度”的研究论证内容。

项目建设必要性应重点论证需求可靠性。项目建设必要性应主要从宏观、中观和微观层面展开分析，研究项目建设的依据和理由。对于主要满足社会公共需求的投资项目，应进行社会需求研究。要通过对项目的产出品、投入品或服务的社会容量、供应结构和数量等进行分

析，为确定项目的目标受益群体、建设规模和服务方案提供依据。

项目方案可行性应重点论证要素保障性、工程可行性、运营有效性、财务合理性和影响可持续性。其中，要素保障性分析应包括项目选址、土地要素保障，以及水资源、能耗、碳排放强度和污染减排指标控制要求及保障能力等。工程可行性分析应包括技术方案、设备方案、工程方案，并明确建设管理方案等。运营有效性分析应包括运营模式选择、运营组织、安全保障、绩效管理等。财务合理性分析应研究项目投资需求和融资方案，计算有关财务评价指标，评价项目财务盈利能力、偿债能力和财务持续能力。影响可持续性应重视经济社会、资源能源、生态环境等外部影响效果的评价，并注意与节能评价、环境影响评价等专项评价的结果相衔接。

项目风险可控性应重点论证风险管控方案。可行性研究应重视识别项目存在的各种潜在风险因素，并分析评价风险发生的可能性及其危害程度，提出风险管控方案和风险应急预案。重大项目还应当对社会稳定风险进行调查分析，对可能引发“邻避”问题的，应提出综合管控方案。

三、抓好《可研大纲》贯彻实施，切实提升投资项目前期工作质量

《可研大纲》的颁布实施，将引领工程咨询和投资管理理念、模式的转变和创新。要以《可研大纲》颁布为契机，推动各有关方面更加重视项目可行性研究，将有关要求落实落细到投资各行业各领域各主体，确保理解到位、贯彻到位，以高质量的可行性研究提升投资决策的科学化水平，助力扩大有效投资。

（一）推进准确全面适用

一是把握好承继适用的关系。《可研大纲》与 2002 年的《指南》是承继关系，对于《可研大纲》没有涵盖的可行性研究方法等内容，仍然适用《指南》有关规定。二是把握好与行业适用的关系。《可研大纲》适用

于我国境内各行业各类投资项目的可行性研究工作，是对投资项目可行性研究报告编写内容和深度的一般要求和基础指引。为更好适应不同行业领域的特点和要求，有关行业主管部门可根据实际需要对大纲有关内容进行合理调整，制定适用具体行业或领域的可行性研究报告编写大纲或实施细则。三是把握好灵活适用的关系。在编写具体项目可行性研究报告时，可结合项目实际对大纲所要求的内容予以适当调整。对于建设内容单一、投资规模较小、技术方案简单的项目，可简化有关内容。对于重大或复杂项目，可在可行性研究报告正文之前形成摘要，综述项目概况、可行性研究过程、主要结论和建议等。

（二）加强宣传解读和专题培训

组织新闻媒体、行业协会和专家学者多渠道、多角度广泛开展宣传解读，并针对各地方、企业、咨询机构和金融企业等分层次、有重点开展系列专题培训。推动各级投资主管部门和其他有关部门落实《可研大纲》要求，加强项目可行性研究重点内容的审核，提升投资管理法治化水平。指导各类投资主体和工程咨询机构在投资项目谋划、储备和上报阶段，更加重视项目可行性研究工作，促进全过程工程咨询深入发展，切实提升项目前期工作质量。引导金融机构注重把握《可研大纲》有关财务及投资融资管理的内容，促进投贷联动。推动高校、科研院所设置可行性研究理论和方法专业课程，促进相关理论研究和实践发展。

（三）建立跟踪反馈和动态调整机制

改革永远在路上，投融资体制改革也在不断巩固和深化过程中。投资项目可行性研究工作也要随着经济社会发展和改革的不断深化，因应形势、与时俱进，在实践中不断地总结、改进、提升。要建立可行性研究报告编写大纲阶段性评估和动态调整机制，及时收集、整理各方面对《可研大纲》的意见建议，并结合投资管理新形势新要求适时予以修订，形成实践和制度相互检验、相互促进、共同发展的良性循环。

专家解读

贯彻大纲理念要求　践行行业使命担当
以高质量咨询服务引领行业转型升级

中国工程咨询协会会长　肖凤桐

2023 年 3 月，国家发展改革委印发《政府投资项目可行性研究报告编写通用大纲（2023 年版）》和《企业投资项目可行性研究报告编写参考大纲（2023 年版）》（以下分别简称《通用大纲》和《参考大纲》），在我国工程咨询行业引发热烈反响。可行性研究是建设项目前期工作的重中之重，是投资决策的核心环节。两个大纲坚持以习近平新时代中国特色社会主义思想为指导，系统总结了 2002 年以来可行性研究编制工作经验，贯彻新发展理念，融入新时代投资建设要求，是投融资体制改革的巩固和深化，是新时期做好工程咨询服务的重要规范。工程咨询行业要高度重视，迅速行动，深入学习和认真执行两个大纲，进一步提升工程咨询质量，更好服务投资高质量发展。

一、两个大纲是深化投融资体制改革成果，推动投资高质量发展的创新举措

2004 年印发的《国务院关于投资体制改革的决定》，奠定了我国现行投资管理体制的根基，确立了政府投资项目和企业投资项目分类管理的改革框架。《决定》按照“谁投资、谁决策、谁收益、谁承担风险”的原则，彻底改革此前不分投资主体、不分资金来源、不分项目性质，一律实行审批的做法，改为区分政府投资项目和企业投资项目，分别实行审

批、核准和备案制度。2016 年 7 月印发的《中共中央 国务院关于深化投融资体制改革的意见》，部署推进投资领域“放管服”改革，提出了坚持企业投资核准范围最小化、试点企业投资项目承诺制、建设投资项目在线审批监管平台、实行并联审批核准、简化整合投资项目报建手续等一系列影响深远的改革措施。2016 年、2019 年，《企业投资项目核准和备案管理条例》《政府投资条例》两部行业法规相继颁布实施，我国投资管理领域进一步实现了法治全覆盖，投资管理纳入法治化轨道。两个大纲巩固深化投融资体制改革成果，贯彻落实充分发挥市场在资源配置中的决定性作用、更好发挥政府作用的精神，按照政府和企业投资项目分类管理要求，明确两类项目可行性研究的不同侧重，努力将投融资体制改革的成果转化成可行性研究制度规范，用以指导投资实践活动更加科学规范推进。

二、两个大纲是助力可研科学化规范化水平提升，指导工程咨询行业发展的重要指引

可行性研究重点解决项目“能不能干”的问题，是投资项目决策的核心关键环节，在整个投资项目决策过程中起着承上启下的作用。科学规范的可行性研究体系是工程咨询行业的职责使命所在。改革开放前，我国工程项目的建设前期工作主要围绕设计任务书开展，工程设计单位承担着建设前期工作论证任务，为项目提供决策服务，当时尚未产生“工程咨询”概念。20 世纪 80 年代初，我国学习借鉴世界银行和联合国工业发展组织推进项目建设的有益经验，探索引入可行性研究制度。工程咨询行业因应形势而不断发展壮大，经过 40 多年的拼搏发展，截至 2022 年底，备案单位 33079 家，备案单位从业总人数 369 万人，工程咨询行业已经成为党和政府以及市场主体决策的重要“智囊团”和参谋助手。如今，两个大纲的发布和实施，为行业发展释放了重要的指引和信号，可从以下三个方面重点把握。

(一)重视项目全生命周期咨询,提升行业综合咨询能力

投资项目建设是一项系统性工程,前期工作事关投资建设成败。提高前期工作质量,关键在于扎实、深入、充分做好可行性研究工作。两个大纲改变过去“重建设、轻运营”的做法,从项目全生命周期管理的视角出发,进一步完善可行性研究报告在内容和深度方面的基础性要求,提出可行性研究报告要围绕投资项目建设必要性、方案可行性及风险可控性“三大目标”开展系统、专业、深入论证,既要重视工程建设方案可行性研究,也要重视项目运营方案研究,强调做好项目全生命周期的方案优化和系统性论证,完善需求可靠性、要素保障性、工程可行性、运营有效性、财务合理性、影响可持续性、各类风险管控方案等“七个维度”研究内容,对工程咨询行业项目全过程咨询能力提出更高要求。工程咨询机构要对标大纲要求,优化咨询资源配置,加强咨询模式创新,发挥前期咨询引领带动作用,积极发展投资决策综合性咨询和全过程工程咨询,不断提升包含项目前期咨询、项目实施/工程建设咨询、项目运行维护咨询等在内的全阶段一体化咨询能力。

(二)重视数字化咨询,加快行业数字化转型发展

中共中央、国务院印发《数字中国建设整体布局规划》,提出要推进一二三产业全产业链数字化发展。工程咨询行业加快推进数字化转型刻不容缓。两个大纲对投资建设领域数字化转型提出明确要求,“对于具备条件的项目,研究提出拟建项目数字化应用方案,包括技术、设备、工程、建设管理和运维、网络与数据安全保障等方面,提出以数字化交付为目的,实现设计—施工—运维全过程数字化应用方案”。工程咨询机构要加强数字化建设的顶层设计,坚持数字化战略导向,坚持数字化与投资决策综合性咨询、全过程工程咨询等模式创新相结合,在制度激励、组织机构、人才建设、流程管理等方面加强配套改革,释放数字化发展活力;强化数字信息基础建设,完善工程咨询数据资源体系建设,激活数据要素潜能,利用数据资源推动工程咨询业务全价值链协同;着力开发构建特色鲜明、应用丰富的工程咨询数字化咨询平台,形成智能咨

询能力;注意做好数据安全保障工作,有效防范数据风险事件,通过投资建设领域数字化转型,着力为项目咨询提供数据驱动、智慧管理、高效协同的数字化服务。

(三)重视保障安全发展,提升行业统筹谋划水平

当前,面对艰巨繁重的改革发展稳定任务和日趋复杂严峻的外部环境,安全发展的重要性和紧迫性更为凸显。两个大纲对投资领域的安全发展给予了充分强化和重视,《通用大纲》提出政府投资项目要注意防范地方政府隐性债务风险,《参考大纲》提出企业投资项目要特别防范市场风险。两个大纲要求投资项目要提高投资估算精度,充分考虑项目周期内有关影响和风险管理的费用安排;盈利能力分析既要重视项目自身盈利能力,也要研究项目可融资性及债务清偿能力;财务持续能力分析要综合考察项目现金流情况,判断是否有足够的净现金流维持项目正常运营;开展安全影响效果论证,重视供应链安全;做好项目风险管控方案研究,建立健全投资项目风险管控机制。工程咨询机构要提高站位,把握好投资建设整体和局部、当前和长远、宏观和微观、主要矛盾和次要矛盾、特殊和一般的规律,在咨询服务过程中不断提高战略思维、辩证思维、系统思维、创新思维、底线思维能力,统筹发展与安全,坚持问题导向,增强忧患意识,推进投资安全理论研究创新,深化风险研究标准建设,用好数字化新技术手段,有效识别、规避各类风险,使投资项目“真可行”,提升工程咨询行业保障安全发展的咨询服务能力和水平。

三、准确把握两个大纲工作要求,推动工程咨询服务质效升级

两个大纲借鉴国际经验,立足我国国情,从投资建设实际出发,系统总结新时代以来投资建设正反两面经验,进一步深化项目可行性研究工作要求,体现了可行性研究规范时代性、科学性、原则性的有机统一。做好投资项目的可行性研究是工程咨询行业的看家本领,也是基

本功。工程咨询机构在服务投资项目建设的过程中，要将大纲要求与项目实际有机结合，特别是把握好以下五方面要求：

（一）注重服务国家战略

我国坚定实施创新驱动发展战略、区域协调发展战略、军民融合发展战略等国家重大战略，重视规划引领作用。投资在推进落实国家重大战略、实施重大规划等方面发挥着不可替代的重要作用。两个大纲重视投资项目规划政策符合性，在项目背景方面，要求阐述项目与经济社会发展规划、区域规划、专项规划、国土空间规划等重大规划的衔接性，与扩大内需、共同富裕、乡村振兴、科技创新、节能减排、碳达峰碳中和、国家安全和应急管理等重大政策目标的符合性；重视项目需求分析，提出对于重大项目，应立足于构建以国内大循环为主体、国内国际双循环相互促进的新发展格局，研究两个市场、两种资源，促进畅通循环。工程咨询机构在咨询服务过程中，要力求聚焦国家重大战略推进重大项目，聚焦区域协调发展扩大有效投资，聚焦关键领域和薄弱环节补短板强弱项，助力增强投资优化供给结构关键作用。

（二）注重生态文明建设

投资领域要贯彻新发展理念，实现更高质量、更有效率、更加公平、更可持续发展，就要正确处理投资与环境、资源的关系，坚定不移走生产发展、生活富裕、生态良好的文明发展道路。两个大纲重视从源头上抓好管理，强化项目选址或选线要求，加强资源环境要素保障分析，论证拟建项目水资源、能源、大气环境、生态等承载能力及其保障条件；重视节约资源，资源开发类项目要制定资源开发和综合利用方案，评价资源利用效率；重视能耗控制，加强资源和能源利用效果分析，对于占用重要资源的项目，评价项目能效水平以及对项目所在地区能耗调控的影响；重视碳达峰碳中和，要求预测并核算项目年度碳排放总量、主要产品碳排放强度，提出项目碳排放控制方案，明确拟采取减少碳排放的路径与方式，分析项目对所在地区碳达峰碳中和目标实现的影响；注重绿色建设，工程方案应重视节约集约用地、绿色建材、绿色建筑、超低能耗建筑、装配式建筑、生态修复等绿色及韧性工程相关内容。工程咨询机构在咨询服务过程中，要站在人与自然和谐共生的高度谋划发展，加快发展方式绿色转型，做好环境污染防治，提升生态系统多样性、稳定性、持续性，积极稳妥推进碳达峰碳中和，实现投资项目建设与生态环境的协调统一。

（三）注重项目自主创新

习近平总书记指出，全面建成社会主义现代化强国，实现第二个百年奋斗目标，必须走自主创新之路。在项目建设上也要贯彻自主创新要求，两个大纲重视技术方案比较，通过比较提出项目预期达到的技术目标、技术来源及其实现路径，确定核心技术方案和核心技术指标，对于专利或关键核心技术，需要分析其取得方式的可靠性、知识产权保护、技术标准和自主可控性等；重视设备方案比选，提出关键设备和软件推荐方案及自主知识产权情况；重视数字化创新，加强全过程数字化应用。工程咨询机构在咨询服务过程中，要瞄准技术前沿，努力推动全过程数字化应用，全面提升投资项目创新水平。同时，工程咨询机构要面向未来，在规划编制、项目评估等工作中，着力推进新型工业化，加快发展数字经济，促进数字经济和实体经济深度融合，推动战略性新兴产业融合集群发展，助力构建新一代信息技术、人工智能、生物技术、新能源、新材料、高端装备、绿色环保等一批新的增长引擎，服务推动产业结构和产业价值链跃升，塑造我国竞争新优势，在更高水平上参与全球竞争。

（四）注重民生福祉保障

消除贫困、改善民生、实现共同富裕是社会主义的本质要求。两个大纲提出项目建设必要性研究要从宏观、中观、微观层面展开分析，对于主要满足社会公共需求的非经营性项目，应进行社会需求研究；项目用地征收补偿（安置）方案应保证被征地农民原有生活水平不降低、长远生计有保障；在项目影响分析中，主要从项目可能产生的社会影响、社会效益和社会接受性等方面，研究项目对当地产生的各种社会影响，评价项目在促进个人发展、社区发展和社会发展等方面的社会责任。工程咨询机构在咨询服务过程中，要牢固树立以人民为中心的发展思想，加强项目社会性影响论证，持续打造民生精品工程、示范工程，满足人民美好生活需要；要结合实际，因地制宜，发挥行业智力优势和专业特长，加大对乡村建设、义务教育、基本医疗、住房和饮水安全、育幼养老等方面咨询服务投入力度，推动实现基本公共服务均等化。

（五）注重风险综合防范

政府投资项目和企业投资项目要综合把好“风险关”，两个大纲重视防范规划选址风险，提出选址方案研究应鼓励公众参与，充分考虑不同影响和风险因素的早期筛查判断和初步分析成果，并结合利益相关方的诉求或建议反馈，完善和优化选址选线方案；重视要素保障，提出要分析土地要素保障，以及水资源、能耗、碳排放强度和污染减排指标控制要求及保障能力等，对重大项目要根据法规政策要求提出要素予以特别保障的方案，企业投资项目重点分析用地、用能、碳排放等要素的市场化配置可得性；重视安全建设，提出建设方案要加强安全韧性等方面比选；重视运营安全，提出安全保障方案，明确安全生产责任和应急管理要求，强化运营单位主体责任，落实政府监管要求；重视融资安全，全面评价融资风险和债务清偿能力；加强现金流风险分析，科学、精准判断项目能否正常运营。工程咨询机构在咨询服务过程中，应把防范和化解各类风险作为可行性研究重要任务，使风险研究成为项目是否可行的有效判断依据，避免投资损失。

四、认真做好两个大纲宣贯实施，持续落实跟踪反馈工作要求

党的二十大报告指出要发挥投资对优化供给结构的关键作用。工程咨询行业要贯彻党的二十大精神，进一步提升咨询服务质量，以高质量咨询供给创造引领高质量咨询需求，加快构建新发展格局，推进中国式现代化。《通用大纲》和《参考大纲》是新时期做好投资项目前期工作

的重要准则，中国工程咨询协会高度重视，在两个大纲对外征求意见阶段，就积极组织工程咨询机构参与讨论、提出修改完善建议。下一步，协会将进一步加大工作力度，组织行业深入贯彻落实《通用大纲》和《参考大纲》要求，在新时代咨询服务实践中继续总结经验，持续开拓创新，在新征程上作出新业绩谱写新篇章。

（一）加强宣传培训服务促进落实

协会将开展行业宣传培训工作，在咨询工程师（投资）继续教育环节有针对性地增加大纲学习内容。多渠道加强社会宣传，使各有关投资决策方、研究人员、高等院校相关专业师生充分认识新版大纲对于实现投资高质量发展的意义，不断扩大两个大纲的影响力，形成提升咨询服务质量的合力。

（二）有效检验咨询质量推进落实

协会将认真对照《通用大纲》和《参考大纲》，突出标准导向，使大纲要求有机融入协会业务工作，推动工程咨询行业深入落实两个大纲。以两个大纲的有关要求作为协会开展行业执业检查和咨询成果质量检查等工作的重要评价依据。

（三）推动行业标准建设深化落实

协会将以两个大纲为典型示范样本，进一步加强行业标准规范的编制工作，提升行业各项标准建设水平，推动行业标准化体系建设向纵深发展，有效提升行业咨询服务质量和水平。组织专家针对不同专业投资项目，细化大纲要求，编制配套细则；做好各类咨询标准与两个大纲的有机衔接，增强标准的全面性、科学性、系统性、专业性。

（四）跟踪落实大纲动态调整机制

协会将按照国家发展改革委的统筹安排，发挥行业协会优势，主动担当作为，积极承担两个大纲的跟踪反馈工作，及时收集整理各方面的意见建议，经梳理研究后定期报送国家发展改革委，助力两个大纲的持续迭代完善。

加强可行性研究大纲成果应用以金融精准化服务高质量发展

国家开发银行评审管理部副总经理　刘通

党的二十大报告指出，高质量发展是全面建设社会主义现代化国家的首要任务。发展是党执政兴国的第一要务。没有坚实的物质技术基础，就不可能全面建成社会主义现代化强国。投资在我国国民经济社会发展中一直发挥着重要作用。高质量发展需要高质量投资推动，高质量投资需要高质量决策作支撑，而高质量决策又需要以高质量的前期论证作为基础和保障。2023 年 3 月，国家发展改革委印发《投资项目可行性研究报告编写大纲及说明》（以下简称《可研大纲》），包括《政府投资项目可行性研究报告编写通用大纲（2023 年版）》（以下简称《通用大纲》）、《企业投资项目可行性研究报告编写参考大纲（2023 年版）》（以下简称《参考大纲》）及《关于投资项目可行性研究报告编写大纲的说明（2023 年版）》（以下简称《编写说明》）。《可研大纲》贯彻落实党的二十大精神，紧密结合时代特点和实践需求，分层分类对项目可行性研究报告编写做了全面系统的指导，对金融机构做好投融资前期基础工作，提升决策水平，服务高质量发展，具有重要指导意义。

一、投资项目前期论证的最新指南

可行性研究是开展科学、民主投资决策的先决、必要条件。基于科学理论和系统调查研究，运用多种技术、方法分析项目不同情境、制定比选方案,通过交换、比较、反复后,完成高质量的可行性研究,将极大提高投资的质量、水平和效率。《可研大纲》内容全面、细致、深入,有利于推动建立适应高质量发展的可行性研究制度规范,为投资项目可行性研究提供了基本遵循,也为后续更好开展投融资决策等工作提供了基本依据。

(一)紧扣系统观念,指导性强

习近平总书记强调,系统观念是具有基础性的思想和工作方法。《可研大纲》统筹兼顾、重点突出,总体聚焦项目建设必要性、方案可行性和风险可控性三大核心目标,立足项目全生命周期管理,分别从需求与产出、选址与要素保障、建设及运营、投融资与财务、影响效果、风险管控等多个维度,涵盖项目概况、建设背景和必要性以及产出、建设、运营、财务、风控诸方案,《通用大纲》内容具体分为十一个部分、39 个方面,《参考大纲》内容具体分为十个部分、38 个方面,对项目可行性研究报告编写提出分析论证要求,保证了可行性研究报告系统性和深度。

(二)贯彻以人民为中心的发展思想,实践性强

引导投资项目服务于国家战略、满足人民的根本需要,是推动高质量发展、解决社会主要矛盾的内在要求。党的十八大以来,党中央对新时代党和国家事业发展作出科学完整的战略部署,明确我国社会的主要矛盾是人民日益增长的美好生活需要和不平衡不充分的发展之间的矛盾,并紧紧围绕这个社会主要矛盾推进各项工作。《可研大纲》都强调项目与国家政策、规划、重大战略目标的对接,更加注重发挥国家战略规划以及产业政策的引导作用,要求提供国家和地方有关支持性规划、政策等作为项目可研编制依据,并均在开篇即强调对“规划政策符合性”的论证。特别是《通用大纲》,在要求阐述项目与经济社会发展规划、区域规划、专项规划、国土空间规划等重大规划衔接性的同时,还加入了项目与扩大内需、共同富裕、乡村振兴、科技创新、节能减排、碳达峰碳中和、国家安全和应急管理等重大政策目标契合度分析要求。

（三）贯彻新发展理念，实用性强

党的二十大报告指出，高质量发展必须完整、准确、全面贯彻新发展理念。这在《可研大纲》的编写要求中都有具体体现。突出表现在，《可研大纲》不仅强调对项目的经济可行性分析，同时更加注重应用新理念、新方法，突出对经济效益、社会效益、生态效益、安全效益的综合评价。例如，《可研大纲》在“项目影响效果分析”部分均明确要求对项目影响作出全面评价，除“经济影响分析”外，还要求开展“社会影响”“生态环境影响”“资源和能源利用效果”“碳达峰碳中和”总共五个方面的分析。

（四）具有制度弹性，适用性强

《通用大纲》和《参考大纲》区分政府投资项目和企业投资项目分别编制，根据不同的投资环境、条件、项目特点等针对性指导开展可行性研究报告编写工作，有利于提高可行性研究的专业性和深度。《通用大纲》对政府投资项目可行性研究报告编写提出原则要求，《参考大纲》则旨在对企业自主经营管理和投资决策起积极引导作用，有利于促进“充分发挥市场在资源配置中的决定性作用，更好发挥政府作用”这一目标的实现。同时，《可研大纲》鼓励根据行业、项目不同情境具体问题、具体分析，实事求是，对相关内容做适当扩充或简化。

二、可研成果在银行授信评审决策中的运用

可行性研究是投资项目的一项普遍的前期基础性工作，其研究成果在工程设计、行政审批、项目实施、竣工验收、投融资合作、后评价等各行业领域都有广泛应用，也已成为包括银行等金融机构在内的诸多投融资主体内部决策的基本依据。

（一）投资项目可行性研究是银行授信的必要前提

可行性研究最早可以追溯至20世纪30年代美国对于其田纳西流域综合开发的成功分析论证。二战后，随着科学技术的发展、管理需求与水平的提升、不确定性因素的增多，可行性研究逐步发展成为西方发

达国家经济、科技等领域普遍采用的科学研究方法，并随着国际货币基金组织、世界银行等国际金融组织项目带入发展中国家。1978 年联合国工业发展组织的《工业可行性研究编制手册》，提供了可行性研究的初步理论框架和分析标准。1981 年，原国家计委明确把可行性研究纳入基本建设程序，随后，可行性研究理论与实践在我国得到不断丰富。由于可行性研究不仅涉及项目宏观政策层面的分析，也包括微观技术层面的论证；不仅有对项目建设的多技术方案的比较，也要求对项目运营、财务管理、项目影响效果与风险防控提出合理方案，因此已成为国内外银行接受项目融资申请的前提。通常，一个中长期投资项目申请银行授信，须先完成可行性研究报告编制，编制单位须符合国家有关部门关于工程咨询或固定资产投资咨询机构资质的规定，可行性研究报告依法依规获得相关审核通过，由此作为银行授信评审与决策的起点。

（二）可行性研究报告是授信评审工作的有力支撑

开行中长期项目授信评审聚焦服务国家战略和实体经济主责主业，从授信对象、项目概况、筹融资、建设运营、财务、市场、期限与偿债能力、担保、风险与收益等多个维度系统展开，强化对项目的综合影响、财务可行性、融资需求合理性、收益匹配度、风险可控性等关键因素分析，在此基础上制定合理的授信方案，为客户提供一揽子金融产品和服务。《可研大纲》对可行性研究报告编写的指导，将为授信评审决策提供有力依据。

例如，《可研大纲》开篇即指导可行性研究报告对拟建项目和项目单位基本情况作出概述，银行可以据此掌握项目全貌，分析判断项目可行性、项目单位是否具备承担拟建项目的能力、国有控股企业是否聚焦主责主业等。通过参阅可研报告“编制依据”，可以掌握必要的信息渠道和数据来源，为评审决策提供支撑。在“项目建设背景和必要性”部分，《可研大纲》提出要简述项目提出的背景、前期工作进展、与战略目标和政策的一致性以及项目建设的理由、依据、时机选择等情况，有利于银行掌握项目的来龙去脉，评估项目的战略、政策契合度和授信的合理性，并对需要解决的问题作好预研预判。又如，在产出方案、建设方案和运营方案的基础上，《可研大纲》要求明确研究项目投资需求和融资方案，计算有关财务评价指标，评价项目投资财务盈利能力、偿债能力和财务持续能力，银行可以据此对授信评审相关结果开展交叉验证，从而更准确的判断授信对象的信用意愿、能力和申请授信的可接受程度，同时可以更加深入地了解掌握借款人和项目的现金流来源与特征，更加合理地设计融资方案，更加高效地匹配金融产品与服务。对政府投资项目，《可研大纲》要求在债务清偿能力中分析是否增加当地政府财政支出负担、引发地方政府隐性债务风险等情况，其结论可为投融资合规性判断提供关键参考。

（三）《可研大纲》是授信评审创新的有益借鉴

党的二十大报告指出，创新是第一动力。银行授信评审也需要不断创新，以适应经济社会发展需求、市场环境、风险因素等不断变化。以基础设施投融资为例，基础设施项目融资体量大、周期长，外部性强，短期盈利能力弱，但项目全生命周期社会、生态、安全等综合效益显著。需要既算经济账，又算综合账，探索创新适应基础设施特点的融资模式和制度机制。例如，探索市场化综合开发模式，以逻辑自洽、可持续为原则，将地域相近、功能相通等联系紧密但现金流不均的建设内容统筹设计、一体实施，通过“肥瘦搭配”“以丰补歉”，促进外部效益内部化，实现资金总体平衡，并按照“一行业一政策”思路深化模式创新推广。立足基础设施项目全生命周期，完善金融产品体系，建立退出机制，优化利益分配和风险分担。

《可研大纲》对可研报告编写的指导，为金融机构开展投融资创新提供了很好的思路借鉴。例如，《参考大纲》提出研究项目综合开发等模式创新路径及可行性，《通用大纲》对于综合性开发项目要求分析项目服务能力和潜在综合收益，评价项目采用市场化机制的可行性和利益相关方的可接受性；研究提出项目拟采用的融资方案，包括权益性融资和债务性融资。对于政府资本金注入项目，研究采用权益型金融工具、专项债、公司信用类债券等融资方式的可行性。又如，《可研大纲》专设数字化方案内容，要求对具备条件的项目研究提出拟建项目数字化应用方案；提出对于具备资产盘活条件的基础设施项目，研究项目建成后采取基础设施领域不动产投资信托基金（REITs）等方式盘活存量资产、实现项目投资回收的可能路径；提出基于全生命周期建立健全投资项目风险管控机制，研究制定“风险管控方案”和“风险应急预案”，都很好地启发了开行对模式、产品、制度的创新探索。

三、运用好《可研大纲》成果，精准服务国家战略，推动高质量发展

（一）坚持系统观念，不断提升工作的科学性和主动性

坚持用普遍联系的、全面系统的、发展变化的观点观察事物，把握好全局与局部、当前与长远、宏观与微观、主要矛盾和次要矛盾、特殊和一般的关系，扎实做好投融资决策前期基础性工作。加强前瞻性思考和对工作的全局性谋划与整体性推进，筑牢风险意识和底线思维，准确识别风险、精准拆弹，未雨绸缪。

（二）坚持科学的方法论，不断提高投融资决策质量和水平

坚持目标导向与问题导向相结合，紧紧围绕国家战略，加强投资项目可行性研究成果应用，着力于贯彻落实党中央部署，对接规划政策与战略目标，立足项目全生命周期，加强对其技术经济可行性与经济社会生态安全综合效益和风险等因素的全面评估，引导投资投向国民经济社会发展重点领域、薄弱环节，补短板、强弱项、惠民生。

（三）坚持守正创新，不断推动金融服务实体经济和高质量发展

深刻理解把握中国式现代化的本质要求，坚持以人民为中心的发展思想，完整、准确、全面贯彻新发展理念。大兴调查研究，及时充分掌握一线“活情况”，盯住发展中的痛点、堵点、难点和百姓急难愁盼问题，加强探索创新，攻坚克难，以创新推动经济实现质的有效提升和量的合理增长。

高质量开展可行性研究
构建国有资本投资公司科学决策体系

国家开发投资集团有限公司党组成员、副总经理 李程·丹增尼玛

党的二十大报告指出，高质量发展是全面建设社会主义现代化国家的首要任务。2023 年 3 月，国家发展改革委颁布的投资项目可行性研究报告编写大纲及说明（以下简称《可研大纲》）坚持以习近平新时代中国特色社会主义思想为指导，坚持目标导向、问题导向、结果导向，与时俱进、站位高远、务实创新，是实现高质量投资的权威依据和科学指引。

国家开发投资集团有限公司（以下简称“国投”）是首批正式转为国有资本投资公司的央企。学习好、贯彻好、应用好《可研大纲》，对国投不断优化投资决策体系，建设世界一流资本投资公司具有重要意义。

一、学习好《可研大纲》，深刻理解投资决策新要求

研究分析项目内外部建设条件，论证项目建设的必要性与可行性，既是投资项目工作的起点，也是后续一系列工作的基础，是投资项目成败的关键。

《可研大纲》根据《政府投资条例》《企业投资项目核准和备案管理条例》等规定，在 2002 年发布的《投资项目可行性研究指南（试用版）》（以下简称《指南》）基础上，经过深入调查研究、广泛征求意见而制定。与《指南》相比，《可研大纲》按照投融资体制改革的要求，将投资项目分

为政府投资项目与企业投资项目两类，特别强调投资项目应符合宏观战略、上位规划与重大目标、区域发展战略与产业规划，更加注重项目全生命周期管理，突出强调资源利用、节能减排及碳排放，以及风险识别与管控等投资者高度关注的决策因素。

《可研大纲》以“三大目标、七个维度”为核心内容进行系统论述，完整、准确、全面贯彻习近平新时代中国特色社会主义思想，突出体现新发展理念，针对行业发展的新情况、新问题等，提出了要求，指明了方向，必将有力发挥对投资项目前期工作的指导作用，激发投资活力。

二、贯彻好《可研大纲》，持续完善国投特色投资体系

多年来，国投在实践中不断创新和迭代各项管理机制，逐步构建了具有国投特色的投资管理体系。一是形成了涵盖股权全生命周期价值管理的投资决策模式，以协同管理共创价值，以全面风险管理保护价值，以投资管理发现价值，以投后管理提升价值，以退出管理实现价值。二是建立了以四个基本投资管理制度、两个投资项目负面清单以及投资管理信息系统为基础的投资决策体系。三是确立了投前、投中、投后的投资全过程闭环管理体系、投资分类指导体系和决策流程体系。国投的投资管理模式与《可研大纲》要求的项目全生命周期管理理念高度契合，推动了企业投资规模、质量、效益的均衡发展。

在国投投资决策体系中，投资项目可行性研究至关重要。集团投资管理制度中明确规定：开展固定资产投资项目，应聘请有资质咨询机构开展可行性研究并出具可研报告，并于决策前完成可研报告评审，责任单位根据可研报告评审意见修改完善投资方案后，方能履行相应的投资决策流程。此外，国投早在2003年就设立了中投咨询有限公司，承担内部独立第三方的角色，对集团投资项目进行评审把关，深入揭示可研报告中可能存在的重大风险和潜在问题，重点关注环境保护、水土保持、节能减排等涉及环境、社会和治理方面的内容，确保项目在满足

集团技术经济约束指标的同时，在环境、社会和公司治理等方面不断改进和提高。

国投坚持以价值创造为核心，在投资评价时兼顾质量与效益，关注投资项目全过程闭环管理，在投资理念及决策程序上总体符合《可研大纲》要求。《可研大纲》的发布实施将成为国投高质量开展项目投资的基本遵循，有力推动国投进一步优化投资决策体系。

三、应用好《可研大纲》，全面提升投资决策科学化水平

《可研大纲》强调可行性研究的深度和广度，对项目前期工作提出了全面要求。国投将全面贯彻落实《可研大纲》内容，严格对照《可研大纲》要求，在项目投资中做精、做优可行性研究，促进项目投资决策科学化水平全面提升。

（一）更加突出生态环保和资源利用

《可研大纲》更加突出项目的生态及资源能源节约，将绿色发展融入可行性研究，国投在项目投资中一贯秉持可持续发展理念，促进项目与当地人与自然和谐共生，降低生态环境风险。

开展“生态环境影响分析”，推动绿色发展、促进人与自然和谐共生，分析拟建项目所在地的生态环境现状，评价项目污染物排放以及对生态环境、生物多样性和环境敏感区等方面的影响，排查环境制约因素，降低投资过程的生态环境风险。

开展“资源和能源利用效果分析”，从实施全面节约战略、发展循环经济等角度，分析论证各类资源节约集约利用的合理性和有效性，提出关键资源保障和供应链安全等方面的措施，评价项目能效水平以及对当地能耗调控的影响。

开展“碳达峰碳中和分析”，落实“双碳”目标，通过估算项目建设和运营期间的年碳排放量和强度，评价项目碳排放水平，以及与当地“双碳”目标的符合性、与国投“双碳”目标的符合性，提出生态环境保护、碳

排放控制措施。

（二）更加注重社会总体贡献价值

《可研大纲》更加注重社会总体贡献价值，将共同富裕发展融入可行性研究，国投对重大投资项目坚持要求进行经济及社会影响分析，体现国投的社会责任。

开展“经济影响分析”，从经济资源优化配置的角度，利用经济费用效益分析或经济费用效果分析等方法，评价项目投资的真实经济价值，判断项目投资的经济合理性，从而确保项目取得较优的经济影响效果。重大投资项目还要分析其对宏观经济、区域经济和产业经济的影响，从更高的视角看待投资项目对国民经济的贡献。

开展“社会影响分析”，从项目的社会影响、社会效益和社会接受性等方面，研究项目对当地产生的各种社会影响，评价项目在促进个人发展、社区发展和社会发展等方面的社会责任，提出减缓负面社会影响的措施和方案，并在后续阶段积极落实，践行国有资本投资公司的社会责任。

（三）更加关注全周期管理

《可研大纲》更加关注全生命周期管理，将创新与高质量发展融入可行性研究。多年来，国投充分发挥国有资本投资公司专业优势，在进行投资项目可行性研究的同时，也坚持对所投项目制定合理的退出模式，实现投资项目全生命周期管理。

开展“项目商业运行模式”研究，改变“重建设、轻运营”的做法，强调项目全生命周期的方案优化和系统性论证，既重视工程建设方案的可行性研究，也重视项目建成后运营方案的可行性研究。同时，重视研究“运营模式选择”和创新，确定“生产经营方案”，突出运营重要性。开展“运营组织方案”研究，制定项目关键绩效指标和绩效管理机制，提出项目主要投入产出效率、直接效果、外部影响和可持续性等绩效管理要求。

开展“项目退出机制”研究，从项目全生命周期角度出发，提出项目退出模式，制定合理的项目退出方案，促进项目退出工作的稳妥实施，实现管理工作贯穿项目全生命周期。

（四）更加强调风险管控

《可研大纲》更加强调风险管控，将风险管理融入可行性研究。国投高度重视项目投资风险管控，建立健全了投资项目风险管控机制。投资方案审查中将风险评估作为投资决策的必备支撑材料。

精准识别项目存在的各种潜在风险因素，包括市场需求、要素保障、关键技术、供应链、融资环境、建设运营、财务盈利性、生态环境、经济社会等领域的风险，并分析评价风险发生的可能性及其危害程度，提出规避重大和较大风险的对策措施及应急预案，即“风险管控方案”和“风险应急预案”，建立健全投资项目风险管控机制。

国投在集团和重点二级企业均建立了专门的投资项目风险评估制度，在重大项目、新业务投资决策前开展专项风险评估，并将风险评估报告（含风险应对措施和处置预案）作为投资决策的必备支撑材料。通过风险管理“四步法”（风险识别、风险评估、风险评价和风险应对），确定项目风险指标和对应的风险等级，同时针对需要重点关注的风险事项，提出风险应对措施。

目前，国投《境内投资决策管理规定及执行流程》编写指引已明确要求纳入商业模式、管理运营、退出机制、风险识别等《可研大纲》增加的相关内容，同时还将资源节约与生态环境保护以及碳排放情况专项尽职调查作为控股投资企业并购的前置条件，对项目投资提出了更新、更高的要求。

国投的实践表明，科学全面、客观公正的可行性研究在项目投资决策过程中具有举足轻重的作用。此次《可研大纲》的颁布必将全面提升投资项目可行性研究水平，为高质量投资保驾护航。国投将全面落实《可研大纲》要求，强化投资项目的可行性研究，持续完善高质量投资决策体系，打造世界一流资本投资公司。

做深做实企业投资项目可行性研究 引导民营企业健康可持续发展

浙江省发展规划研究院

2023年3月,国家发展改革委发布了《政府投资项目可行性研究报告编写通用大纲(2023年版)》《企业投资项目可行性研究报告编写参考大纲(2023年版)》(以下简称《通用大纲》《参考大纲》)。本版大纲按照政府投资项目和企业投资项目分类管理的要求,明确了政府和企业投资项目可行性研究工作的不同侧重。《参考大纲》不强制适用,仅定位为科学引导,在落实企业投资决策自主权基础上,加强企业投资项目内部管理,促进企业依法合规生产经营。《参考大纲》的印发对于民营企业而言具有重要的指导意义,通过更加科学规范的投资项目可行性研究,引导民营企业完善投资决策体系,系统防范各类风险,改善生产经营质效,助力企业健康可持续发展。

一、《参考大纲》是落实"两个健康"方针、支持民营经济和民营企业发展壮大的有力之举

党的二十大报告指出,要优化民营企业发展环境,促进民营经济发展壮大。习近平总书记多次强调,党中央始终坚持"两个毫不动摇""三个没有变""两个健康",充分彰显了党中央支持民营经济发展的坚定决心。发展民营经济是推动经济体制改革的必然选择,是解放和发展生产力的客观要求。民营经济作为我国国民经济的重要组成部分,已经

是经济增长的重要动力、推进创新的重要主体，也将成为推动我国经济高质量发展不可或缺的重要力量。近年来，我国经济面临需求收缩、供给冲击、预期转弱三重压力，不确定性上升，各种风险挑战叠加，高质量发展已成为民营经济的必然选择和迫切要求。

民营企业高质量发展离不开高质量的企业内部经营管理，科学、规范、系统的投资项目决策体系则是民营企业高质量经营管理的关键环节。投资项目作为企业生产经营、扩大再生产的重要单元，其决策的科学合理水平直接影响企业的经营效益和长远发展。要提高投资决策的准确性和科学性，必须进行深入细致、全面系统、科学严谨的可行性研究，认真分析项目面对的法律规范、政策导向、市场需求、建设条件，客观进行工程技术评价、财务评价、环境评价、经济评价和社会评价等，全面识别各类风险，在此基础上归纳、比较和总结，择优决定项目方案。

二、准确把握《参考大纲》要求重点，全面融入企业经营管理

企业，尤其是民营企业在开展投资项目可行性研究时，建议坚持系统性思维，开展全生命周期谋划，重视项目与政府发展规划的相符性，重视用地、用能、环境等要素条件的统筹考虑，重视建设方案工程可行性和运营方案有效性分析，重视项目盈利能力和企业财务情况的合理性考虑，重视经济社会影响可持续性和风险可控性的研究等。

（一）把握政府规划引导，明确建设必要性

政府发展规划是经济社会发展导向的重要指引，也可在很大程度上反映市场的未来发展前景，事关企业投资建设质效和长远发展利益。企业投资项目既要实现企业自身战略、顺应市场趋势，同时也要符合政府战略、规划。因此，《参考大纲》突出强调了企业投资项目可行性研究要论证规划政策符合性，提出要重点论述拟建项目是否符合国民经济社会发展规划、产业规划，是否符合国家、地方产业政策，是否符合行业准入和标准规范要求。

（二）把握项目建设条件，明确要素保障性

资源要素是投资项目落地实施的重要保障，也是保持民营企业投资活力的基础支撑。因此，《参考大纲》提出开展项目选址或选线、项目建设条件等分析的同时，也突出强调了要素保障。企业开展项目可行性研究时建议重点把握：一是充分考虑土地要素保障，明确拟建项目相关的国土空间规划、土地利用年度计划、建设用地控制指标等土地要素保障条件，研究拟建项目用地总体情况，包括是否涉及耕地、园地、林地、草地等农用地，是否涉及占用永久基本农田，是否涉及用海用岛等情况。二是充分考虑资源环境要素保障，分析拟建项目水资源、能源、大气环境、生态等承载能力及其保障条件；认真研究用海项目、需围填海项目所涉及的港口岸线资源、航道资源的基本情况及其保障条件。

（三）把握项目建设方案，明确工程可行性

方案可行性是投资项目好坏的基础评判，“打铁还需自身硬”，系统科学、全面合理的项目建设方案，是确保项目达到预期目标、获得预期收益的关键。为此，《参考大纲》从多个方面对企业投资项目建设方案的编制做出了具体的建议要求。企业开展项目可行性研究时建议重点把握：一是系统、全面考虑建设方案内容，除技术、设备、工程、建设管理等建设方案内容外，也应把资源开发、用地用海征收补偿（安置）、数字化等方面同步纳入建设方案研究的范畴。二是强化建设方案比选，要开展技术方案、设备方案以及工程方案等的比选，通过比选充分论证项目技术的适用性、成熟性、可靠性、先进性，论述设备（含软件）与技术的匹配性、可靠性。三是突出关键技术、设备的自主可控，论述专利或关键核心技术的获取方式、知识产权保护、技术标准和自主可控性等，论述关键设备和软件的自主知识产权情况等。四是研究提出切实可行的数字化方案，结合当下智能工厂、数字车间的发展趋势，在技术、设备、工程、建设管理和运维、网络与数据安全保障等方面，提出实现设计—施工—运维全过程数字化的应用方案。

（四）把握项目运营方案和商业模式，明确运营有效性

投资项目可行性研究容易出现重前期建设而忽视后期运营的现象，对于企业而言，重建设、轻运营将会对企业整体经营效益及长远发展产生较大的影响。因此，《参考大纲》突出强调了项目运营方案和商业模式的内容论证。企业开展项目可行性研究时建议重点把握：一是研究生产经营方案，如产品生产类企业项目主要涉及产品质量安全保障方案、原材料供应保障方案、燃料动力供应保障方案以及维护维修方案等；二是研究运营管理方案，明确项目的运营机构设置方案，明确项目运营模式、治理结构要求以及绩效考核方案、奖惩机制等；三是研究项目商业模式，结合项目所在地政府或相关单位可以提供的条件，提出商业模式及其创新需求，研究项目综合开发等模式创新路径及可行性。

（五）把握项目盈利能力和企业财务状况，明确财务合理性

近年来，部分企业由于不合理的投资布局、片面的投资项目决策，造成自身“暴雷”的情况时有发生，相关案例已证明，企业投资决策已不能“就事论事”，而应在关注单个项目盈利能力的基础上，统筹考虑企业整体的经营状况和财务能力。《参考大纲》突出强调了融资方案、债务清偿能力以及财务可持续性等方面内容的研究。企业开展项目可行性研究时建议重点把握：一是深入研究融资方案，分析项目资本金和债务资金来源及结构、融资成本以及资金到位情况，评价项目的可融资性，尤其要研究绿色金融、绿色债券、REITs 等创新型金融方式支持项目建设的可能性。二是深入研究债务清偿能力，按照负债融资的期限、金额、还本付息方式等条件，分析债务清偿能力评价指标，判断项目偿还债务本金及支付利息的能力。三是深入研究财务可持续性，分析投资项目对企业的整体财务状况影响，判断拟建项目是否有足够的净现金流量，确保维持正常运营及保障资金链安全。

（六）把握项目经济社会影响，明确影响可持续性

尽管财务盈利能力是企业投资项目的重要决策因素，但从企业健康可持续发展的深层次着眼，企业投资项目也应更加关注项目经济社

会影响效果，承担更多社会责任，尽可能减少对社会的不良影响，方可确保企业的长远发展利益。因此，《参考大纲》突出强调了项目影响效果分析。企业开展项目可行性研究时应重点把握：一是突出经济影响分析，论证项目费用效益或效果，以及重大项目可能对宏观经济、产业经济、区域经济等产生的影响；二是突出社会影响分析，评价项目在带动当地就业、促进企业员工发展、社区发展和社会发展等方面的社会责任，提出减缓负面社会影响的措施或方案。三是突出资源环境影响分析，论证评价项目在碳排放、污染物排放、地质灾害防治、防洪减灾、水土流失等方面的影响，提出减少资源能源利用以及碳排放，减小生态环境影响的控制方案、路径方式。

（七）把握项目风险因素，明确风险可控性

投资项目涉及内容广、参与主体多、实施跨度长，面临的各类风险和不确定性较多，若企业在项目前期阶段谋划不足，则很容易造成投资项目失败和损失，如何识别、管理和应对各类风险是企业开展投资项目可行性研究工作的重要任务。因此，《参考大纲》突出强调了项目风险管控方案的研究。企业开展项目可行性研究时既应对市场需求、关键技术、工程建设、运营管理、投融资、财务效益、生态环境、社会影响等一般性风险因素进行分析，也应考虑产业链供应链、网络与数据安全等新风险因素。分析各风险发生的可能性、损失程度，判断各风险后果的严重程度，有针对性地提出项目主要风险的防范和化解措施，做好风险应急预案。

践行新发展理念　以高质量的投资咨询助力高质量的投资决策

北京市工程咨询有限公司副总经理　张龙

在着力推动高质量发展的时代背景下，国家发展改革委发布了投资项目可行性研究报告编写大纲及说明（以下简称《可研大纲》）。《可研大纲》坚持以人民为中心的发展思想，并在新发展理念的引领下，强调了绿色低碳发展、数字技术应用、生态环境保护、城市更新和乡村振兴、双碳目标实现等重点工作任务，为新时代做好可行性研究报告编制工作，助力高质量投资决策提供了很好的指导。

与2002年发布的《投资项目可行性研究指南（试用版）》相比，2023年版《可研大纲》在以下九方面有较大的创新和突破。

一、《可研大纲》体现了相关投资决策主体的多样化需求

《可研大纲》兼顾了政府、企业、咨询研究机构的不同需求。即使对政府投资项目而言，不同的专业领域也有不同的个性需求，因此，《可研大纲》更加强调研究框架的搭建和共性内容的梳理。对于个性化内容，《可研大纲》允许对章节结构进行适当的调整。

除政府投资项目《可研大纲》外，从引导投资主体科学决策的角度出发，同时出台了企业投资项目《可研大纲》。以此为基础编写的可行性研究报告可以为企业投资决策提供参考依据，同时也为下一步编制项目申请书或者资金申请报告提供参考依据。

与政府投资项目《可研大纲》相比，企业投资项目《可研大纲》去掉了必要性章节，但强调了项目与企业发展战略的一致性、项目充分的市场分析等与企业投资决策密切相关的内容。同时，在项目与规划和政策的一致性、项目外部影响等方面与政府投资项目保持一致，这也进一步强调了企业投资决策时需履行必要的社会责任。

二、《可研大纲》建立了“三大目标、七个维度”的分析框架

项目投资决策是一个多目标的决策，核心问题就是解决项目为什么干、能不能干、怎么干、能不能持续运营的问题。可行性研究报告是项目投资决策的重要依据，《可研大纲》提出的建设必要性、方案可行性、风险可控性等三大研究目标较为完整地回答了项目投资决策的核心问题。

项目投资决策首先必须回答建设必要性的问题。无论是从目标导向还是从问题导向出发，项目的实施必须有利于达到相应的目标或者有利于解决实际问题。必要性论证不应只是项目建议书阶段的工作，在可行性研究阶段应基于最新的技术成果进一步深入论证项目建设的必要性。

为保证项目的顺利实施，项目必须具有技术经济可行性以及社会、环境、资源能源的可接受性。对项目方案可行性的论证是可行性研究报告最核心的工作，除了论证自然条件、用地条件和资源条件能否满足项目建设需要外，对建设方案进行充分的技术经济比选和优化是可行性论证的重点工作，定规模、定标准、定方案、定投资，解决好能不能干和怎么干的问题。

项目投资决策时必须考虑项目运营的可持续性和项目风险的可控性，确保项目达到预期效果。固定资产投资项目一般投资规模较大，投资回报期较长，必须充分分析未来影响项目持续运营的各种因素，并提前制定必要的应急预案，确保项目不会因为各种主客观条件的变化达

不到预期的经营效果。

三、《可研大纲》更加突出项目实施与宏观规划目标和政策目标的一致性

对政府投资项目而言，项目实施的先决条件是有助于国家和地方规划目标和政策目标的实现。对企业投资项目而言，在从企业经营角度研究项目可行性的同时，必须确保项目与国家和地方规划目标和政策目标的符合性。

在必要性论证时，必须充分分析项目与国家和地方的经济社会发展规划、国土空间规划、专项规划和区域规划等规划的一致性，确保“项目以规划为依据，规划以项目为支撑”落实到位。其中，项目选址与其所在地区国土空间规划的符合性是决定项目能否顺利实施的基础条件。

除了符合各级各类规划要求以外，项目也需要和国家或地方发布的各种政策文件，主要包括产业政策、行业准入政策、区域发展政策等做有效的衔接，同时也需要和各级政府年度重点任务计划结合起来，确保项目和上位规划、上位政策、上位计划的一致性。

在微观层面，除了关注项目与规划目标和政策目标的一致性、项目可以直接解决哪些问题以外，还需重点研究项目对其影响范围内相关利益群体的影响。既要考虑经济社会发展要求，也要考虑产业发展配套要求，同时也要考虑重大项目和重要活动支撑配套要求等。

四、《可研大纲》更加突出土地资源和其他自然资源的刚性约束

在建设条件分析时，以往的可行性研究报告重点分析自然地理条件、交通运输条件、市政配套条件等对项目形成直接支撑的条件，重在提出项目对自然条件和资源条件的要求，考虑怎么为项目做好配套支

撑。《可研大纲》更多从政府宏观调控、资源调控的角度考虑问题，更加关注土地资源、水资源、能源资源等是不是对项目形成刚性约束或刚性限制。

在建设用地方面，一定要牢牢守住“三条红线”，包括生态保护红线、永久基本农田、城镇开发边界等。项目选址和用地规模要严格遵守国土空间规划、土地利用年度计划、建设用地控制指标的要求。另外，要从集约有效利用土地资源出发，充分论证优化选址或选线方案，提高土地利用效率。

在水资源利用方面，要坚持节水优先，坚决落实以水定城、以水定地、以水定人、以水定产的“四水四定”原则，以项目所在地水资源的最大可用量作为刚性约束，分析项目的用水需求及其对项目所在地水资源的影响，作为论证项目规模是否合理、方案是否可行的限定性条件。

在能源资源利用方面，要深入分析项目对能源、资源、环境、生态等保障要素的需求，以及项目所在地在能耗、碳排放强度和污染减排指标控制要求等方面的刚性约束，在此基础上深入开展方案比选和优化，确保项目建设不会存在资源、能源和环境制约因素。

五、《可研大纲》更加突出项目全生命周期的研究思路

以往的可行性研究报告在技术方案论证时更多从项目建设阶段出发，更加关注建设规模、建设标准、建设方案、投资规模的合理性论证等，对项目运营阶段的运营需求关注较少，可能造成项目建成后无法有效满足使用需求，或者运营费用投入太高，项目运营不经济。

在项目建设方案论证比选时，《可研大纲》更加强调从项目全生命周期的费用效益出发，实现全生命周期的费用效益最大化。不只是从项目建设期的实施条件、技术经济比选的角度论证方案的可行性，更要从项目未来运营的可持续性，技术经济综合最优的角度来论证项目方案的可行性。

《可研大纲》强调要对项目运营组织方案进行充分的论证分析，并对未来的运营保障条件予以考虑，包括未来运营需要的技术条件，人力资源条件等，确保项目建成以后不因运营保障条件难以实现影响项目的实施效果。《可研大纲》也要求对项目建成以后的绩效评价指标有充分的考虑，作为项目运营期对项目进行绩效考核的基本依据。

六、《可研大纲》更加关注数字化、信息化技术的运用

根据国家关于网络强国、数字中国建设的相关要求，《可研大纲》第一次增加了数字化应用章节，要求可行性研究需加强项目数字化技术和信息化技术应用的研究，提出从规划设计、建设实施到运维的全过程数字化应用方案。

数字化技术、信息化技术的应用是未来项目建设组织和运营管理的重要技术手段。在项目全生命周期的各个阶段，包括可行性研究、技术方案论证、勘察设计、建设实施等阶段，均应积极探索数字化技术的应用，以数字化交付作为未来的发展方向，同时将建设阶段形成的数字化成果向运营阶段延伸和发展。

要充分利用建筑信息模型（BIM），做好项目方案设计阶段的方案比选论证工作，在项目设计阶段逐步推广 BIM 正向设计的设计思路，即先建立 BIM 模型，再逐渐生成设计图纸。在项目施工阶段，充分利用项目 BIM 模型，做好方案的变更和优化等相关工作。运营阶段的维修保养工作也应以 BIM 模型的运用为基本的技术手段。

七、《可研大纲》更加关注项目的外部影响

以往的可行性研究报告编制对项目外部影响虽有提及，但系统性不强，研究深度不够。《可研大纲》从宏观规划目标和政策目标角度出发，更加关注项目可能造成的外部影响，包括对社会、环境、资源能源、

节能减碳的影响等重要方面。项目对双碳目标实现的影响是《可研大纲》增加的内容，需重点给予关注。

对于政府投资项目而言，必须始终坚持以人民为中心的发展思想，深入研究项目相关利益群体的利益诉求，以满足最广大人民群众的利益作为项目投资决策的出发点和最终目的。对于企业投资项目，也要引导投资主体履行社会责任，在追求项目经济利益的同时兼顾相关利益群体的关切和诉求。

要深入贯彻"绿水青山就是金山银山"的理念，做好生态环境的保护和利用，同时做好清洁能源的生产和利用。要做好项目环境影响因素的识别，并提出切实可行的污染防控措施。要把绿色发展理念贯穿到项目投资决策的过程中，实现可持续的发展思路。

在能源资源利用方面，项目应采用更加先进高效的节水、节能和减排技术，必要时开展专题分析论证，确保项目实施不会对项目所在地的资源利用平衡造成太大的影响。可再生能源的利用应是项目未来关注的重点。对建筑项目来说，要把建设低碳建筑、零碳建筑作为未来的发展方向。

八、《可研大纲》更加关注项目的盈利能力分析和资金来源的多样性

《可研大纲》更加重视对项目盈利能力的分析预测。不管是政府投资项目还是企业投资项目，均应对项目的财务前景做充分的分析预测。对于没有收入来源的项目，强调要开展资金平衡分析，提出项目建设期和运营期的资金来源方案，确保项目经营的可持续性。

根据项目的盈利能力分析结果，积极探索采用市场化的资金解决方案。对于具有一定经营收入的政府投资项目，除了政府提供必要的建设资金以外，也要充分考虑利用社会资金解决资金的缺口和不足，并以资金来源的多样性提高资金运行效率，提高市场化配置资源的水平。

对于采用市场化融资的政府投资项目，要对项目未来的收入和成

本进行分析预测，深入论证项目的财务可行性和风险可控性，确保项目未来经营的可持续性。对于具备资产盘活条件的基础设施项目，要在项目建设完成后积极探索采用基础设施领域不动产投资信托基金（REITs）盘活存量资产。

九、《可研大纲》更加关注项目潜在风险的识别和管控

《可研大纲》强调要对项目的潜在风险做充分的分析和预判，针对各种建设期和运营期的重大风险，需制定风险应对措施和应对预案。特别强调了网络与数据安全等方面的风险分析，这在以往的可行性研究报告中较少提及。

项目风险分析是保证项目可持续经营的重要内容，保证项目不因为出现各种主客观条件的变化而难以发挥实际效果。《可研大纲》对项目社会稳定风险提出了明确要求，项目投资决策的前提是必须确保项目不会出现社会稳定问题。

在社会稳定风险分析中，重点强调了“邻避”问题。在部分环境污染治理项目、污水处理项目等项目的投资决策过程中，“邻避”效应能否合理解决是需要关注的重点内容。如果项目未能有效处理“邻避”问题，则可能影响项目的选址和持续运营。

可行性研究报告的历史传承、创新突破及实践探索

北京市工程咨询有限公司副总经理　张龙

一、可行性研究报告的历史传承

（一）历史由来

1983 年 2 月，原国家计委发布《关于建设项目进行可行性研究的试行管理办法》（计资〔1983〕116 号），明确规定把项目可行性研究纳入基本建设程序。办法将部分重大项目开展可行性研究作为设计任务书编制和审批的前置条件，并以工业项目为例规定了可行性研究报告的内容结构。

20 世纪 80 年代中后期，随着国务院批复同意对国家大中型基本建设和限额以上技术改造项目的可行性研究报告及工程设计进行评估，提出意见后再确定是否列入国家计划，各地相继建立了建设项目前期评估制度。“先评估后决策”制度的建立与实施，推动可行性研究报告的编制逐渐普及和成熟。

1991 年 12 月，原国家计委发布《关于报批设计任务书统称为报批可行性研究报告的通知》（计投资〔1991〕1969 号），取消了设计任务书的名称，所有项目一律编制可行性研究报告，将可行性研究报告正式纳入项目建设程序，经批准的可行性研究报告是确定建设项目，编制设计文件的依据。

（二）核心问题

可行性研究报告是项目前期投资决策的主要技术支撑。通过可行

性研究报告的编制，对项目进行全面系统的分析论证，解决影响项目投资决策的关键技术问题，主要包括项目要不要干、能不能干、怎么干、能不能持续运营等关键问题。

可行性研究报告的内容体系和研究深度，必须满足各类投资主体在要素和资源约束条件下做出最优投资决策的需要。可行性研究报告需对项目总体上是否具有投资价值给出明确意见，同时需要对建设规模、工艺技术方案、项目投资等主要技术问题形成明确具体的研究结论，以上内容也是可行性研究报告审批决策的核心内容。

在项目审批流程中，可行性研究报告具有核心地位和作用，是投资控制的基本依据。对于政府投资项目而言，在项目建议书、可行性研究报告和初步设计概算三个审批环节中，项目建议书阶段还没有明确具体的技术方案，初步设计概算阶段对方案优化关注较少，可行性研究报告是技术经济综合比选论证的关键阶段。

（三）基本依据

从 1983 年开始编制可行性研究报告以来，相关咨询研究机构对可行性研究报告的内容体系和编制方法进行了大量的探索和实践。在 1987 年和 1993 年，原国家计委和建设部分别发布了《建设项目经济评价方法和参数》第一版和第二版，可行性研究报告的编制体系逐渐规范。

为进一步指导和规范可行性研究工作，2002 年 3 月，国家计委发布《投资项目可行性研究指南（试用版）》（以下简称《指南》）。2006 年 7 月，为规范和加强建设项目经济评价，国家发改委和建设部共同发布《建设项目经济评价方法和参数》（第三版）。以上两个文件的发布为可行性研究工作的开展打下了良好的技术基础。

《指南》在总结改革开放以来可行性研究工作经验的基础上，借鉴国际上可行性研究的有益经验，规范了可行性研究的内容和方法。《指南》共分两大部分：

第一部分是可行性研究内容与方法，从影响项目投资决策的十八个重要方面系统介绍了具体的研究方法；

第二部分是可行性研究报告编制大纲，在介绍可行性研究报告一般性编制步骤和要求的基础上，分 12 个专业分别制定了可行性研究报告的编制大纲。

（四）《指南》实践应用

以《指南》为基础，部分行业主管部门或行业协会组织制定了行业可行性研究报告编制办法，如公路项目可行性研究报告编制办法、水利水电项目可行性研究报告编制办法、市政工程可行性研究投资估算编制办法等，与《指南》一起，共同作为政府审批部门和工程咨询从业人员开展可行性研究报告编制和评估的技术依据。

《指南》对规范可行性研究报告的基本框架，促进工程咨询理论、方法的研究和工程咨询行业的发展具有重要的指导作用。从《指南》发布以来，可行性研究报告的编制质量明显提高，对推动政府科学决策发挥了重要作用，工程咨询行业在项目投资建设过程中的地位和作用得到进一步提高。

但是，《指南》大纲在实践应用中也存在以下问题：一是缺乏逻辑主线。在实践中简单套用格式，知其然不知其所以然；二是内容庞杂，但各章节之间关联性不强，重点不突出；三是对各章节的研究深度要求不明确，对科学决策的支撑作用不够强；四是除了必要性、规模论证、建设方案、投资估算等核心章节外，大部分辅助章节以满足形式要求为主。

（五）《指南》存在的不足

2004 年 7 月，《国务院关于投资体制改革的决定》（国发〔2004〕20 号）发布，项目立项审批由原来全部采用审批制调整为审批、核准、备案三种方式。2016 年 7 月，《中共中央国务院关于深化投融资体制改革的意见》发布，对项目投资决策和项目审批提出了更高的要求。

随着国家投融资体制改革逐渐深化，《指南》的内容体系和研究方法在实践中已越来越难以满足可行性研究工作的要求。主要表现在以下方面：

一是总体逻辑框架不够清晰，各章节的内在逻辑也不够清晰，各章节之间缺乏有机联系，难以支撑高质量投资决策的要求。

二是未考虑社会投资者的投资决策需求，不同资金来源的项目统一采用基于审批制的格式体系。

三是主要以工业项目为主要研究对象，其研究内容和方法更适用于工业项目。

四是不适应新发展阶段高质量发展的要求，未体现数字技术运用、双碳目标实现等时代特点。

二、《可研大纲》的创新突破

（一）时代背景

1.高质量发展要求

高质量发展就是能够很好满足人民日益增长的美好生活需要的发展，是体现新发展理念的发展，是创新成为第一动力、协调成为内生特点、绿色成为普遍形态、开放成为必由之路、共享成为根本目的的发展。

为满足高质量发展要求，可行性研究过程中应充分借鉴数字化、信息化技术的研究成果，推动数字化技术在工程项目实践中的运用，应体现以人为本的理念，充分关注社会效益和社会公平，应体现绿色发展理念，充分关注节能降碳、能源和资源的节约和有效利用。

2.理论和方法完善

高质量的投资决策是支撑高质量发展的重要条件，高质量的可行性研究报告是实现高质量投资决策的重要技术手段。兼顾不同投资主体的投资决策要求，可行性研究报告需建立更加科学系统、逻辑严谨的分析框架。

与《指南》大纲相比，本次发布的可行性研究报告大纲（以下简称《可研大纲》，包括《通用大纲》《参考大纲》和《编制说明》）在以下几个方面均有创新和突破：一是在整体框架和编制理念等方面提出了新思路；

二是贯彻新发展理念,增加了新的研究内容;三是对于部分既有内容,调整了研究重点,对研究深度提出了更高的要求。

(二)提出了新思路

1. 建立严谨科学的分析框架

围绕可行性研究报告要解决的核心问题,本次发布的《可研大纲》建立了三大目标、七大维度的逻辑架构。

三大目标是指建设必要性、方案可行性和风险可控性,这三大目标均是支撑项目投资决策的必要条件,三者缺一不可。建设必要性是前提基础,方案可行性是保证项目可实施、可运营的技术支撑,风险可控性是指项目应对建设期和运营期风险和变化的适应能力。

七大维度是对三大目标的进一步分解和细化。建设必要性和风险可控性分别只对应一个维度,即需求可靠性和风险管控方案。方案可行性对应五个维度,即要素保障性、工程可行性、运营有效性、财务合理性和影响可持续性。

七大维度较为全面系统地概况了项目可行性研究的关键内容。一个项目的建设首先必须是必要的,再逐步解决规划条件、工程条件、财务条件等可行性的问题,在此基础上如果风险可控,项目可持续运营,就可以认为项目是可行的。只有当七大维度均有明确肯定的结论时,才能保证三大目标均可得出肯定的结论,也才能保证项目可行性。

2. 兼顾各类投资主体的决策需求

由于《指南》发布时所有项目均实行审批制,《指南》以满足政府主管部分审批要求为可行性研究报告编制目标。另外,由于工业项目是当时的主要项目类型,《指南》以工业项目为主要研究对象,建立研究框架,明确研究方法,但也对部分专业领域制定了更符合专业特点的研究大纲。

在 2004 年 7 月《国务院关于投资体制改革的决定》(国发〔2004〕20 号)发布后,除政府投资项目仍采用审批制以外,社会投资项目开始全面采用核准制或备案制。原来以审批制为基础制定的《指南》大纲,在实践中已很难满足核准制、备案制项目的投资决策需要。

《可研大纲》针对政府投资项目和社会投资项目的特点，系统分析了两类项目决策的异同，分别制定了《通用大纲》和《参考大纲》。大幅度简化了原来面面俱到，逻辑性不强的分析框架，将《指南》大纲的约二十个章节简化为十个章节（以《通用大纲》为例）。强调研究框架的搭建和共性内容的梳理，兼顾了政府、企业、咨询研究机构的不同需求。

3. 全生命周期的研究思路

长期以来，可行性研究重在满足投资决策阶段的需求，以合理控制投资为主要目的，重建设、轻运营、轻管理。因此，《指南》大纲更多从项目建设阶段出发，更加关注建设规模、建设标准、建设方案、投资规模的合理性论证等，对项目运营阶段的运营需求和运营组织方案关注较少。

《可研大纲》更加强调从项目全生命周期的费用效益出发，从项目未来运营的可持续性，技术经济综合最优的角度，实现全生命周期的费用效益最大化。同时，更加强调运营组织方案的合理性、有效性和可操作性。而且，要求可行性研究报告中需提出可量化考核的绩效评价指标，作为运营期评价项目是否达到预期目标的基本依据。

（三）增加了新内容

1. 项目与规划政策的符合性

《指南》大纲没有专门的规划政策符合性分析，对项目与规划政策的关系论述不够全面系统，更多是将规划政策作为外在约束条件。在分析项目必要性时经常是就项目论项目，更加关注项目的微观直接目标，对项目与宏观和中观规划政策目标的符合性重视不够。

《可研大纲》增加专门章节论述项目与规划政策的关系，要求各类项目投资决策均需提升站位和高度，深入论证规划政策对项目的约束性要求。对政府投资项目而言，项目实施的先决条件是有助于国家及地方规划目标和政策目标的实现。对企业投资项目而言，在从企业经营角度研究项目可行性的同时，必须确保项目与国家及地方规划目标和政策目标的符合性。

2. 土地、资源、环境的刚性约束

《指南》大纲没有专门的章节分析土地、资源和环境对项目的刚性约束。在建设条件分析时，重点分析自然地理条件、交通运输条件、市政配套条件等对项目形成直接支撑的条件。在涉及项目用地和资源能源方面，重在提出项目对土地和资源条件的要求，考虑相关资源怎么为项目做好配套支撑。

《可研大纲》充分考虑人与自然和谐共生的发展理念和绿色发展、协调发展的时代要求，将土地、资源和环境因素作为影响项目投资决策的关键制约因素统筹考虑。从政府宏观调控、资源调控的角度考虑问题，更加关注土地资源、水资源、能源资源等是不是对项目形成刚性约束或刚性限制。

3. 数字化、信息化技术的运用

《指南》大纲没有数字化、信息化技术的相关内容。但按照高质量发展要求，工程建设领域需加大创新力度，积极探索工程建设如何和数字技术深度结合。同时，随着数字技术的高速发展，数字技术的运用越来越成为工程项目提高建设效率、提升建设质量的重要技术手段。

为此，《可研大纲》增加了数字化应用章节，要求可行性研究需加强项目数字化技术和信息化技术应用的研究，提出从规划设计、建设实施到运维的全过程数字化应用方案。这就要求工程咨询从业人员必须了解数字技术的发展现状，研究数字技术如何与工程项目建设和运营深度结合。

4. 碳达峰、碳中和分析

《指南》大纲没有碳达峰、碳中和分析的相关内容。双碳目标的实现既是国家高质量发展要求，又是国家对世界碳排放控制的承诺。随着国家双碳目标的发布，相关行业将面临一系列机遇和挑战。

随着相关政策法规的出台，碳排放水平必将成为影响项目投资决策的关键因素。顺应国家双碳目标的要求，《可研大纲》增加了项目对双碳目标实现的影响，要求需开展碳排放总量和碳排放强度的计算，提出碳排放控制措施,满足碳排放控制目标的要求。

(四)提出了新要求

1.社会、环境、资源能源等外部影响

对于节能、节水、环境、社会等外部影响,《指南》大纲分别有单独的章节分析,但研究目标、内容、深度、结论等要求不明确,在实践中以套用模板为主,研究深度不够。而且,研究结论与项目投资决策的逻辑关系不清晰,相互之间未建立有效联系。

《可研大纲》将项目外部影响整合为一个章节,从经济、社会、资源、环境协调发展的角度,将外部影响作为影响项目可行性的关键因素。将社会是否可接受、环境影响是否可控、资源能源是否集约有效利用作为可行性分析的重要内容,并将以上内容作为影响方案可行性和项目投资决策的必要条件。

2.资金来源的多样性

《指南》大纲对资金来源的研究深度和可靠性要求不高,对资金来源方案只要求满足最低资本金比例要求。除政府投资项目由政府全额投资以外,其他项目的资金来源方案一般都采用资本金加银行贷款的方案。没有结合盈利能力分析研究资金来源的多样性,实际融资方案与可行性研究报告往往偏差较大。

《可研大纲》要求必须通过盈利能力分析,充分利用市场化的融资手段,对资金来源的可靠性和经济性都需进行充分的研究论证。不管是政府投资项目还是企业投资项目,均应对项目的财务前景做充分的分析预测。对于没有收入来源的项目,强调要开展资金平衡分析,提出建设期和运营期的资金来源方案,确保项目经营的可持续性。

3.风险的识别和管控

《指南》大纲也要求开展项目风险分析,强调风险因素的识别和管控,但没有将风险分析作为项目决策的关键影响因素。风险分析内容缺乏全面性和系统性,风险分析方法缺乏科学性和严谨性,以定性分析为主、定量分析不足,对网络安全风险和社会稳定风险没有提及。

《可研大纲》将风险是否可控作为关键的决策影响因素。强调需通过科学系统的分析论证，识别建设期和运营期的潜在风险，判断风险概率和影响程度。针对各种建设期和运营期的重大风险，需制定风险应对措施和应对预案。并将采取应对预案后风险是否可接受作为项目投资决策的关键影响因素。

结合现阶段经济社会发展过程中典型风险发生的可能性，《可研大纲》特别强调了网络与数据安全、社会稳定风险等方面的风险分析。在社会稳定风险分析中，重点强调了“邻避”问题。针对以上风险，《可研大纲》要求需加强理解和认识，管控措施必须切实可行。

三、《可研大纲》的内容解读

（一）基本框架

《可研大纲》由《通用大纲》《参考大纲》和《编制说明》组成。对应三大目标、七大维度，《通用大纲》的基本框架包括十个章节，《参考大纲》的基本框架包括九个章节。由于《通用大纲》的内容体系较《参考大纲》更为全面，本文以下内容均从问题导向出发，以《通用大纲》的章节结构为主线逐章进行解读。

在《通用大纲》中，第一章是对报告主要内容的概述，第十章是报告研究结论和后续工作建议，其他八个章节是可行性研究报告的核心内容章节，在报告正文之后是附表、附图和附件。其中，第二章和第三章对应建设必要性目标，最后一个章节对应风险可控性目标，中间五个章节共同对应方案可行性目标。

与《通用大纲》相比，《参考大纲》除没有背景必要性章节，将这一章中的部分内容纳入第二章需求分析中考虑外，其他各章与《通用大纲》大致相同。除第一章和第九章是总结性章节外，其余各章分别对应一个维度。但第二章小节的划分与通用大纲有较大不同，考虑了规划政策、企业战略、市场需求、商业模式等对项目投资决策的影响。

(二)建设背景和必要性

1.分析框架

建设背景和必要性要解决的是项目要不要干的问题,是可行性研究的前提。一般认为,必要性论证应是项目建议书阶段的工作,可行性研究阶段重在解决可行性的问题。但项目前期工作通常是一个漫长的过程,在此期间项目的各种主客观条件可能会发生很大的变化,项目技术方案也在逐渐深化,因此在可行性研究阶段还应深入论证项目建设的必要性。

本章由三个小节组成,即项目建设背景、规划政策符合性和项目建设必要性。三个小节是层层递进的关系,首先讲清楚项目要解决的问题或达到的目标,接下来要讲清楚项目目标与规划政策目标的联系,而这个目标往往也是规划政策关心的目标,从规划政策的实现或问题的有效解决出发,论证项目建设的必要性和紧迫性。

(1)项目建设背景

项目建设背景要回答的问题是项目的由来,也即是项目的来龙去脉问题。一般来说,项目的产生可以有三种途径,即目标导向、问题导向和结果导向。

首先,项目可以是为了完成或实现某个目标而生成,如为了完成某个规划目标或政策目标等。

其次,项目可以是为了解决某个现实问题而生成,如为了解决某个地区的交通拥堵问题或学生入学问题等。

最后,项目也可以是为了达到某种预期结果而生成,如为了成功地举办某个重要会议或重大活动等。

(2)规划政策符合性

项目与规划政策的符合性既是项目实施的前提条件,同时,规划实现或政策落地也可能是发起项目的最终目的。在项目建设背景中已经提到,很多项目本身就是为实现规划而生成。

规划政策的内涵并不仅限于通常所讲的国土空间规划和产业政

策，也包括政府有关部门制定的发展规划、专项规划、行动计划、年度计划、有关领导的重要指示批示精神等，以上内容均是影响项目成功实施的关键因素。

(3)项目建设必要性

对项目建设必要性的分析要坚持定性和定量相结合的原则，不只是回答要不要干的问题，还要回答要不要现在干的问题。项目建设必要性可以从宏观、中观和微观三个层次分析：

首先从宏观角度分析，项目建设是否有利于国家重大政策目标或规划目标的实现，如部分新能源项目的建设与低碳发展目标的实现具有密切的联系。

其次从中观角度分析，项目建设是否有利于区域发展目标或行业发展目标的实现，如跨区域的重大交通基础设施项目的建设与区域发展规划目标的实现具有密切的联系。

最后从微观角度分析，项目建设是否有利于解决社会民生需求、产业发展需求、重大活动或事件支撑配套需求等方面面临的突出问题。除社会民生需求外，为产业发展提供支撑配套逐渐成为各级政府发起或生成项目的优先选项。

2.项目规划谋划

当前，全国大部分地区的重大项目建设进入了由总量不足到结构优化和补短板、强弱项的关键阶段。为了解决项目来源总体不足、质量不优的问题，2022 年 12 月习近平总书记在中央经济工作会议上指出，要加强项目储备和前期工作，强化要素保障。

项目规划谋划是指按照区域发展目标要求，提前策划生成一批重点项目建立项目储备库，按照项目的轻重缓急制定分年度的建设计划和资金来源方案。以此为基础前瞻性地开展前期工作，有利于提高项目审批的质量和效率。具体如下：

首先，项目规划谋划是推动上位规划落地的重要手段。以规划为依据，结合现状情况，梳理和分析一批重大项目起动前期工作，有利于确保长期规划目标的实现。

其次,项目规划谋划有利于提高资金使用效率。在规划谋划过程中,以系统性分析解决现状问题、找到问题差距、完成规划目标为导向筛选项目,有利于保证政府资金使用效率。

最后,项目规划谋划有利于保证投资计划的长期性。通过建立长期的储备项目库、制定分年度的投资计划,并做好对资金来源的长期统筹,有利于保证投资计划的科学性。

3.主要规划政策

在筛选发起项目时,必须确保项目和上位规划、上位政策、上位计划的一致性。需要重点考虑的规划政策具体如下:

首先,要充分分析项目与国家和地方发展规划、国土空间规划、专项规划和区域规划等规划的一致性,确保“项目以规划为依据,规划以项目为支撑”落实到位。

其次,要确保项目与国家或地方发布的产业政策、行业准入政策、区域发展政策等政策文件的符合性,特别要关注项目是否列入国家或地方的负面清单。

最后,要确保项目与各类计划的符合性,主要包括各级政府发布的各类行动计划、实施方案,以及年度重点任务、重点工作和重大项目计划等。

(三)建设需求分析和产出方案

1.分析框架

项目需求分析和产出方案要解决的是项目需要干什么和干多大的问题。为体现政府投资主体与社会投资主体决策目标的差异,《通用大纲》和《企业大纲》对本章的论述略有区别。

以《通用大纲》为例,本章由项目需求、建设内容和规模、产出方案三个小节组成,三个小节的内在逻辑为,先开展产品或服务需求预测,再考虑项目如何或在多大程度上满足市场需求,最后考虑项目的产出如何与需求合理地匹配。具体如下:

(1)项目需求

对产品或服务的需求预测是可行性研究的基础，预测结果对项目建设规模和投资规模具有决定性的影响，需求预测质量决定着可行性研究报告的工作质量。需要综合运用多种定性或定量预测方法，从宏观、中观和微观等多个层次综合分析预测。

(2)建设内容和规模

为满足产品和服务的需求，可能有多种方式或路径，需要研究如何或在多大程度上合理地满足需求。具体来说，就是解决好项目建设内容(建什么)、建设规模(建多大)、建设标准(建多好)的问题。以上内容均是项目可行性研究的核心技术问题，是方案论证比选和投资估算的基本依据。

(3)产出方案

项目建设内容和建设方案确定后，就基本上可以确定项目最大的产出规模。但是，与产品或服务的需求量相匹配，分年度的产品或服务供给量可以有一定程度的调整，部分项目可根据需求量的变化趋势决定工程如何分期。

2.需求分析层次

项目需求分析主要包括国家和区域发展战略需求、国土空间总体规划布局需要、企业战略规划需要、直接受益群体的需求量预测等几个层次。具体如下：

首先，项目可以是为实现国家和区域发展战略需求而确定建设目标。如某高速公路项目可以是依据国家高速公路网规划确定项目规模和标准。

其次，项目可以是为实现国土空间规划确定建设目标，如某城市主干路项目的规模和标准，可能在国土空间规划中就已有明确的技术要求。

再次，对于企业投资而言，可能某个项目的投资决策主要是为了实现企业的战略规划，如某个重大研发项目的开展，就主要是服务企业战略需要。

最后，对于部分影响范围较小、影响力较弱的项目，直接受益群体的需求预测是确定项目规模和标准的主要依据。如某地区的交通量预测是确定道路项目规模和标准的主要依据。

（四）项目选址与要素保障

1. 分析框架

项目选址与要素保障要解决的是项目在哪干、项目建设的外部条件是否具备的问题。项目选址或选线与要素保障分析具有交互性，选址和选线是研究要素保障的前提，要素保障又是选址或选线的重要制约因素。

本章包括项目选址或选线、项目建设条件、要素保障分析等三个小节。在项目确定选址或选线后，要研究项目自然地理条件、外部市政条件是否具备，是否存在影响项目实施的关键制约因素。具体如下：

（1）项目选址或选线

项目选址或选线应以国土空间规划及其他专项规划为基础。在符合相关刚性约束的基础上，需进行多个选址选线方案的技术经济综合比选，工程实施难度、征地拆迁难度和补偿费用是影响选址选线的重要因素。

（2）项目建设条件

项目建设条件是影响项目实施的保障性条件，是以项目为出发点，研究其周边配套条件如何为项目做好配套支撑。对于公益性项目而言，主要考虑自然环境、交通运输、市政公用工程等外部条件。对于企业投资项目而言，除了以上与工程建设有关的条件外，还需加上产业链供应链情况、人力资源情况等与运营有关的条件。

（3）要素保障分析

要素保障分析重点分析以资源环境要素为主的，影响项目实施的外部刚性约束性条件，主要指需国家总量调控的外部约束性生产要素，包括土地资源、水资源、能源、生态环境等。要素保障分析与建设条件不同，建设条件是可以改进完善的保障性条件，要素保障是必须满足的刚性约束性条件。

2. 刚性约束性要素

项目的建设和运营过程，必须满足土地资源、水资源、能源、生态环境等重要要素的刚性约束。具体如下：

首先，在土地资源约束方面，一定要牢牢守住“三条红线”，包括生态保护红线、永久基本农田、城镇开发边界等。

其次，在水资源约束方面，要坚持节水优先，坚决落实以水定城、以水定地、以水定人、以水定产的“四水四定”原则。

再次，在能源和碳排放方面，要满足能耗双控、碳排放双控、可再生能源的利用等方面的刚性约束。

最后，在环境约束方面，要满足生态环境保护、污染物排放等方面的刚性约束。

（五）项目建设方案

1. 分析框架

项目建设方案是可行性研究报告的核心内容，通过充分的技术经济比选确定的建设方案，是项目投资估算和投资控制的工作基础，同时也是开展初步设计的重要依据。对建设方案的论述各行业差距很大，需要根据行业特点灵活适用。

按照《通用大纲》要求，项目建设方案共分为技术方案、设备方案、工程方案、用地用海征收补偿方案、数字化方案、建设管理方案等六个小节。其中，前三节重点论述与工程实体建设实施有关的方案，后三节重点分析保障工程项目高效实施的场地准备、技术措施和管理措施。

前三个小节之间从工艺方案、设备选型到工程方案的论述顺序更符合工业项目的特点。针对常规的基础设施和公共服务类项目，本文对工程实体的论述方案进行了适当调整，按照技术方案、土建方案、设备系统方案的顺序展开。具体如下：

(1)工艺技术方案

一般来说，项目建设方案的确定均需要从系统选型开始，在系统选型的基础上确定工艺流程，进而生成总图布置或线路方案等。比如，对城市轨道交通项目，首先需确定车辆选型和编组方式，地下或地上的线路敷设方式，在此基础上研究线位和站位方案。

(2)土建工程方案

在确定系统选型和总图方案后，就需深入比选论证项目建构筑物的建筑方案、结构方案、土护降方案、施工工法等。其中，对于包含地下工程的项目而言，土护降方案、施工工法虽然不影响项目功能实现，但其对项目投资控制影响很大，需对其作深入的比选和优化。

(3)设备系统方案

除了土建工程外，各类设备系统是构成工程实体的关键内容，主要包括机电设备、给排水、暖通空调、强弱电、信息化系统设备等。设备系统是影响建设投资和建设质量的关键，同时也对运营期的运营效果、运营质量、运营费用影响巨大，需加强设备系统方案的技术经济比选。

(4)用地用海征收补偿方案

用地用海征收补偿方案包括用地用海征收、拆迁补偿、管线改移、树木伐移等补偿方案。补偿方案的可行性和合理性不仅影响着项目能否顺利开工建设，而且对于合理控制建设投资意义重大。在项目实践中，部分项目的征地拆迁补偿费用已超过了工程费用，而且管线改移和树木伐移补偿费用所占比例也在逐渐提高，需给予更多的关注和重视。

(5)数字化方案

对数字化方案的理解，可以从规划设计数字化、工程建设数字化和运营管理数字化等几个方面考虑。传统工程技术和数字化技术的结合，是推动工程建设领域高质量发展的主要路径。在项目建设过程中，必须加大数字化、信息化技术的探索和运用，提高项目建设和运营效率。

(6)建设管理方案

为保证工程项目顺利开工和按期完工，需要积极探索更高效的建设管理模式、组织方式和招标方式，统筹考虑各项工序的衔接，制定科学合理的工程进度计划。在项目前期和建设过程中，均需积极探索以全过程工程咨询为技术支撑的项目组织方式，提高建设管理效率。

2.建设方案优化

(1)方案优化目标

方案比选优化是可行性研究报告的核心内容，方案优化的内容、深度和工作质量决定了项目的投资控制效果，项目全过程各阶段均应充分重视方案比选优化。在强调工程技术方案技术可行的同时，需同时强调方案合规性、合理性和经济性。

首先，项目建设方案应符合相关政策文件和规范标准的要求，满足技术来源安全可控的要求等。

其次，技术方案应合理可行，应满足建设风险总体可控，产业链、供应链安全稳定，运营风险可控等要求。

最后，在满足功能标准的前提下，技术方案应满足全寿命周期综合成本最低的要求。

(2)方案优化前移

项目可行性研究过程中各阶段均应充分重视方案优化。方案优化应尽量前移，项目选址、用地规模、建设规模和建设标准的优化对投资控制意义重大。

首先，要充分重视建设选址优化。不同的建设选址，征地拆迁补偿费用差异巨大。特别是对于线性工程而言，不同的线位工程难度和工程风险差异也很大。

其次，应通过用地规模优化以尽量压缩用地规模，减小项目投资和征地拆迁的难度。例如，某高速公路项目通过减小了一米路基宽度，大幅度地减小了项目投资。

再次，建设规模应合理适度，在满足基本功能的前提下以规模最小化为原则。对于公共服务类项目而言，需通过方案优化严格控制非标准用房的面积，压缩建设规模。

最后，需以经济适用为原则适度控制建设标准。不宜为了追求项目更加先进的功能、外部景观效果、内部的舒适度、设施设备的先进程度和信息化程度而盲目增加投资。

3. 数字化技术探索

随着数字化技术的发展，部分工程建设从业机构加大了数字技术在项目实践中的应用推广力度。目前，常见的数字技术应用场景包括规划设计数字化、建设实施数字化和运营管理数字化等方面。具体如下：

(1)规划设计数字化

在规划设计数字化方面，主要的应用领域是充分利用建筑信息模型(BIM)模型，逐步推广 BIM 正向设计，并从设计 BIM 向施工 BIM 延伸，以数字化交付作为未来的发展方向。同时，部分工程咨询机构也在积极探索人工智能技术在前期咨询、造价咨询过程中的运用，在利用 BIM 模型实现图形算量方面取得了较大的进展。

(2)建设实施数字化

在建设实施阶段，相关从业机构正在积极推动项目管理、监理和施工作业的数字化，加强项目建设过程中的信息交互和生产要素管理，建立数字化审批流程，提高建设管理效率。以上几个方面均已形成成熟的管理平台，部分从业机构已有非常成熟的应用经验。

(3)运营管理数字化

在项目运营管理过程中，部分运营机构通过综合运用物联网、5G 等先进的技术手段，向数字化运营方向发展。部分管理运营机构通过加强运营数据的收集，并利用大数据分析结果，提高项目服务质量和服务水平，在建筑、市政等领域已积累了丰富的运营经验。

4. 全过程工程咨询探索

在项目前期和建设过程，以全过程工程咨询为支撑的建设组织方式对于控制投资、提高建设效率意义重大。完整的全过程工程咨询涵盖前期咨询、勘察设计、建设实施、运营维护等项目整个生命周期的各个阶段。但从市场需求驱动而言，目前完整的全过程工程咨询还较少。

在工程实践中，全过程工程咨询并非一定要延伸到项目建设的全过程，也并非要涵盖从前期到建设过程的所有咨询业务。全过程工程咨询的核心内涵是建立全过程、系统性考虑问题的思维方式，基于全寿命周期实现费用价值最大化，可以根据市场需求灵活选择不同的咨询业务组合方式。

综合性工程咨询机构应充分发挥其在前期咨询、项目管理等业务领域积累的技术优势，以及业务链条较完整的业务特点，分阶段地创新全过程工程咨询的实现方式，近期积极探索以可行性研究工作为核心的前期综合决策咨询，远期向以投资控制为主线的全过程工程咨询发展。

（六）项目运营方案

1.分析框架

项目运营方案要解决的是项目如何高效运营的问题。本章包括运营模式、运营组织、安全保障和绩效管理等四个小节，首先确定由谁来运营，再确定具体的运营组织机构，建立确保安全运营的制度机制，最后制定评价运营效果的绩效考核指标。具体如下：

(1)运营模式

项目运营模式与资金来源渠道有关，资金提供方对运营模式的选择具有决定性的影响。对政府投资项目而言，主要包括政府运营、政府平台公司运营和第三方运营等几种方式。对于城市道路、城市供水和排水等市政基础设施项目，一般以政府平台公司运营为主。

(2)运营组织

运营机构应建立专门的组织机构，配备相应的人力资源，并建立相应的制度和机制，具体承担项目的运营组织工作。对于投资规模较大、运营责任较重、运营周期较长的项目，通常设立新的项目法人公司负责项目运营。

(3)安全保障

安全保障是影响项目可持续经营的关键因素，项目运营过程中需确保不发生重大的安全责任事故。要建立总体国家安全观，同步关注安全生产、办公场所安全、网络安全、意识形态安全等安全问题。其中，安全生产是重中之重，需建立全员安全生产责任制，制定安全保障方案和应急预案。

（4）绩效管理

与项目必要性分析时的宏观、中观和微观目标相对应，可行性研究报告需从以上几个层次提出关键绩效考核指标，作为项目运营期评价或考核项目是否达到预期运营效果的重要依据。绩效管理目标应尽可能量化，应能充分反映项目的真实运营状况和运营效果的可持续性。

2.政府投资项目运营模式

运营模式与投资模式和建设模式具有密切的关系。对于政府投资项目，运营模式选择的关键是综合考虑投资、建设、运营机制的有机联系，理顺政府和企业之间的关系。一般包括以下几种方式：

一是政府全部投资，企业建设和运营方案。例如，市政道路、污水管网项目等公益性基础设施项目一般采用此种方式运营。

二是政府和企业联合投资，企业建设和运营方案。例如，高速公路、轨道交通项目等具有一定收益的基础设施项目一般采用此种方式运营。

三是政府投资，政府负责建设和运营方案。例如，河道、公园等纯公益性项目一般采用此种方式运营。

四是企业投资建设，政府回购和运营方案。受政府投资政策的影响，此种方式目前较少采用。

五是采取特许经营的方案，企业投资建设运营管理。例如，对于部分盈利前景较好的高速公路、自来水厂项目，一般采用此种方式运营。

3.绩效评价指标

为客观评价项目运营期的运营效果，必须制定可量化考核的绩效评价指标，包括考核内容、考核权重和评分规则。绩效评价指标主要包括以下内容：

一是运营指标，主要考核运营期收入、成本、利润、现金流指标等关键的财务指标。

二是项目维护指标，主要考核建构筑物、设备系统、附属设施等功能完好情况。

三是安全保障指标，主要考核项目安全管理制度的制定和执行情况，包括是否按规定执勤、巡逻检查等。

四是可持续性指标，主要考核运营管理可持续性、财务效益可持续性。

五是管理效果指标，主要考核项目制度建设、组织管理、财务管理等方面的规范性和管理效果。

六是外部影响指标，主要考核项目的社会影响、环境影响、资源能源、双碳影响等外部影响，是否存在影响项目持续运营的潜在风险，是否处于社会可以接受的水平。

（七）项目投融资和财务方案

1.分析框架

项目投融资和财务方案要解决项目花多少钱和资金从哪来的问题。本章由投资估算、盈利能力、融资方案、债务清偿能力和财务可持续性分析等五个小节组成，各小节之间基本的逻辑次序是，先解决项目花多少钱和项目是否具备盈利能力的问题，根据盈利能力大小研究融资渠道，再针对债务预测还款能力和财务稳定性。具体如下：

(1)投资估算

项目投资估算是项目全过程投资控制的基本依据，必须确保投资估算的准确性和完整性，准确反映现阶段建设规模、建设标准和建设方案的造价水平，确保没有丢项落项，各项费用在投资估算中均有相应体现。

(2)盈利能力

项目投资估算稳定后需开展盈利能力分析，作为判断项目是否具备市场化融资能力的依据。需要在准确预测运营期收入和各项成本费用的基础上，从全投资的角度计算项目财务净现值和内部收益率，以此判断项目盈利水平。

(3)融资方案

根据盈利能力的大小，项目可以采用政府投资、社会资本投资和银行贷款等几种方式。除了没有经营收入的纯公益性项目以外，为减小政府投资的压力，其他各类项目均应充分考虑采用市场化的融资方案。可以采用社会资本的项目，应积极吸引社会资本参与项目建设。

(4)债务清偿能力

对于有债务融资的项目，需要计算运营期偿债备付率和利息备付率等关键财务指标，分析项目还本付息的可靠性。

(5)财务可持续性分析

需对项目建设期和运营期的现金流情况进行分析预测，判断项目未来是否存在潜在的财务风险。

2.资金来源的可靠性

项目建设期和运营期资金来源的多样性和可靠性是影响项目投资决策的关键因素。不管是经营性项目、准经营性项目，还是公益性项目，如果建设期或运营期资金难以为继，则很难避免项目失败的命运。

对于经营性项目而言，需要对项目运营期的收入和成本进行分析预测，深入论证项目经营期各年度是否存在资金不平衡的情况，项目承受外部经营环境变化的能力，确保项目未来经营的可持续性。

对于准经营性项目而言，除了政府提供必要的建设资金以外，也要充分考虑利用社会资本解决资金的缺口和不足，并以资金来源的多样性提高资金运行效率，提高市场化配置资源的水平。

对于公益性项目而言，即使没有任何收入来源，也要开展资金平衡分析，提出项目建设期和运营期的资金来源方案，确保项目经营的可持续性。

(八)项目影响效果分析

1.分析框架

项目影响效果分析要解决的问题是项目有什么样的外部影响,以及项目的外部影响是否可以被利益相关群体接受。本章包括经济影响分析、社会影响分析、生态环境影响分析、资源和能源利用效果分析和碳达峰碳中和分析等五个小节,基本概括了项目可以产生的全部外部影响。具体如下:

(1)经济影响分析

项目的经济影响是指项目对宏观经济、产业经济或区域经济的影响。对于与经济发展目标密切相关的项目而言,项目的建设本身就是为了服务经济目标的实现。对于与经济发展关系不大的建设项目,至少应尽量避免或减小项目对外部经济的不利影响。

(2)社会影响分析

以人为本,实现经济、社会、环境协调发展是高质量发展的内在要求。在社会影响分析过程中,应注意识别潜在的社会影响因素和主要影响人群,针对不利的社会影响采取切实可行的应对措施,确保项目在实现自身直接目标的同时,在促进员工发展、社区发展、社会发展等方面发挥积极作用。

(3)生态环境影响分析

在生态环境影响分析过程中,应充分借鉴环境影响评价报告的研究成果,对项目主要污染物种类和排放量进行分析预测,研究采取何种有效措施达到环境保护的相关技术标准要求。除了严格控制污染物排放外,项目的建设还需满足生态系统保护和生物多样性的相关要求。

(4)资源和能源利用效果分析

在对项目资源和能源利用效果分析评价时,应充分借鉴水影响评价(北京市编制)、节能分析报告等专项研究或专题分析成果。项目建设应从集约有效利用资源和能源出发,满足水资源等重要资源消耗总量和强度、能源消耗总量和强度等相关技术要求。

(5)碳达峰碳中和分析

为了实现国家的碳达峰和碳中和目标,近期国家和地方都在积极研究推动保障双碳目标实现的相关政策措施。按照相关政策措施要求,《可研大纲》要求对于高耗能、高排放项目,需分析项目对所在地碳达峰碳中和目标的影响,并提出积极的节能减碳措施。

2.碳达峰碳中和研究方法

项目对双碳目标实现的影响是《可研大纲》新增加的内容,目前还没有形成成熟的研究路径和方法,需要在项目实践中不断探索。基于目前的理论和方法还在研究过程之中,建议针对部分典型问题暂做以下处理:

一是高耗能、高排放项目如何界定的问题。由于目前没有统一标准,可结合通用的高耗能、高排放行业领域分类,并参考节能分析报告对于用能分析的管理标准而确定。

二是碳排放总量、碳排放强度如何计算的问题。目前国家和地方针对部分重点用能行业出台了碳排放核算办法,基本是通过能耗总量和能耗强度折算,可再生能源和绿电的利用比例是关键的影响因素。

三是碳排放控制方案如何制定的问题。建议从定性和定量两方面考虑碳排放控制方案。从定性方面考虑,项目要符合所在地区碳排放控制相关政策要求,如绿色建筑要求、可再生能源比例、屋顶光伏覆盖率要求等。从定量方面考虑,重点碳排放企业要满足行业碳排放标准和地方政府碳排放总量及强度的考核要求。

(九)项目风险管控方案

1.分析框架

项目风险管控方案要解决的问题是,在项目面临内外部各种风险挑战的情况下,项目能不能持续经营的问题。按照从识别、评价到管控的风险分析逻辑,本章共分为风险识别、风险评价、风险管控措施和风险应急预案四个小节。具体如下:

(1)风险识别

项目风险分析的起点,是识别并评价全生命周期的主要风险因素,包括内部运营风险和外部环境风险。适应数字技术应用日趋广泛的实际情况,《可研大纲》增加了网络和数据安全风险的相关内容。为确保不出现重大社会稳定问题,《可研大纲》强调重大项目应开展社会稳定风险分析。

(2)风险评价

风险评价是一个多目标综合评价的分析过程。建议充分借鉴社会稳定风险评价的框架,先定量评价单一风险因素,再加权平均形成综合评价结果。具体可在识别风险因素的基础上,结合每一类风险发生的概率和影响程度赋予不同的权重,在此基础上综合分析判断项目总体的风险情况。

(3)风险管控措施

根据风险评价结果,如果综合风险较高,就需要针对部分发生概率较高、风险影响较大的风险因素,有针对性地提出风险防范和化解措施。在采取措施后,可以重新开展风险量化分析,形成综合评价结果,直至达到理想的风险水平,支撑项目投资决策。

(4)风险应急预案

除了综合风险水平必须可控外,对于特别重大的风险因素,需制定应急预案,并提出应急演练等方面的要求。应急预案中应对风险发生后的应急组织机构、应急救援管理机制和应急救援措施提出明确要求。

2.对邻避问题的认识

在评价社会稳定风险时,征地拆迁和环境影响一般是主要的风险影响因素。其中的主要原因,就是一般常说的邻避问题,即使是社会效益非常显著的项目,也可能会对其直接影响群体造成难以接受的困扰和影响。

(1)邻避问题的产生

邻避问题一般由以下几类项目产生:一是如污水处理厂、垃圾处理场等重大污染源项目;二是化工厂、加油站等危险性较高的项目;三是传染病医院、火葬场等容易引起不良情绪的项目。

(2)邻避风险的识别

对于存在邻避问题的项目,需加强邻避风险的识别。包括研究确定邻避风险影响范围,识别项目影响区的利益相关群体,并深入细致地开展风险调查。

(3)邻避风险的判断

在风险调查的基础上,研究提出主要的风险因素和重点风险人群。针对重点风险人群,详细调查了解其利益诉求,进行初步风险评价,判断是否可以采用合理可行的措施化解风险。在对各类风险影响群体分析研判的基础上,综合判断邻避风险是否可以化解或接受。

(4)邻避风险的管理

针对主要风险因素,应综合采用加强宣传、减小影响、合理的经济补偿等措施予以化解。首先要通过采用必要的工程措施,降低项目对周边环境的影响。其次应加强宣传,尽力打消周边人群对项目的疑虑。最后,可以通过解决周边人群就业或其他经济补偿方式获得风险影响人群的理解和认同。

在采取一系列化解措施后,需重新进行邻避风险评价,判断是否可以将邻避风险控制在合理范围。对于无法有效化解的邻避风险,则应考虑项目是否重新选址以规避风险。

四、《可研大纲》应用思考

(一)可行性研究和可行性研究报告

可行性研究报告编制是项目前期的核心工作,是项目投资决策的重要依据,但可行性研究报告并不是项目可行性研究的全部。可行性研究工作是一个工作过程,可行性研究报告只是一个阶段性结果。两者共同的工作目标,都是支撑相关投资主体做出高质量的投资决策。

可行性研究工作是项目前期咨询的工作主线,贯穿项目前期投资决策的全过程，从项目起动前期工作开始，到完成项目立项结束。可行性研究工作的研究框架与可行性研究报告类似，就是围绕三大目标、七大维度开展大量的基础性研究或专题研究工作，可行性研究报告是对项目前期各项可行性研究工作的有机整合。

具体来说，可行性研究工作包括规划政策研究、市场需求论证、项目选址论证和方案研究、投融资策划方案等项目直接相关的内容，又包括要素保障条件和各类外部影响研究。只有在可行性研究工作形成科学严谨的分析结论的基础上，才能保证高质量完成可行性研究报告的编制。为此，可行性研究报告编制工作应与方案研究、各专项研究或专项评价等可行性研究工作同步开展。

前期综合决策咨询是统筹可行性研究工作和可行性研究报告编制的有效组织方式。例如，通过将可行性研究报告编制工作和相关专题研究或专项评价（如能评、环评、交评、水评、稳评等）委托同一家咨询机构承担，可以有效提高前期工作的质量和效率。如果在前期综合决策咨询的基础上再加上前期项目管理，同步统筹各项前期手续的办理，则可以更有效地提高前期工作效率。

（二）原则性要求和灵活性运用

《可研大纲》建立了科学严谨的分析框架，对于统一可行性研究报告的研究内容和研究重点，提高可行性研究报告编制质量具有重要意义。工程咨询从业人员应按照《可研大纲》要求，主动调整工作思路和创新咨询理论方法，提高编制质量，严格贯彻落实《可研大纲》编制要求。

但在具体项目实践中，在保持可行性研究报告总体逻辑框架的基础上，也不能完全生搬硬套大纲章节结构，需根据不同专业特点和不同投资主体的投资决策要求保留适度灵活性。从研究解决实际问题出发，可以根据行业特点和项目规模，灵活调整部分章节结构，特别是关于建设方案的描述，需根据专业特点做出有针对性的调整。

在各章节的研究论证过程中，不应只是形式上满足报告格式要求，更要体现论证过程的科学性和严谨性，保证研究结论的可靠性。各章节应基于自身的逻辑结构，坚持问题导向，对每一小节的研究重点和研究方法做适当的取舍，在研究内容和深度上达到支撑三大目标、七大维度得出科学的研究结论。

（三）全局性把控和专业性要求

按照《可研大纲》的编制要求，可行性研究报告各个章节是一个整体，共同服务投资决策目标的实现。为此，项目主要负责人应具有全局性把控项目的能力。具体如下：

首先，项目负责人需具有科学严谨的逻辑思维能力。需建立全生命周期的思维方式，并围绕三大目标的协同加强系统思考，统筹好各个章节的相互关系。

其次，项目主要负责人应对从宏观、中观到微观的相关规划政策有非常全面的了解，体现站位和高度。

再次，项目负责人应具备从技术、经济、到管理的多学科专业基础知识，体现知识宽度和广度。

最后，项目主要负责人还应具备较强的组织协调能力，统筹推动各项专项研究或专项评价工作的开展。

在项目主要负责人的总体把控之下，项目其他参与人在七大维度的研究过程中，均要充分借鉴工程技术、工程咨询和管理咨询领域已形成的成熟研究方法，利用完整可靠的数据资料，通过逻辑严密的分析过程深入细致开展工作，形成科学准确的研究结论，体现专业性。

创新项目可行性研究制度　推动投资高质量发展

中国国际工程咨询有限公司研究中心副主任　徐成彬

项目可行性研究自20世纪80年代初随着改革开放传入我国，成为项目投资决策的必经程序并不断规范发展。2023年3月，国家发展改革委出台《关于印发投资项目可行性研究报告编写大纲及说明的通知》（发改投资规〔2023〕304号）（简称《可研大纲》），这是继《投资项目可行性研究指南（试用版）》（简称《可研指南》）之后，时隔二十年关于可行性研究报告编写工作的重大制度创新，对于推动高质量投资具有里程碑意义。

一、可行性研究应遵循“三大目标、七个维度”框架

2002年发布的《可研指南》，对项目可行性研究报告篇章结构和内容深度的规范要求，更多地体现了工业项目的技术经济特点。2023年发布的《可研大纲》将我国各行各业千差万别的可行性研究内容进行归纳提炼，提出了以“三大目标、七个维度”为核心的结构化分析框架（如图1），但并没有对可行性研究报告的具体章节安排做出硬性约束规定，这将有利于推动可行性研究工作从重视格式化文本的报告编写到重视专业性论证的内容转变。

作为报告的重要组成，前面的“概述”主要综述项目和项目单位概况、编制依据、主要结论和建议等内容，便于报告阅读者快速了解项目概貌，做出初步判断；后面的“研究结论和建议”主要归纳提炼项目七个

维度的研究结论，做出项目是否可行的综合判断，并对项目需要重点关注的问题提出建议；“附表、附图和附件”是报告正文的重要支撑。

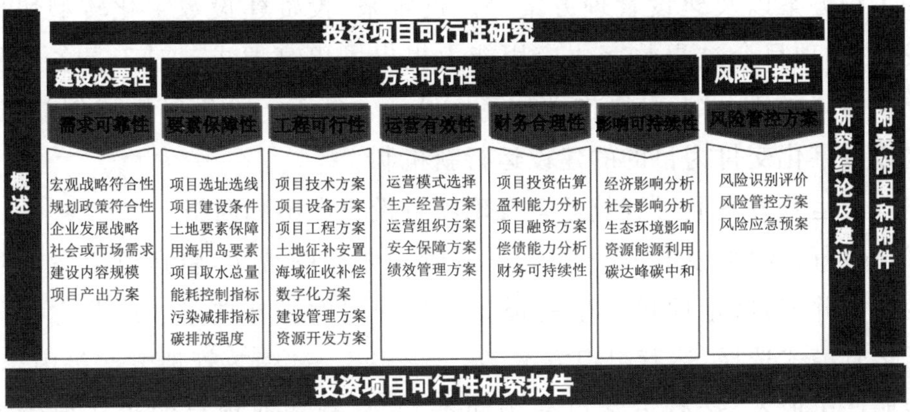

图 1　投资项目可行性研究报告的基本分析框架

（一）建设必要性统筹宏观、中观和微观的需求

任何投资项目的提出都有其特定的背景，不应孤立地就项目论项目，从而割裂微观投资项目与宏观战略、中观层面的行业和区域发展需求之间的有机联系。项目建设必要性分析强调从经济社会发展及战略规划管理的视角，通过宏观战略、发展规划、社会需求、市场预测和企业战略等角度进行调查分析，研究建设的理由，作为提出拟建项目近期和远期目标、产品或服务的需求总量及结构，以及研究确定项目建设内容和规模的重要依据。

（二）方案可行性强调多方案比选优化

1. 选址和要素保障是项目建设的前提条件

项目选址或选线是比选和择优项目场址或线路方案的过程，应体现坚持国土空间“唯一性”要求，落实项目建设条件。项目要素范围较广，《可研大纲》聚焦项目建设所必备的土地、资源、环境等约束性要素指标，要求项目建设应先行落实土地、岸线、航道、水资源、能耗、碳排放强度和污染减排等要素保障条件。

2.建设方案主要从固定资产形成的角度研究工程可行性

建设方案一直是可行性研究的重点内容，包括技术方案、设备方案和工程方案以及建设管理方案等。近年来，投资建设数字化转型快速发展，对项目全过程数字化应用能力提出了更高要求。对于具备条件的项目，《可研大纲》鼓励推动数字化设计－施工－运维等模式创新，建立以数字化交付为目的的建设运行新机制。

3.运营方案通过有效运营实现项目投资产出和回报

《可研大纲》从投资－建设－运营一体化的视角，将运营方案与建设方案并列，这是项目全生命资源优化配置的内在要求。运营方案包括运营模式选择、运营组织方案、安全保障方案、绩效管理方案等内容。按照产出形态，运营方案可分为两类：一是制造业项目的生产保障方案，应明确项目所需主要原材料、燃料动力等资源要求；二是基础设施项目的运营服务方案，应明确项目提供服务的标准及其变更要求，制定试运营、运营维护与修理、更新改造及追加投资、运营服务计量等内容。

4.投融资和财务方案强调从项目周期视角分析产出效率

《可研大纲》除了要求提高项目投资估算的准确性，以及加强财务盈利能力、债务清偿能力和财务可持续性评价要求之外，更加突出项目融资方案研究。经营性项目应分析权益性融资和债务性融资的来源及结构、融资方式和融资成本等情况，通过比较项目内部收益率与加权资金成本，评价项目可融资性，并关注项目获得绿色金融、绿色债券等金融支持的可能性。

5.项目影响效果评价强调绿色发展和以人民为中心

影响效果分析是在项目方案研究的基础上，预测和分析投资项目在经济社会、资源环境、碳达峰碳中和等方面的外部影响效果，从而判断项目产生的外部正面效果、负面代价及可持续性。《可研大纲》还要求根据项目特点和实际需要，重视开展安全影响效果论证，更好地统筹发展和安全，提升供应链韧性和安全水平，实现经济效益、社会效益、生态效益和安全效益相统一。

（三）风险管控方案旨在确定项目可行边界及其转换机制

风险管控方案是从底线思维的角度，通过识别项目的主要风险因素，在风险分析和评价的基础上，研究确定项目面临的主要风险，有针对性地提出项目主要风险的防范和化解措施，研究制定重大风险应急预案。对于可能引发“邻避”问题的重大项目，应开展社会稳定风险评价工作，论证项目采取应对措施后，相关风险能否都降为低风险且处于可控状态。

二、政府和企业投资项目可行性研究实行分类管理

2004年的《国务院关于投资体制改革的决定》正式提出了投资项目审批、核准和备案的审查管理要求。2016年和2019年国务院先后发布《企业投资项目核准和备案管理条例》和《政府投资条例》，将分类管理纳入法治化轨道。本次正式发布《政府投资项目可行性研究报告编写通用大纲（2023版）》（简称《通用大纲》）和《企业投资项目可行性研究报告编写参考大纲（2023版）》（简称《参考大纲》）在遵循“三大目标、七个维度”的基本框架下，突显了政府与企业投资项目可行性研究报告的差异性和特殊要求，体现了市场在资源配置中的决定性作用，并更好地发挥政府的作用。

（一）投资追求公共利益还是商业价值最大化

政府投资项目以非经营性为主，追求公共利益最大化，强调公平优先，兼顾效率，其可行性研究应突出经济社会综合效益，不必评价其盈利能力，主要开展项目全生命周期资金平衡分析，提出确保财务可持续性的措施方案。

企业投资项目主要遵循市场机制，其可行性研究突出经济性和商业价值，关注企业发展战略对拟建项目的战略诉求，维护股东合法权益和追求股东价值最大化，并统筹考虑企业整体财务状况、信用条件及综合融资能力等因素，分析项目对企业的财务影响。

(二)目的是为了行政审批还是内部决策

可行性研究为项目决策提供专业性方法、分析模式和科学依据,避免项目决策的盲目性。政府和企业投资项目都要重视发挥可行性研究在项目科学决策中的基础性作用。

政府投资项目实行审批制,由政府投资主管部门审批项目可行性研究报告;企业投资项目可行性研究报告不再需要政府投资主管部门审批,主要用于企业内部决策、银行贷款审查和项目申请报告(或项目申请书)编写的参考依据,也是指导工程设计、建设准备、服务和设备采购、投融资和运营管理的行动指南。

(三)内容体现不同投资主体的关注侧重

一是需求方案的差异。政府和企业投资重大项目的可行性研究报告均应重视宏观战略规划分析,但企业投资重大项目建设的必要性需要分析企业战略需求。在微观层面上,政府投资项目主要满足社会公共需求,企业投资项目提供的产品或服务产出应以满足市场需求为导向。

二是建设方案的差异。相比政府投资项目,企业投资项目的技术专业性更强,一般需要详细描述生产方法、生产工艺技术和流程,论证项目技术的适用性、成熟性、可靠性和先进性。企业投资还可能涉及资源开发类项目,应研究制定资源开发和综合利用方案,评价资源利用效率。

三是运营方案的差异。政府和企业投资项目都要重视研究运营模式的选择和创新方案。政府投资项目要评价市场化运营的可行性和利益相关方的可接受性,研究制定项目全生命周期关键绩效指标和绩效管理方案。企业投资项目一般需要详细论证生产运营方案,对于关键技术、专有品牌或原材料供应来源于境外的企业投资项目,要充分考虑供应链风险。

四是投融资和财务方案的差异。政府投资项目应根据经济社会发展需要和财政可负担性,合理确定建设标准、建设内容、投资规模等,防范地方政府隐性债务风险。企业投资项目通常以盈利性为主要目标，其可行性研究聚焦项目投资收益研究和相关风险规避等内容。

三、新内容弥补了高质量可行性研究的空白

《可研大纲》从推动实现高质量发展的角度，特别强调了要素保障、数字化方案、绩效管理方案、可融资性评价、REITs盘活存量资产分析、碳达峰碳中和分析等新内容，为提升可行性研究能力、弥补专业知识短板指明了新方向。

（一）要素保障分析

项目跟着规划走，资金和要素跟着项目走。《可研大纲》需要对影响项目落地的要素保障进行全面系统深入分析，提出解决要素制约瓶颈的措施方案，重点关注土地要素保障，以及水资源、能耗、碳排放强度和污染减排指标控制要求及保障能力等。

（二）数字化方案

投资建设正面临着全过程、全要素向数字化、在线化、智能化转型的需求。对于具备条件的投资项目，可行性研究应提出拟建项目的数字化应用方案，包括技术、设备、工程、建设管理和运维、网络与数据安全保障等数字化转型实施方案，提出以数字化交付为目的，实现设计—施工—运维全过程数字化应用方案。

（三）绩效管理方案

绩效是效率概念的延伸，即政府获得的有效公共服务与公共支出之比。政府投资项目《通用大纲》要求研究制定项目全生命周期关键绩效指标和绩效管理机制，提出项目主要投入、产出效率、直接效果、外部影响和可持续性等管理方案。

（四）项目可融资性评价

《可研大纲》提出，在投资估算的基础上先行开展项目自身的盈利能力分析，评价项目可融资性。政府直接投资的非经营性项目应开展

项目全生命周期的资金平衡分析，政府资本金注入项目应分析项目盈利能力，营业收入不足以覆盖项目成本费用的项目应提出政府支持方案。综合性开发项目应分析项目的服务能力和潜在综合收益。

（五）REITs盘活存量资产分析

基础设施REITs是盘活存量资产的权益性融资，沪深证券交易所的成功上市实践为实现项目－资产－资本－资金－投资的良性循环提供了现实可行性。《可研大纲》提出在可行性研究阶段对具有潜在上市条件的项目开展REITs盘活存量资产分析。以终为始，基础设施REITs将倒逼有关各方在项目可行性研究阶段重视投资管理合规性、运营收益稳定性等内容。

（六）碳达峰碳中和分析

实现碳达峰碳中和，是我国统筹国内国际两个大局作出的重大战略决策。《可研大纲》提出，高耗能、高排放项目应在项目能源资源利用分析的基础上，预测并核算项目年度碳排放总量、主要产品碳排放强度，提出项目碳排放控制方案，明确拟采取减少碳排放的路径与方式，分析项目对所在地区碳达峰碳中和目标实现的影响。这是从源头上严格控制化石能源消费、提升能源利用效率，助推实现碳达峰碳中和目标任务的重要举措。

商业模式前置研究有助提升企业投资项目可行性研究质量

中导智慧城市规划设计研究院 中咨规划设计研究有限公司 田兆东

为着力推动高质量发展，巩固和深化投融资体制改革成果，进一步提升我国投资项目前期工作质量和水平，国家发展改革委研究制定了《企业投资项目可行性研究报告编写参考大纲（2023 年版）》。该大纲作为企业投资项目开展可行性研究工作的指南，既可以提高企业投资项目前期工作和投资决策的质量，又可以在落实企业投资决策自主权的基础上，促进企业依法合规生产经营，实现企业健康可持续发展。企业投资项目的目的不是建造高质量的工程，而是通过工程建设形成固定资产为企业生产产品或服务提供重要的资源支撑，进而助力企业商业模式的闭环和企业发展战略的实现，最终为企业价值提升发挥作用。企业投资项目具有典型产业属性和市场属性，因此企业投资项目的最终成败取决于项目建成投产后的资产运营的最终成败，而资产运营的成败取决于商业模式的好坏，为此，商业模式应前置到在项目投资决策阶段进行系统而深入的研究，并将研究成果作为重要且必要的章节构成在企业投资项目可行性研究报告中全面且详细地体现出来。

一、可行性研究报告编写大纲的要点

国家发展改革委根据《政府投资条例》《企业投资项目核准和备案管理条例》等规定，在 2002 年《投资项目可行性研究指南（试用版）》基础上，研究制定了《政府投资项目可行性研究报告编写通用大纲（2023年版）》《企业投资项目可行性研究报告编写参考大纲（2023年版）》和《关于投资项目可行性研究报告编写大纲的说明（2023年版）》，以下分别简称《通用大纲》《参考大纲》和《编写说明》。正如《编写说明》中指出，“高质量发展需要高质量的投资，高质量的投资需要高质量的决策。”可行性研究是投资决策的核心环节，加强投资项目可行性研究是提升投资决策科学化水平的必然要求。《通用大纲》《参考大纲》和《编写说明》是指导有关方面开展投资项目可行性研究工作的指南，也是加强和改进投资项目决策管理的载体。

（一）实施分类管理的总体思路

《编写说明》指出：可行性研究报告编写大纲适用于我国境内各行业各类投资项目的可行性研究工作，是投资项目决策的重要依据。其中，政府投资项目可行性研究报告原则上应按照《通用大纲》进行编写，并作为各级政府及有关部门审批政府投资项目的基本依据。《参考大纲》主要是在落实企业投资自主权基础上，引导企业重视项目可行性研究，加强投资项目内部决策管理，促进依法合规生产经营，实现健康可持续发展。《编写说明》是对大纲的解释和阐述。在编写、审核项目可行性研究报告时，应同时借鉴和参考使用大纲及说明有关内容。

1.政府投资项目和企业投资项目概念定义

根据《政府投资条例》，政府投资项目指在中国境内使用预算安排的资金进行固定资产投资建设活动，包括新建、扩建、改建、技术改造等。政府利用财政预算内基本建设资金和纳入财政预算管理的基本建设资金进行的投资。每年底各地通过各级发改系统逐级上报的投资项目，经国家发展改革委批准后，列入下一年度投资计划内的项目，根据项目进展情况和投资概算，在国家每年投资预算总盘子内分配安排。以2020—2022年为例，中央预算内投资计划安排分别为6000亿、6100亿、6400亿。

我国对于政府投资项目实行投资项目储备制度。政府投资项目库由国家发展改革委牵头建设，实行逐级审核、分级储备和动态管理。其中，省级、市级和县级发展改革委分别负责管理相应级别的政府投资项目储备库。

政府投资资金按项目安排，以直接投资方式为主；对确需支持的经营性项目，主要采取资本金注入方式，也可以适当采取投资补助、贷款贴息等方式。投资补助和贴息资金应当用于计划新开工或续建项目，原则上不得用于已完工项目。同一项目原则上不得重复申请不同专项资金。

2.政府投资项目和企业投资项目资金来源

根据《关于规范中央预算内投资资金安排方式及项目管理的通知》（发改投资规〔2020〕518号），政府投资项目资金来源包括：直接投资、资本金注入、投资补助、贷款贴息四种形式。企业投资项目资金来源包括企业自筹和使用政府投资补助、贷款贴息等四种形式。直接投资是指政府安排政府投资资金投入非经营性项目，并由政府有关机构或其指定、委托的机关、团体、事业单位等作为项目法人单位组织建设实施的方式。资本金注入是指政府安排政府投资资金作为经营性项目的资本金，指定政府出资人代表行使所有者权益，项目建成后政府投资形成相应国有产权的方式。投资补助是政府安排政府投资资金，对市场不能有效配置资源、确需支持的经营性项目，适当予以补助的方式。贷款贴息是指政府安排政府投资资金，对使用贷款的投资项目贷款利息予以补贴的方式。

采取直接投资、资本金注入方式投资的项目，实行审批制；对企业投资项目仅采取投资补助、贷款贴息方式支持的，实行核准或者备案制。

3.政府投资项目和企业投资项目类型差别

政府投资项目重点用于市场不能有效配置资源，需要政府支持的经济和社会领域。具体包括：

(1)社会公益服务和公共基础设施;

(2)农业和农村;

(3)生态环境保护和修复;

(4)重大科技进步;

(5)社会管理和国家安全;

(6)符合国家有关规定的其他公共领域。

企业投资项目重点用于经营类项目,以带有市场属性和产业属性的投资项目为主。

4.政府投资项目和企业投资项目区别对比

《通用大纲》《参考大纲》和《编写说明》应充分发挥市场在资源配置中的决定性作用,更好发挥政府作用,根据政府投资项目和企业投资项目分类管理要求,明确政府投资项目和企业投资项目可行性研究的不同侧重。其中,政府投资项目可行性研究应突出经济社会综合效益,并根据经济社会发展需要和财政可负担性,合理确定建设标准、建设内容、投资规模等,防范地方政府隐性债务风险;企业投资项目可行性研究应突出经济性,聚焦企业自主投资决策所关注的投资收益、市场风险规避等内容,引导企业提高投资决策的科学性和财务的可持续性,政府投资项目和企业投资项目差别详见表1。

表1　政府投资项目与企业投资项目核心要素对比表

依据	《政府投资条例》	《企业投资项目核准和备案管理办法》
定义	是指在中国境内使用预算安排的资金进行固定资产投资建设活动,包括新建、扩建、改建、技术改造等。政府利用财政预算内基本建设资金和纳入财政预算管理的基本建设资金进行的投资	是指企业在中国境内投资建设的固定资产投资项目,包括企业使用自己筹措资金的项目,以及使用自己筹措的资金并申请使用政府投资补助或贷款贴息等的项目

续表

依据	《政府投资条例》	《企业投资项目核准和备案管理办法》
类型	政府投资项目应当投向市场不能有效配置资源的社会公益服务、公共基础设施、农业农村、生态环境保护、重大科技进步、社会管理、国家安全等公共领域的项目，以非经营性质项目为主	经营类项目，带有市场属性和产业属性的为主
资金来源	政府投资资金按项目安排，以直接投资方式为主；对确需支持的经营性质项目，主要采取资本金注入方式，也可以适当采取投资补助、贷款贴息等方式	企业自筹＋使用政府投资补助、贷款贴息（应在履行核准或备案手续后，提出资金申请报告）

（二）注重项目全生命周期管理

贯彻投资项目全生命周期管理的理念，改变过去“重建设、轻运营”的做法，实现“运营有效性”目标。企业投资项目体现出“自主决策、以满足市场需求为导向”的理念，应结合“企业发展战略需求分析”，更多从“项目市场需求分析”、市场竞争力等角度研究论证项目建设的必要性。《通用大纲》《参考大纲》和《编写说明》具有全过程的特点，内容包括了从项目决策、工程建设到运营管理等的全过程，体现了新的历史发展阶段可行性研究报告编制和研究重点及其指导原则和理念。在上述三份文件中有六处提到“全过程”和“全生命周期”这一概念，这也是在2017年2月国务院办公厅印发《关于促进建筑业持续健康发展的意见》（国办发〔2017〕19号），首次明确提出“全过程工程咨询”的概念后，第一次将全过程、全生命周期理念在投资决策阶段的可行性研究报告中作为具有普遍约束力的规范性文件提出的新要求。这六处分别为：

1. 在《编写说明》中的第一条中指出“要以可行性研究报告编写大纲实施为契机，推动各有关方面高度重视项目可行性研究工作，更加注重项目全生命周期管理，更加注重把握可行性研究的重点，更加注重防控项目建设实施风险，切实提升投资项目前期工作和投资决策的质量，为扩大有效投资，促进高质量发展提供有力支撑”。

2.在《通用大纲》《参考大纲》中的项目建设方案部分提出“对于具备条件的项目，研究提出拟建项目数字化应用方案，包括技术、设备、工程、建设管理和运维、网络与数据安全保障等方面，提出以数字化交付为目的，实现设计－施工－运维全过程数字化应用方案”。

3.在《通用大纲》《参考大纲》中的建设管理方案部分提出“研究提出拟采用的建设管理模式，如代建管理、全过程工程咨询服务、工程总承包(EPC)等”。

4.在《通用大纲》《参考大纲》中的绩效管理方案部分提出“研究制定项目全生命周期关键绩效指标和绩效管理机制，提出项目主要投入产出效率、直接效果、外部影响和可持续性等管理方案”。

5.在《通用大纲》《参考大纲》中的投融资和财务方案部分提出“通过项目自身的盈利能力分析，评价项目可融资。对于政府直接投资的非经营性项目，开展项目全生命周期资金平衡分析，提出开源节流措施”。

6.在《通用大纲》《参考大纲》中的项目风险管控方案部分提出“识别项目全生命周期的主要风险因素，包括需求、建设、运营、融资、财务、经济、社会、环境、网络与数据安全等方面，分析各风险发生的可能性、损失程度，以及风险承担主体的韧性或脆弱性，判断各风险后果的严重程度，研究确定项目面临的主要风险”。

(三)突出三大目标和七大维度

《通用大纲》《参考大纲》和《编写说明》具有全要素的特点，内容全面系统分析各个环节涉及的因素，从《可研大纲》的逻辑框架分析，主要体现了三大目标和七大维度。其中《通用大纲》为十一章、《参考大纲》为十章、《编写说明》为四点指导意见。《通用大纲》和《参考大纲》最大的区别是，《通用大纲》将项目建设背景和必要性、项目需求分析与产出方案分别以第二章和第三章独立设置，而《参考大纲》则将上述内容合并为第二章，其他内容两个大纲基本相同，具体差别详见表2。

表 2 政府投资项目与企业投资项目可行性研究报告编制大纲逻辑框架和内容对比

《可研大纲》逻辑框架		政府投资项目	企业投资项目
三大目标	七个维度	章节	章节
		一、概述	一、概述
		(一)项目概况	(一)项目概况
		(二)项目单位概况	(二)企业概况
		(三)编制依据	(三)编制依据
		(四)主要结论和建议	(四)主要结论和建议
建设必要性	需求可靠性	二、项目建设背景和必要性	二、项目建设背景、需求分析及产出方案
		(一)项目建设背景	(一)规划政策符合性
		(二)规划政策符合性	(二)企业发展战略需求分析
		(三)项目建设必要性	(三)项目市场需求分析
		三、项目需求分析与产出方案	(四)项目建设内容、规模和产出方案
		(一)需求分析	(五)项目商业模式
		(二)建设内容和规模	
		(三)项目产出方案	
方案可行性	要素保证性	四、项目选址与要素保障	三、项目选址与要素保障
		(一)项目选址或选线	(一)项目选址或选线
		(二)项目建设条件	(二)项目建设条件
		(三)要素保障分析	(三)要素保障分析
	工程可行性	五、项目建设方案	四、项目建设方案
		(一)技术方案	(一)技术方案
		(二)设备方案	(二)设备方案
		(三)工程方案	(三)工程方案
		(四)用地用海征收补偿(安置)方案	(四)资源开发方案
		(五)数字化方案	(五)用地用海征收补偿(安置)方案
		(六)建设管理方案	(六)数字化方案
			(七)建设管理方案
	运行有效性	六、项目运营方案	五、项目运营方案
		(一)运营模式选择	(一)生产经营方案
		(二)运营组织方案	(二)安全保障方案
		(三)安全保障方案	(三)运营管理方案
		(四)绩效管理方案	

续表

《可研大纲》逻辑框架		政府投资项目	企业投资项目
三大目标	七个维度	章节	章节
方案可行性	财务合理性	七、项目投融资与财务方案	六、项目投融资与财务方案
		(一)投资估算	(一)投资估算
		(二)盈利能力分析	(二)盈利能力分析
		(三)融资方案	(三)融资方案
		(四)债务清偿能力分析	(四)债务清偿能力分析
		(五)财务可持续性分析	(五)财务可持续性分析
	影响可持续性	八、项目影响效果分析	七、项目影响效果分析
		(一)经济影响分析	(一)经济影响分析
		(二)社会影响分析	(二)社会影响分析
		(三)生态环境影响分析	(三)生态环境影响分析
		(四)资源和能源利用效果分析	(四)资源和能源利用效果分析
		(五)碳达峰碳中和分析	(五)碳达峰碳中和分析
风险可控性	风险管控方案	九、项目风险管控方案	八、项目风险管控方案
		(一)风险识别与评价	(一)风险识别与评价
		(二)风险管控方案	(二)风险管控方案
		(三)风险应急预案	(三)风险应急预案
		十、研究结论及建议	九、研究结论及建议
		(一)主要研究结论	(一)主要研究结论
		(二)问题与建议	(二)问题与建议
		十一、附表、附图和附件	十、附表、附图和附件

二、商业模式在投资决策中重要作用

一个成功的商业模式可以提高投资项目可行性、企业核心竞争力，可以重构价值链，甚至改变竞争规则。

(一)可研缺少商业模式设计弊端

按照通常的经济评价方法，传统可研中对于相关评价指标仅是根据市场行业分析从而做出预测，没有或很少与未来可能采取的商业模式相结合。如果投资项目商业模式及其整体逻辑不能预先确定，则在经济评价模型中输入的相关数值准确性就差，导致评价结果准确度也差，从而影响项目决策的依据。

商业模式是一个系统性的工程，如果不提前设计商业模式和项目决策及建设相结合，项目一旦建成且投产，整体商业模式中的大部分关键因素已经被固定下来，比如生产和服务的种类、设施完善性和功能符合性、需要建设或购买的设备设施的型号和生产能力、组织生产方式、原材料获得方式等，后期可以调整的空间就比较小。一旦发现项目盈利能力下降，可以采取的措施也将非常有限。

（二）可研进行商业模式设计意义

在投资项目决策阶段考虑商业模式首先可以避免造成投资浪费。建设项目有明显重投资属性且不可逆性，一旦建成投产后不满足运营阶段使用要求，会造成企业重大经济损失。

其次可以提高项目决策科学性。在投资项目决策阶段提前设计商业模式，可以得到更为准确的评价结果、提高融资概率和取得更好运营效果，再者可为项目盈利创造先机。对一个准备新建的投资项目来讲，在项目设计之初就充分结合行业竞争情况，充分分析各个关键环节和关键因素，提前思考设计商业模式，不仅会提高项目决策准确度，也会为项目盈利创造先机。

（三）可研阶段应该考虑关键问题

对于企业投资项目，成熟的投资人或者咨询人应该在投资决策阶

表 3　企业投资项目决策阶段应该考虑的重要事项

序号	重要事项	备注
1	投资项目客户价值主张是什么？	找不到一个需要被解决的问题，你就不要开始投资建设
2	谁才是企业真正客户？	没有足够多的客户是投资项目失败的第一原因
3	如何设计产品或服务？	能传递核心卖点的产品才是好产品
4	企业如何传递价值？	能让给客户知道的好处才是真好处
5	什么是企业关键业务？	不是经营中所有的问题都值得被解决
6	企业有哪些关键资源？	这件事情凭什么是你可以做成
7	企业有哪些关键伙伴？	投资是和一群人努力才能成功的事情
8	企业的收入来源构成？	你可以不赚钱，但你不能没有现金
9	企业的成本构成？	收到的钱不一定是你赚的钱

段处理好“做什么、怎么做？怎么实现交易？需要什么资源？怎么盈利？”等事关投资项目生死的四件大事，这四件大事具体又包括如下9件细分事项，详见表3。

三、企业投资项目商业模式要素分析

（一）商业模式发展背景

1. 商业模式发展历程

商业模式出现于20世纪50年代，发展于20世纪末，至今为止学术界对商业模式尚未形成明确定义，但在整体逻辑框架层面形成了基本共识。

2. 商业模式定义解读

目前对商业模式有不同定义，但以如下三种定义为主流。

定义一：商业模式就是关于做什么、如何做，怎么赚钱的问题，贯穿于企业资源开发、研发模式、制造方式、营销体系、市场流通等各个环节。

定义二：商业模式是一个三位立体模式，包括“客户价值主张”（是指一个既定价格上企业向客户或消费者提供服务或产品时所需要完成的任务）、“资源和生产过程”（即支持客户价值主张和盈利模式的具体经营方式），和“盈利模式”（即企业用以为股东实现经济价值的过程）。

定义三：一个公司在组织其可利用的各种资源（资金、原材料、设备设施、人力资源、品牌和知识产权等）选择、生产并销售服务和/或产品的过程和服务的方式、营销方式、客户关系管理等环节中为客户创造独特价值并使公司获得最大限度经济效益的方式。

作者比较认同“商业模式就是一个组织创造、传递以及获得价值的战略战术模型”的定义。

3. 商业模式表现形式

商业模式主要包括经济、运营、战略和网络4种模式。Osterwalder

(2005)网络式商业模式最为经典:商业模式定义为一种由众多要素组成,用来说明特定企业商业逻辑的概念性工具,可用以描述公司如何通过价值创造、管理控制及客户网络的构建传递价值、开拓市场,并从中获得持续的收入流量和利润空间。

(二)商业模式与企业战略及其他模式区别

目前普遍存在对“商业模式与企业战略”之间的模糊理解,存在“商业模式与其他模式”之间的模糊理解。

1. 企业商业模式与企业发展战略的区别

企业商业模式与企业发展战略有明显的区别和不同。企业商业模式相对较为长期、隐形,企业发展战略相对较为短期、显性。企业商业模式重路径、重布局,企业发展战略重目标。对于已经经营一段时间的企业,企业商业模式高于并指导于企业发展战略。对于新创立的企业,最好先有企业发展战略,在此基础上打磨完善企业商业模式,企业商业模式与企业发展战略应该是融合和补充的关系。从某种程度上说,企业发展战略是关于绩效的,而企业商业模式与“赚钱”有关,应包括战略和运营有效性的利润导向,与盈利性息息相关。企业发展战略具有竞争特征,通过建立并保持竞争优势进而战胜对手并获取优良绩效,这是战略的主要目的和内容;而企业商业模式主要描述企业各部分怎样构成一个系统,没有把影响业绩的竞争因素考虑进去。因此,企业发展战略重视企业外部竞争与竞争策略,而企业商业模式则关注企业内部经营与竞争基础和依据;企业发展战略强调战胜对手获取利润,而企业商业模式强调企业本身是否就有巨大的盈利潜力。

2. 项目商业模式与其他模式的区别

根据笔者观点,项目商业模式是项目开发建设阶段的项目投建模式和项目投产运营阶段的企业商业模式融合发展的产物。过去,通常投资人、建设人和运营人分别在投资项目决策阶段、工程建设阶段和运营维护阶段独立出现,加之工程咨询单位和企业咨询单位更是呈现出碎片化咨询状态,故一个投资项目很难站在全生命周期角度去思考和实施。在项目投资决策阶段，项目建议书、可行性研究报告等工程咨询单位依据旧版《可研大纲》编写可行性研究报告，主要为投资项目立项所用，缺乏对投资项目建设阶段和运营维护阶段工作的考虑；而在工程建设阶段，工程勘察、工程设计、工程造价、工程监理和项目管理等工程咨询单位也很少将咨询业务触角延伸到同一项目的投资决策阶段和项目运营维护阶段；而运营维护阶段的商业模式、企业发展战略、生产运营咨询和商务运营咨询等企业咨询更是在项目建成投产后才进入。此时固定资产投资行为已经形成，基本没有可调整空间，造成很多投资项目建成即停产或建成即改造的局面，形成了巨大的浪费，更有甚者因固定资产投资过大导致企业现金流中断或企业市场经营不好，将企业拖入破产的深渊。

由于中国碎片化服务状况由来已久，工程咨询单位很少从事企业咨询类业务，故对企业战略咨询、商业模式咨询、运营咨询缺少全面和正确认知，通常将项目开发模式、投融资模式、建设模式、管理模式等同于商业模式。此外由于西方企业管理学的引进，各种以模式命名的管理模型层出不穷，故也有绝大部分人将营销模式、运营模式、盈利模式等同于商业模式，为了正确区分商业模式同其他模式，本报告将商业模式和其他模式进行区分，详见表 4。

表 4 分析围绕“开发模式、投融资模式、建设模式、管理模式、运营模式、营销模式、盈利模式”这个主链条开展的，遵循了现金流入转化为产品、产品流出转化为增值现金的这个基本路线。任何一个项目的决策及建设要考虑的主要因素也是基本依照以上主要流程展开，因此结合项目商业模式进行分析、设计、决策十分有必要。除了针对以上各个关键因素进行单独考虑之外，还必须深入研究他们之间的融合优化的可行性，把他们作为一个整体予以仔细推敲，使他们互相支持，共同作用，形成一个良性的循环。

表 4　企业投资项目商业模式同其他模式对比表

易混模式		常见表现类型	项目开发模式与公司商业模式关系与区别	影响覆盖阶段		
				投资决策	工程建设	运营维护
企业投资项目商业模式	开发模式	ABO、PPP、EOD、BOT、众筹、其他开发模式等，也有其他划分方式，比如社区共建模式、机构共建模式、与旅游和商业地产合作、保险模式、酒店模式等	对商业模式中的股权结构有较大关系，但开发模式并没有覆盖运营、销售等阶段的工作。易混点为综合开发项目：大部分人认为综合开发项目通过土地收入实现项目总体开发收益，就认为该投资项目商业模式是成功的，这仅能说明项目开发模式是成功的，因为开发模式并没说明项目业态集群中的商业项目是如何实现运营和销售的	较大	较大	一般
	投融资模式	如全资自筹、合作投资等，融资方式包括股权融资、政策性金融、产业基金、专项债、权益性金融、风险投资、供应链金融、保单金融、REITs、其他融资方案	与商业模式中的企业性质有关系，同时商业模式的好坏对融资效果有直接影响，在我国现实金融环境下，央国企融资与民营资本融资环境差别很大，央国企可以用专项债等政策金融工具，而民企较少有机会获得；对于标准融资产品，大多数为当铺思维，没有对等抵押物不会给民营企业贷款，但产业基金、保单金融和订单金融等非标产品对民营企业是个最容易实现可融资性的产品，但这类金融产品在融资前非常看中商业模式	较大	较大	较大
	建设模式	EPC、BT、DBB 及其他建设模式	对商业模式相互影响较少，建设模式影响几乎没有延伸到运营、销售阶段	较大	较大	较小
	管理模式	全过程工程咨询、代建管理、PM 及其他咨询管理模式	对商业模式有一定影响，尤其管理模式延伸到了运营管理阶段，在商业模式中应该把覆盖运营的管理模式，纳入到企业关键资源中进行考虑	较大	较大	一般

续表

易混模式		常见表现类型	项目开发模式与公司商业模式关系与区别	影响覆盖阶段		
				投资决策	工程建设	运营维护
企业投资项目商业模式	运营模式	自主运行、委托第三方运营及其他运营方式	运营模式是企业内部的人、财、物、信息等各种要素的结合方式，属于商业模式的核心层面。每一个环节都需要以实现最大经济效益为目的来精心考虑和设计。如果缺乏合理有效的运营模式，即使高效的销售模式也会由于缺乏持续而优质的产品服务供应而变得空心化。运营模式对项目定位、功能定位等影响巨大，为此运营模式咨询一定要前置到投资决策阶段	较大	一般	较大
	营销模式	品牌打造、公共关系、分销、售后服务等	营销模式的核心为销售模式，销售模式是指产品或服务的销售方式，是商业模式的最基本体现，是商业模式的实现通道。缺乏有效的销售模式，看起来再好的商业模式也没有用	较大	一般	较大
	盈利模式	价格、收费策略等	盈利模式也称为收入模式，是针对服务和产品收费的策略，比如利润乘数模式，从单一产品获取最大利润提升到重复多次利用这个产品盈利	较大	一般	较大

（三）商业模式画布理论

商业模式画布理论是一种用来描述商业模式、可视化商业模式、评估商业模式以及改变商业模式的通用语言。商业模式画布理论最早由 Alexander Osterwalder 等人于 2005 年提出，2011 年 Alexander Osterwalder 又将该理论进行完善，并与 Yves Pigneurder 等著有《商业模式新生代》一书，该书作为商业模式的经典教材，提出商业模式包含四大界面、九个要素的理论模型，具体详见表 5 和表 6。

（四）商业模式要素分析

在商业模式画布中，价值主张位于商业画布的中心，左半侧体现效率，右半侧描绘价值，具体详见表 5。具体逻辑顺序为：先明确自己企业的定位，锁定目标客户，确定目标客户的需求及痛点，从而明确企业的价值主张；接着要思考怎样才能将企业的价值主张传递给客户、与客户建立怎样的关系才能更好地稳定客户资源，在做好客户服务的同时获得更高的收益。当然，企业在获得收益的同时必须有成本的付出，且往往产品的提供和服务的提供需要多方配合，因此企业在锁定关键业务的同时还需要明确核心资源及主要合作伙伴，由此确定成本及损耗。

表 5　商业模式四大界面

<table>
<tr><td>资产管理界面</td><td>产品或服务界面</td><td>客户界面</td></tr>
<tr><td colspan="3">财务界面</td></tr>
</table>

客户细分、客户关系、渠道通路，帮助企业锁定了目标客户，明晰了客户关系及价值的传播渠道，是企业商业模式的价值体现。重要合作、关键业务、核心资源，描绘了商业模式有效运作的重要因素，是企业商业模式的效率体现。成本结构、收入来源是企业收支情况的反映，体现着企业的盈利。具体详见表 6。

表 6　商业模式九大要素

<table>
<tr><th>重要合作</th><th>关键业务</th><th>价值主张</th><th>客户关系</th><th>客户细分</th></tr>
<tr><td rowspan="3">企业与其他企业、供应商、服务提供者等之间围绕商业模式的有效运作达成的合作关系</td><td>商业模式运行过程中的核心、重点任务</td><td rowspan="3">企业的服务理念，以怎样的产品和服务解决客户问题、满足客户需求</td><td>企业与特定客户群体间的合作方式或关系类型</td><td rowspan="3">企业锁定的各类目标客户</td></tr>
<tr><td>核心资源</td><td>渠道通路</td></tr>
<tr><td>企业推动、运营、维护商业模式运转、稳定、发展的必备资源</td><td>价值主张通过沟通、分发以及销售渠道传递给客户</td></tr>
<tr><td colspan="3">成本结构</td><td colspan="2">收入来源</td></tr>
<tr><td colspan="3">企业在构建上述要素过程中所要付出的成本</td><td colspan="2">获取收益的价值模块</td></tr>
</table>

四、企业投资项目商业模式咨询模型

在企业投资项目可行性报告编制大纲中，项目商业模式位于第二章第五节。项目商业模式章节应在保证项目商业模式模型完整性的前提下，同企业投资项目可行性研究报告编制大纲总体框架相协调，对于产品或服务界面的价值主张、资产管理界面的核心资源、客户界面的客户细分、财务界面的成本结构和收入来源等方面内容已在大纲其他章节有不同程度的体现，宜在本节适当概括性引用和补充描述，即融合性表述；而对于资产管理界面的关键业务和重要合作、客户界面的渠道通路和客户关系等方面内容在大纲其他章节没有体现，应在本节做系统性重点阐述，即补充性表述，具体详见表 7。

表 7　项目商业模式章节咨询模型

<table>
<tr><th colspan="2">商业模式内容</th><th rowspan="2">九大要素在可研章节中的体现</th><th rowspan="2">商业模式章节需完善的内容</th></tr>
<tr><th>四大界面</th><th>九大要素</th></tr>
<tr><td>产品或服务界面</td><td>价值主张 VP</td><td>已在企业概况、规划政策符合性、企业发展战略需求、项目建设内容规模和产出方案中有所表述</td><td>融合性表述</td></tr>
</table>

续表

商业模式内容		九大要素在可研章节中的体现	商业模式章节需完善的内容
四大界面	九大要素		
资产管理界面	核心资源 KR	已在资源和能源利用效果分析中有所表述，但对其他核心资源如专利、品牌等无形资源、人才资源等无任何表述	融合性+补充性表述
	关键业务 KA 重要合作 KP	无	补充性表述
客户界面	客户细分 CS	已在项目市场需求分析对市场业态、目标市场环境和容量、产业链供应链、市场饱和度分析中有所表述，但对细分客户等无任何表述	融合性+补充性表述
	渠道通路 CH 客户关系 CR	无	补充性表述
财务界面	成本结构 CS	已在生产经营方案、安全保证方案、运营管理方案、投资估算中有所表述	融合性表述
	收入来源 RS	已在盈利能力分析、融资方案、债务清偿能力分析、财务可持续性分析中有所表述	

五、企业投资项目商业模式评价模型

商业模式评价模型一般包括 SBC 评价模型和 SWOT 评价模型两种形式。

（一）商业模式 SBC 评价模型

项目商业模式 SBC 评价模型包括第一评价层级和第二评价层级，第一评价层级和第二评价层级具体内容详见表 8。

表 8　企业投资项目商业模式评价模型(SBC)

第一评价层级	第二评价层级
社会性(social)	国家及政府
	经营者
	员工及家庭

续表

第一评价层级	第二评价层级
社会性(social)	上下游企业
	股东
	客户
	当地地区
	地球和环境
经济合理性(business)	以提高可持续性经营为目的
	重视资本效率化的经营
	追求改革与创新
创造性(creative)	引入新的利益相关者
	采用新的科技手段
	创造新的现金流
	提供新的核心价值

(二)商业模式 SWOT 评价模型

SWOT 评价模型包括优势、劣势、机会和威胁评估,具体详见图 1。

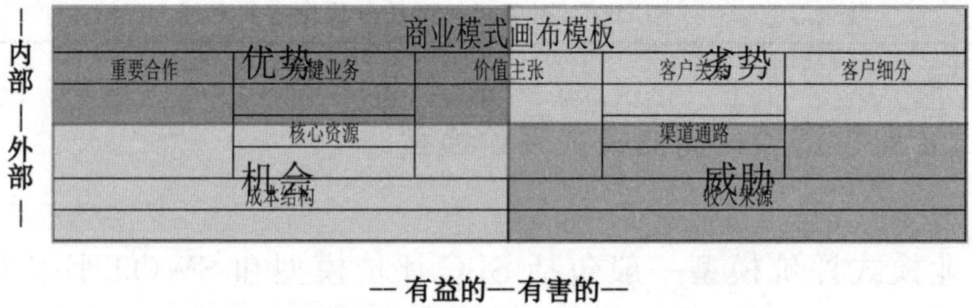

图 1　企业投资项目商业模式评价模型(SWOT)

六、企业投资项目商业模式案例分享

(一)乡村振兴类项目商业模式重构案例分享

本案例为商业模式重构案例,在企业陷入生产经营困难时,委托某单位进行提升改造,与业主单位签订全过程工程咨询服务合同,包括市场调查、产业规划、商业模式设计、工程咨询和运营咨询等内容。

1. 商业模式重构案例介绍

项目概况：为积极响应国家“精准扶贫”战略，北京市某企业通过招商引资形式被引至河北省某县，并在该县投资建设6万头生猪养殖扶贫产业项目，该项目于2020年立项，总投资3亿元，一期投资1.2亿元，为自有资金，已建成8条生猪生产线，年产值约2000万元。

发展现状：项目建成投产后，企业面临严重生存困难，最突出困境是经营难、融资难、无明显核心竞争力。

2. 商业模式重构前的画布

在市场调研基础上，对企业现况商业模式进行了分析，形成表9。

表9　商业模式重构前画布

<table>
<tr><th>重要合作</th><th>关键业务</th><th>价值主张</th><th>客户关系</th><th>客户细分</th></tr>
<tr><td rowspan="3">当地政府机构母猪繁殖场</td><td>重点抓工程建设</td><td rowspan="3">无客户价值主张</td><td>活猪供应
农业产品供应</td><td rowspan="3">目标客户当地农贸市场和散户</td></tr>
<tr><td>核心资源</td><td>渠道通路</td></tr>
<tr><td>除1亿元启动资金外，无明显核心资源</td><td>直销</td></tr>
<tr><th colspan="2">成本结构</th><th colspan="3">收入来源</th></tr>
<tr><td colspan="2">建设成本
生产成本（估计不足）
金融成本（估计不足）</td><td colspan="3">销售收入：活猪销售、农产品销售
政府补助收入</td></tr>
</table>

3. 商业模式重构前的评价

（1）依照SBC评价模型，进行社会层面分析

1）国家及政府：产业方向基本符合国家政策，属于重点鼓励发展方向，但对国家省、市、县各级产业政策了解基本处于空白状态。

解决方案：加强各级政策复合性研究，最大程度利用好各项产业利好政策为企业发展赋能。

2）地球及环境：养殖后端粪肥等废弃物处理不足。

解决方案：增加养殖场后端粪肥处理配套沼气设备，产生的沼气可

作为能源循环利用。设备投入可通过碳资产开发交易回收成本并创造额外价值。

3)当地地区:符合地区发展战略,为地区就业及税收做贡献,但对当地农民致富带动能力不强。

解决方案:优化合作模式,完善同当地政府、村集体、合作社及村民的共生共建关系。

4)经营者:有较好的发展意识,愿意向规范化、合理化和可持续发展方向努力,但商业思维不强,链接核心关键资源能力不强。

解决方案:聘请第三方外脑,完善实战版商业计划书,积极拓展具有资源链接能力的关键合作伙伴。

5)上下游企业:产业链不完整,没有形成闭环。

解决方案:研究当地产业链上下游资源。投入生物有机肥生产设备,利用靶向饲料提高富硒猪肉产品的质量,同时降低生产成本。下游战略合作屠宰加工企业,通过股权置换等方式整合下游加工企业,形成标准化可流通产品产能。

6)股东:股东一致行动,但国有成分股东决策流程长,效率低,对市场灵活调整带来限制。

7)客户:客户体量不足。

解决方案:提供整合营销策划服务,设计符合流通及互联网属性的产品,对接供应链及大型零售企业供应商,打通产品销售环节。

8)员工及家庭:管理良好,关怀到位。

(2)依照SBC评价模型,进行经济合理性层面分析

1)在商业模式不成熟和关键资源配置不到位情况下,项目着急上马,急于建设,导致持续性经营能力差。

解决方案:充分市场调研,确定农康旅及加工一体化的发展方向,配置产业链供应链等重要伙伴资源,制定可行的市场营销方案。

2)投融资模式不清晰,农业设施无法进入金融市场,导致融资困难,没有形成品牌价值和专利技术等无形资产价值。

解决方案:完善投融资模式设计,争取获得风投机构关注;以订单促生产,增强订单金融和供应链金融的可能性;创新融资方式,开发保险金融等;加快核心产品的专利技术转让,培养企业品牌和产品品牌,提高企业无形资产价值。

3)企业对市场敏感度及把控力不足,利润低。

解决方案:从产品的品牌定位、渠道策略、价格体系、营销推广等角度进行整合营销策划,对接部分流通及线上渠道,保障产能良性运行。

(3)依照 SBC 评价模型,进行创造性层面分析

1)引入新的利益相关者。

解决方案:通过与屠宰加工企业、大型农贸市场、医院、高档社区的合作,共同提升价值及利润

2)创造新的现金流。

解决方案:单一的生猪销售收入结构,到饲料、加工、产品销售等多元收入结构。

3)采用新的科技手段。

解决方案:引入碳资产开发的手段,解决硬件投入的成本,并长期创造额外价值。

4)提供新的核心价值。

解决方案:从养殖技术为核心价值,到引入产品的品牌化营销,形成无形资产的核心价值。

4. 商业模式重构后的画布

在市场调研及现况商业模式基础上,对企业商业模式进行了重构设计,形成表 10。

表 10　商业模式重构后画布

<table>
<tr><th>重要合作</th><th>关键业务</th><th>价值主张</th><th>客户关系</th><th>客户细分</th></tr>
<tr><td rowspan="3">当地政府机构
母猪繁殖场
国家部委机构（新增）
科研院所（新增）
医院（新增）
保险公司（新增）
金融机构（新增）
屠宰场（新增）
国家级农贸市场（新增）</td><td>重构商业模式
收购富硒产业核心知识产权
打通下游屠宰场客户
建立专业化营销团队
增加大客户意向订单
争取国家政策补贴和政策贷款</td><td rowspan="3">让富硒产品造福人类</td><td>活猪供应
饲料、肥料供应
农产品供应
咨询和护理</td><td rowspan="3">目标客户为屠宰场、大型食品加工、医院食堂、部委机构食堂、高端卖场、高端社区</td></tr>
<tr><th>核心资源</th><th>渠道通路</th></tr>
<tr><td>养猪生产线
富硒饲料生产线
富硒肥料生产线
富硒产品专利技术
企业品牌和产品品牌</td><td>直销
代理
认养
会员
电商
直播带货</td></tr>
<tr><th colspan="2">成本结构</th><th colspan="3">收入来源</th></tr>
<tr><td colspan="2">建设成本
生产成本
金融成本</td><td colspan="3">销售收入：活猪销售、富硒饲料、肥料销售、富硒产品销售、农产品销售、咨询和会员收费
政府补助收入</td></tr>
</table>

5. 商业模式重构后的效果

本案例经过商业模式重构后，取得了较好的效果，具体为：

(1)完成市场调查：出具富硒产业发展报告，含泛富硒产业图谱及产业链，构思富硒产业投资项目。

(2)完成商业模式重构设计：客户画像、产品定位、营销策划、运营模式、投建模式、融资模式等方面进行重新策划设计。

(3)向上争资争策：目前已成功获河北省标准化畜禽养殖项目称号(目前正在申报国家级)，并获 2022 年河北省农业产业化重点项目，成功入选《农业农村基础设施基础建设重大项目储备库》(农办计财〔2022〕23 号),成功申请政府扶贫资金支持约 2600 万元。

(4)协助落实核心资源:链接国家科研机构资源,协助收购富硒产业核心知识产权。

(5)完成富硒生态高效循环农业项目立项。

(6)完成整合营销策划:共同推动系列直播电商活动。

(7)协助重建重要合作伙伴关系:链接产业链供应链资源,并签订相关合作协议。

(8)协助融资:协助融资约 1 亿元。

(二)乡村振兴类项目商业模式新建案例分享

1. 案例背景介绍

本项目定位为"种养一体化"农业项目,养殖规模 20 万头黑猪,分布广西青州、河池、柳州等地。

2. 商业模式设计

本项目在正式投入市场前,对企业商业模式进行了精心设计,形成表 11。

3. 实施后的效果

本项目商业模式设计属于成功典范案例,达到了预期效果,总结经验如下:

(1)商业模式先行:打磨一套闭环的商业模式(产品定位、核心资源落实、重要伙伴签约等),一上市,市场效果显著。

(2)客户定位精准:客户定位为没有黑猪养殖能力的食品加工企业,业主定位只养黑猪,存栏时间长,通过压栏措施可充分抵消市场波动影响。

(3)核心资源可控:技术专利所有者(饲料种植技术、微生物培养技术、中草药配方),有力支撑商业模式实现。

表 11　乡村振兴类项目新建商业模式画布

<table>
<tr><th>重要合作</th><th>关键业务</th><th>价值主张</th><th>客户关系</th><th>客户细分</th></tr>
<tr><td rowspan="3">当地政府机构
国家部委机构
科研院所(农科院)
日本量子水技术提供方
保险公司
金融机构
协会
屠宰场
现有养殖场</td><td>主营业务:
活猪、猪肉
辅营业务:
加工、屠宰</td><td rowspan="3">让顾客吃上健康的黑猪肉</td><td>活猪供应
黑猪肉供应</td><td rowspan="3">目标客户为黑猪肉产品生产企业,如钱大妈等</td></tr>
<tr><td>核心资源</td><td>渠道通路</td></tr>
<tr><td>养殖技术:
高蛋白饲料养殖技术
微生物培养技术
量子水技术
冷冻技术
数字化养殖技术
专业团队
创新金融模式</td><td>协会
会议
直销
代理</td></tr>
<tr><td colspan="2">成本结构</td><td colspan="3">收入来源</td></tr>
<tr><td colspan="2">生产成本
金融成本</td><td colspan="3">销售收入:活猪销售、猪肉销售;
政府补助收入</td></tr>
</table>

(4)融资模式创新:国内第一家通过“产品定位(黑猪)+技术(种养殖技术、数字溯源和管理技术)+保险(政策险+商业险)+保单金融”组合模式,实现近零现金流经营的范例,并可以在全国范围内推广。

(5)组织模式创新:集团化运作,通过子公司增资控股,以内供方式解决了在没有生产销售牌照的情况下饲料生产、加工、交易的准入难题。

(三)养老类项目商业模式新建案例分享

1.案例背景介绍

北京某养老项目定位活力老人生活社区,位置在北京市朝阳区。投资规模约 1.8 亿元,建设面积 35000 平方米。从 2016 年 8 月开工建设,2019 年 11 月全部投入使用。共有 3 栋活力老人生活楼,共 311 套房,分为一人间和二人间两种房型。配建公共设施约 6000 平方米(不包括在上述 35000 平方米内),有公共餐厅、影院、老人娱乐休闲区和体育运动区。

2. 养老项目常见销售模式介绍

养老项目常见销售模式详见表 12。

表 12　养老项目常见销售模式

序号	类型	特点
1	“出售型”	土地性质为住宅建设用地,可按套分割产权,作为商品房出售;配建一定的养老设施
2	“出售+出租”	一般为大宗土地开发,土地分块区,每个块区土地性质不同。土地性质为住宅建设用地和养老性质用地,住宅部分可以按照商品房对外出售,活力老人公寓部分对外出租用于养老,出租一般有缴纳押金、会员费、趸交款等方式,有 40 年、20 年、10 年、5 年不等,目的也是为了尽快回笼资金。配建养老设施
3	“出租型”	土地性质为养老性质用地,不可以按照商品房对外出售,只能对外出租用于养老,出租一般有缴纳押金、会员费、趸交款等方式,有 40 年、20 年、10 年、5 年不等,目的是为了尽快回笼资金。配建养老设施
4	“旅居型”	土地性质为多样,既有纯住宅性质,也有纯商业性质,还可能有养老性质用地,也有可能一个大地块有多种用地性质。可以按照商品房对外出售,也可以对外出租用于养老,出租一般有缴纳押金、会员费、趸交款等方式,有 40 年、20 年、10 年、5 年不等,多是短租老人客户。目的是为了尽快回笼资金;这类项目多在旅游名胜、自然环境优美、经济发达之地;配建养老设施,还有酒店、医院等商业配套
5	“金融型”	土地性质一般为养老性质用地,不可以按照商品房对外出售,只能对外出租用于养老,出租以购买保单方式,用保单的收益抵减部分养老照料费用。通过销售保单实现集团资金回收。配建养老设施

续表

序号	类型	特点
6	“服务型”	土地性质一般为养老性质用地，建筑形式为集中式养老照料形式，房型分为1人间、2人间、多人间，属于养老机构。一般采取按月或者按年缴费的方式。配建养老设施
7	会员制模式	这种模式以运营商持有物业为基础，以提供养老服务为核心，规避了产权销售的后期管理难和物业租赁的回收周期长的难题，是养老地产业盈利模式的重要创新。但是由于其存在变相销售产权和会员费过高的问题，目前仍然存在争议。目前国内采用这种模式运营最为成功的是上海亲和源养老社区
8	逆抵押贷款购房	即老年人退休以后，从开发商处购买一套老年公寓，然后与开发商签订合同，每月由开发商支付给老人一定数量的生活费，直到老人去世，开发商返还剩余本金，住房归开发商所有
9	转让使用权模式	在项目存在不能进行产权分割销售的实际条件下，坚持买卖不破租赁原则，采取转让固定年限使用权的盈利模式，这也是资金快速回笼和项目运营的理想模式
10	分散租赁模式	采用一定押金分月或分季度付款的盈利模式，租期一般比较分散，有长有短，在这种模式下，一般是由开发商与专门的经营公司或物业公司合作开发，将既得利润作为按股分红的盈利模式

3. 商业模式画布

本项目在正式投入市场前，对企业商业模式进行了精心设计，形成表13。

4. 实施后的效果

本项目按照市场调研－项目策划（含商业模式）－概念规划－项目立项－工程设计－工程施工－运营维护的科学流程实施，是本项目取得成功的保证。

表 13 "出租型"养老类项目新建商业模式画布

<table>
<tr><th rowspan="4">重要合作</th><th>关键业务</th><th rowspan="2">价值主张</th><th>客户关系</th><th rowspan="2">客户细分</th></tr>
<tr><td>作为 CCRC(持续性一站式养老照料生活社区)养老项目
主营业务:
集中照料养老服务(半失能、失能、失智)、活力老人养老居住服务
辅营业务:
活力老人提供的增值服务,比如养生、保健、娱乐休闲等</td><td>服务提供商</td></tr>
</table>

重要合作	关键业务	价值主张	客户关系	客户细分
政府机构 中国养老福利协会理事单位 中国老年学和老年医学学会标准化分会、社区居家养老分会理事单位 北京市朝阳区养老服务协会副会长单位 北京市东城区隆福医院(三甲医院) 北京市朝阳区东坝社区卫生中心 医药器材供应商 媒体	作为 CCRC(持续性一站式养老照料生活社区)养老项目 主营业务: 集中照料养老服务(半失能、失能、失智)、活力老人养老居住服务 辅营业务: 活力老人提供的增值服务,比如养生、保健、娱乐休闲等	让老人更有尊严地生活	服务提供商	目标客户为年退休收入在 10 万元以上,具有行政事业单位或者国有企业工作背景,对活力老人生活社区有一定认知,年龄在 60—70 周岁的身体健康的退休老年人群体
	核心资源		**渠道通路**	
	企业品牌 专业团队		(1)微信群(各项通知发布、信息收集); (2)社区服务 APP(帮助活力社区日用品采购); (3)公告栏; (4)入户门报纸杂志框; (5)服务反馈信箱及联系方式; (6)老人代表会议(定期组织)	

成本结构	收入来源
护理照料成本 餐饮成本 医务成本 管理费用 财务费用 营销费用	提供服务收入:包括收取的床位费、护理费、餐费、一次性物品购置费、取暖费; 政府补助收入:平均每位老人每月 700 元左右

七、总结与建议

《通用大纲》《参考大纲》和《编制说明》既是提升投资决策科学化水平的需要，也是工程咨询企业转型的难得机遇。

(一)投资项目可行性研究报告编制大纲有助于提升投资决策科学化水平

可行性研究是建设项目前期工作的重中之重，是投资决策的核心环节。《通用大纲》《参考大纲》和《编制说明》坚持以习近平新时代中国特色社会主义思想为指导，系统总结了 2002 年以来可行性研究编制工作经验，贯彻新发展理念，融入新时代投资建设要求，是投融资体制改革的巩固和深化，是新时期做好工程咨询服务的重要规范。工程咨询行业要高度重视，迅速行动，深入学习和认真执行《通用大纲》《参考大纲》和《编制说明》，进一步提升工程咨询质量，更好服务投资高质量发展。

(二)投资项目可行性研究报告编制大纲有助于促进工程咨询企业转型升级

投资项目建设是一项系统性工程，前期工作事关投资建设成败。提高前期工作质量，关键在于扎实、深入、充分做好可行性研究工作。两个大纲改变过去“重建设、轻运营”的做法，从项目全生命周期管理的视角出发，进一步完善可行性研究报告在内容和深度方面的基础性要求，提出可行性研究报告要围绕投资项目建设必要性、方案可行性及风险可控性“三大目标”开展系统、专业、深入论证，既要重视工程建设方案可行性研究，也要重视项目运营方案研究，强调做好项目全生命周期的方案优化和系统性论证，完善需求可靠性、要素保障性、工程可行性、运营有效性、财务合理性、影响可持续性、各类风险管控方案等“七个维度”研究内容，对工程咨询行业项目全过程咨询能力提出更高要求。工程咨询机构要对标大纲要求，优化咨询资源配置，加强咨询模式创新，发挥前期咨询引领带动作用，积极发展投资决策综合性咨询和全过程工程咨询，不断提升包含项目前期咨询、项目实施/工程建设咨询、项目运行维护咨询等在内的全阶段一体化咨询能力。

（三）投资项目可行性研究报告编制大纲有助于促进工程咨询人员认知升维

产业融合是产业发展的必然趋势，工程咨询与其他咨询服务业也在快速融合发展，对比国际知名咨询公司早已进入综合性赛道，也为我国碎片化工程咨询向综合型咨询发展指明了方向。作为工程咨询人员，在认识上要不断突破升维，要增加对工程咨询业发展趋势的正确研判，不断提升自己的商业思维；在行动上也要主动求变，要从内心真正接受商业模式咨询，不能把商业模式咨询看成负担，相反应该把商业模式咨询看成是工程咨询行业转型的机会，抢占其他咨询市场的重要抓手；在态度上要认真对待，商业模式设计咨询是一个极为系统的咨询，是一门专业、一门科学，极具个性化，每个项目都要量身定做，没有固定范式直接套用。工程咨询人员要专业化研究商业模式，为高质量的企业投资项目可行性研究报告做支撑，最终为提高投资决策科学水平做出贡献！

投资项目可行性研究报告编写大纲核心研究问题解读

中咨海外咨询有限公司原副总经理、正高级工程师　李明江

党中央、国务院高度重视投资项目前期工作。习近平总书记在2022年中央经济工作会议的重要讲话中指出，要加强项目储备和前期工作，强化要素保障。党的二十大报告强调，要增强投资对优化供给结构的关键作用。一直以来，投资作为拉动经济增长的"三驾马车"之一，在经济和社会发展中占据重要地位。2022年，固定资产投资总规模超过57.2万亿元，投资项目近百万个，投资额增长5.1%，资本形成对经济增长的贡献率高达50.1%，投资在稳经济方面发挥了关键作用。

党的十九大明确提出，我国经济已由高速增长阶段转向高质量发展的新阶段，正处在转变发展方式、优化经济结构、转换增长动力的攻关期。高质量发展是能够很好满足人民群众日益增长的美好生活需要的发展，推动高质量发展是今后确定发展思路、制定经济政策、实施宏观调控的根本要求。与高速增长阶段的"数量追赶""规模扩张"和"要素驱动"相比，高质量发展的主要任务是"质量追赶"，主要途径是"结构优化"，主要动力是"创新驱动"。工程咨询理论方法体系的创新，必须服务于高质量发展目标的总体要求，促进有效投资，实现质量、效率和动力的三大变革。

我国高质量发展的总体要求，对高质量的工程咨询服务产生了巨大需求；同时，我国工程咨询机构普遍存在高端咨询服务专业能力不足，尤其是高端专业智库软实力严重不足的问题。所以，我国工程咨询

业发展所面临的主要矛盾，是巨大的高端咨询服务需求与专业能力严重不足之间的矛盾。解决这一矛盾需要综合施策，但离不开咨询理论方法体系的创新及应用。投资项目可行性研究报告编写大纲是加强和改进投资管理，促进形成更多有效投资，实现投资高质量发展的重要制度规范。

一、如何把握投资项目可行性研究报告编制大纲要求

可以从国家政策、项目管理和可行性研究工作本身三个层面来理解和把握。

（一）从国家政策层面看，制定投资项目可行性研究报告编制大纲（简称《可研大纲》）是落实投资高质量发展一系列政策要求的迫切需要。党的二十大报告指出，高质量发展是全面建设社会主义现代化国家的首要任务。由高速增长阶段转向高质量发展阶段是新时代我国经济发展的基本特征。新的发展阶段、新的使命任务和新的发展环境对投资高质量发展提出了更高、更为紧迫的要求。《可研大纲》作为投资决策的重要载体，要真正推动投资高质量发展，就必须体现和落实扩大内需、共同富裕、乡村振兴、科技创新、节能减排、碳达峰碳中和、国家安全和应急管理等一系列促进高质量发展的政策要求，并将其有机融入可行性研究的具体制度规范之中。

（二）从项目管理层面看，制定《可研大纲》是加强和改进投资项目管理的迫切需要。2004 年的《国务院关于投资体制改革的决定》确立了政府投资和企业投资分类管理的改革框架，奠定了我国现行投资管理体制的根基。2016 年的《企业投资项目核准和备案管理条例》、2019 年的《政府投资条例》先后颁布，进一步巩固和深化了分类管理的投融资体制改革成果，并对项目决策、建设实施和监督管理等做了进一步规定，这标志着投资管理全部纳入法治化轨道。

从政府投资项目管理角度看，新阶段新时代对政府投资项目管理

提出了更加科学化、规范化的要求。政府投资项目决策要更加关注经济社会发展需要，在满足基本需求时更加关注社会效果评价；要根据经济社会发展需要和财政可负担性，合理确定建设标准、建设内容、投资规模等，切实防范地方政府隐性债务风险。同时，政府投资项目决策时，要扎实做好项目建议书、可行性研究报告、初步设计三个阶段的审批管理工作。这一系列政府投资项目管理的法规政策要求，都需要在《可研大纲》中予以体现。

从企业投资项目管理的角度看，企业投资项目管理要贯彻落实充分发挥市场在资源配置中决定性作用的精神，既要进一步落实企业投资自主权，同时也需要对其加强政策引导。近年来，部分企业由于不合理的投资布局、片面的投资决策，造成自身“暴雷”。这表明，企业投资决策已不能“就事论事”，而应在关注单个项目盈利能力的基础上，统筹考虑项目与国家发展规划和政策的符合性、企业整体的经营状况和财务能力等。因此，要通过《可研大纲》，加强对企业投资项目决策的正确引导，引导企业重视项目可行性研究，在强化需求分析和企业发展战略分析的同时，关注发展规划和产业政策要求，关注项目的产业链、供应链安全，更加突出可持续性，防范企业负债率过高导致资金链断裂等各类风险，促进企业依法合规生产经营，实现健康可持续发展。

从两类投资项目的共性要求看，投资项目都要满足国家重大战略、重大规划和产业政策的方向，强化土地、能源、环境等要素保障，顺应投资建设数字化发展的趋势，贯彻项目全生命周期管理的理念，防控项目决策、建设、运营风险，注重经济、社会、环境等外部影响等。要以《可研大纲》这个统一的制度性安排，推动和引导投资规模较大、行业各异的投资项目实现科学决策、规范决策。

（三）从可行性研究工作和制度本身的层面看，制定《可研大纲》是推动可行性研究工作与时俱进和创新发展的迫切需要。2002 年原国家计委印发《投资项目可行性研究指南（试用版）》（以下简称《可研指南》），在指导项目可行性研究工作、引领我国投资项目科学决策等方面发挥了重要作用。但随着我国经济社会发展形势的深刻变化,《可研指南》有关内容已经不适用我国投资管理的实践要求。一是对坚持以人民为中心的发展思想、共同富裕、绿色发展、数字经济等高质量发展的要求体现不够;二是以审批制为核心确立的可行性研究报告框架已不符合政府投资项目和企业投资项目分类管理的要求;三是以工业项目为基础设置的可行性研究框架难以适应全口径投资实践发展的需要;四是《可研指南》有关可行性研究内容的系统性有待增强;五是对项目全生命周期管理,以及经济、社会、环境评价等新理念新要求关注不够。

二、投资项目可行性研究的主要内容

提高项目前期工作质量,关键在于扎实、深入、充分做好投资项目可行性研究工作。可行性研究的关键在于"研究","研究"要有明确的目标定位、研究思路、逻辑框架、研究内容及方法体系。项目是否可行的结论得出,要建立在专业性研究论证的基础之上。在全面推动高质量发展的新时代,项目的投资理念、思路方法都在发生深刻变化,迫切需要开展投资项目可行性研究理论方法体系的创新研究,紧紧围绕国家发展战略,完整、准确、全面贯彻新发展理念,坚持创新驱动、绿色低碳,切实厘清可行性研究的基本逻辑,高度重视可行性研究的质量提升,谋划做好重大项目储备,增强资源要素配置的可持续性,加强节约集约利用土地和生态环境保护,深入论证、科学决策,按照高质量发展的要求,扎实推进重大项目建设,更好发挥有效投资的关键作用,为稳住宏观经济大盘提供有力保障。

所有类型建设项目可行性研究均应聚焦三大目标和七个维度。投资项目按行业领域分类,可分为基础设施投资项目、制造业投资项目、房地产开发投资项目和其他投资项目。

不同类型投资项目可行性研究的内容及侧重点都有很大区别,但基本研究方法和内涵应该保持一致,就是要围绕着投资项目的建设必要性、方案可行性及风险可控性三大目标开展系统化专业研究。其中,项目建设必要性的研究,应通过需求可靠性研究得出结论;项目建设方案可行性的研究,应从项目选址和要素保障性、工程可行性、运营有效性、财务合理性和影响持续性五个维度进行研究论证;项目风险可控性的研究,应通过各类风险管控方案的研究得出结论。这样,就形成了投资项目可行性研究内容的基本框架,即聚焦建设必要性和需求可靠性、项目选址和要素保障性、工程可行性、运营有效性、财务合理性、影响持续性和风险可控性七大专业维度,相应地围绕项目建设必要性和产出方案、项目选址和要素保障、工程建设方案、运营方案、财务分析、项目影响效果和风控管控方案七个方面依次展开研究,最终得出科学、合理、可靠的研究结论与建议。

(一)建设必要性和需求分析可靠性

需求可靠性应从"项目建设背景和必要性""项目需求分析与产出方案"两方面进行分析。通过项目产出需求研究,分析拟建项目的产出目标,从多个层面对项目建设的必要性、产出范围,以及工程产出和战略目标的契合性等方面进行分析评价,研究项目的需求可靠性。在项目前期开展投资建设必要性和可能性分析的基础上,进一步从重大战略、规划、产业政策、经济社会发展,以及项目单位履行社会责任等层面,综合论证项目建设的必要性和建设时机的适当性。需求方案强调从经济社会发展及战略规划管理的视角,通过宏观战略、发展规划、社会需求、市场预测和企业战略等角度进行调查分析,研究投资项目"做什么、不做什么"的问题,确定项目的功能定位、建设规模和产出(服务)方案,明确项目建设的必要性。

对于企业投资项目而言,要更加突出企业发展战略需求分析和市场前景的研判,同时企业投资项目还要研究"项目商业模式",分析拟建项目收入来源和结构,判断项目是否具有充分的商业可行性和金融机构等相关方的可接受性,并研究项目综合开发等模式创新路径及可行性。

（二）项目选址（选线）和要素保障性

“项目选址或选线”应坚持国土空间“唯一性”要求，从规划条件、技术条件、经济条件和资源节约集约利用等方面，以国土空间规划和用途管制规则为基本依据，基于国土空间规划“一张图”，将耕地和永久基本农田保护、生态红线保护、节约集约利用土地作为方案比选核心要素，对拟定的备选场址方案或线路方案进行比较和择优。选址方案研究应鼓励公众参与，充分考虑不同影响和风险因素的早期筛查判断和初步分析成果，并结合利益相关方的诉求或建议反馈，完善和优化选址选线方案。

“项目建设条件”主要分析拟建项目所在地的自然环境、交通运输、公用工程等支撑项目建设的外部因素。

“要素保障分析”包括土地要素保障，以及水资源、能耗、碳排放强度和污染减排指标控制要求及保障能力等。对于新占用土地的投资项目，应当明确拟建项目场址或选线的土地权属、供地方式、土地利用状况、矿产压覆、占用耕地和永久基本农田、涉及生态保护红线、地质灾害危险性评估等情况。对于涉及新增占用耕地的项目，应明确耕地占补平衡落实方案。对于涉及耕地、永久基本农田、生态保护红线的项目，开展节约集约用地研究，评价土地资源节约集约利用水平。根据“要素跟着项目走”原则，重大项目应根据法规政策要求，提出要素予以特别保障的方案。企业投资项目应鼓励市场化配置资源，重点分析项目亟须的用地、用能、碳排放等要素的可得性。

（三）工程建设方案可行性

在需求分析及产出界定的基础上，研究实现产出方案及满足需求目标的工程技术路径和实现方案，判断投资项目的工程可行性。拟建项目工程目标的研究，主要从工程技术方案策划的视角，论证项目实体如何建成，通过对技术方案、设备方案、工程方案和数字化方案的科学性、合理性、先进性、适用性、可靠性、安全性等方面比选，论证工程技术可行性；通过对招标方案、项目总平面和竖向布置、施工组织设计、施工难度和工期等方面的分析，论证组织实施的可行性；通过竣工验收和试运行方案研究，确保投资项目按照预定标准建成，并具备达到设计生产或运营服务能力，判断工程建设的工程可行性。可行性研究应至少提供两个具有工程可行性的项目建设方案，确保项目决策建立在方案比选的基础之上。

（四）运营方案有效性

在需求研究和工程可行性分析的基础上，研究项目建成投入运营的商业模式、管理机构、资源保障及生产运行组织实施方案，评价项目投资产出能否顺利交付并实现可持续运营，研究投资项目的运营有效性。运营目标的研究，强调从经营管理者的视角，分析项目投产运营实现的产出目标；通过研究设计项目商业模式，提供项目正常生产或运营服务所必要的原料、燃料动力、人力等条件，保证项目提供符合产品质量或服务标准要求的产出交付方案，实现项目稳定有效和经济运营。

（五）财务方案合理性

基于项目全生命周期财务现金流量的分析预测，研究项目的投资估算、资本金及融资要求，对拟建项目的投资盈利能力、融资方案、债务清偿能力、支付可负担性及财务可持续性进行系统性研究，评价项目的可融资性及财务方案的可行性，判断拟建项目的财务合理性。财务方案强调从投资回报和财务可持续性的视角，统筹考虑项目全生命周期的现金流入和流出，在投资估算和融资方案研究的基础上，构建财务模型，判断项目财务可行性，明确项目对各财务主体的价值贡献及财务现金流量的平衡和经营可持续性。

（六）影响可持续性

分析拟建项目对经济增长、社会发展、生态环保、资源利用等方面的影响效果，评价拟建项目的社会发展、就业增收、减贫解困、生态环境、双碳目标、资源配置、经济影响等效果，评价投资项目的影响持续性。影响效果评价强调从维护公共利益的视角，在项目实体之外的更高层次及更广视角，分析投资项目在工程建设和运营期间，对项目外部产生的正面效果和负面代价，包括识别和评价投资项目预期产生的各种影响，制定和实施有效措施对影响效果进行持续性管控，体现完整、准确、全面贯彻新发展理念的要求，为经济社会全面协调可持续发展做出贡献。

（七）风险管控方案可控性

分析对投资项目的产出、建设、运营、财务及影响等目标实现的不确定性和风险因素，研究通过方案优化实现项目多维目标的风险管控方案，评价投资项目的风险可控性。风险可控性评价强调从底线思维的视角，通过风险识别、风险分析、风险评价、风险预警、风险管控和持续监测等多种方式，以最优成本获得理想的安全保障，减少风险事件造成的损失和不利影响。可能引发“邻避”问题的，应提出综合管控方案。要通过深入分析评价，论证相关风险管控方案能否将项目各种风险均降低到可接受的状态。

（八）结论与建议

可行性研究工作需要重视投入产出之间、项目直接目标与宏观目标之间、目标体系与评价指标之间、内外部假设与配套条件之间的逻辑关系，通过系统分析最终得出项目可行性研究的结论。可行性研究应坚持结果导向，不追求大而全的研究内容，要强调注重实用性，强调研究内容的专业性和针对性，不必赘述对研究结论没有支撑作用的资料性内容。从项目三大目标出发，根据各个维度需要对研究的内容进行系统化梳理，形成七个维度和若干研究模块的结构化可行性研究思维框架。针对具体项目的可行性研究，应结合拟建项目的技术经济特点及投资决策的实际需要，有选择地确定适合拟建项目特殊需要的研究内容，进行研究模块的穿插组合，合理安排研究框架结构，兼顾整个项目可行性研究内容的系统性和针对性，以便完成确实管用的高质量的可行性研究成果。同时，根据项目实际情况和相关规范要求，研究确定并附可行性研究报告必要的附表、附图和附件等。

（九）“三大目标”的关系

“三大目标”是指项目建设必要性、工程建设方案可行性和项目风险可控性。项目建设必要性分析作为可行性研究目标之首，是非常重要的，这是项目建设的前提条件，要分析论证社会公共需求和市场需求的可靠性、合理性，一般情况下，合理需求是项目有效投资的前提条件，是项目高质量决策的试金石。项目建设方案可行性是服务和产品竞争力分析、产品替代性分析的基础，不仅是对项目建设内在因素和外部条件的分析，还需要从项目全周期、各环节，统筹考虑多个维度进行综合分析论证，确保项目建设方案切实可行。项目风险可控性分析，是通过采用合理的评价方法和技术，识别项目的主要风险因素，在风险分析和评价的基础上，研究确定项目面临的主要风险，有针对性地提出项目主要风险的防范和化解措施，研究制定重大风险应急预案。风险可控性分析要坚持底线思维，项目风险不可控，时机不成熟，应停止项目建设或推迟项目建设。

项目建设必要性和建设方案可行性分析是从正面研究项目的必要性、可行性，研究“要不要干”和“怎么干、花多少钱干”。项目风险可控性分析是从项目的反面，研究项目面临的各种风险因素，有没有风险化解措施和风险应急预案，研究“能不能干”。对于重大项目或负面影响较大的项目，应当对社会稳定风险进行调查分析，征询有关群众意见，提出防范和化解风险的方案措施。对于可能引发“邻避”问题的项目，应提出综合管控方案。“三大目标”的关系是一个系统有机的关系，同时也是一个正反的关系，哪一个目标不必要、不可行、不可控，作为咨询研究工作者都有责任和义务提出项目不可行的结论。不能忽视“三大目标”的任何一个方面。

三、发挥好可行性研究工作在投资项目决策中的关键作用

（一）发挥好可行性研究工作是促进高质量投资的基础

随着投资审批制度改革及责任追究约束机制的建立和完善，真正意义上的专业性“可行性研究”时代已经来临，使得可行性研究真正变成专业性研究活动，从而使可行性研究专家能够保持独立性，秉承实事求是的专业精神，尽可能把影响项目是否可行的各种因素进行系统性分析和综合性研究，科学客观地开展拟建项目的可行性研究工作，克服主观片面性和“长官意志”的干扰，以避免人为主观因素的影响，维护可行性研究的严肃性和科学性，避免把可行性研究作为争项目、争投资和审批闯关的工具性手段。

我国积极推动实现高质量发展，就需要高质量投资，高质量投资离不开可行性研究的基础性核心作用。可行性研究通过对项目建设必要性、建设方案可行性和风险可控性研究，包括建设必要性、市场需求、项目选址和要素保障、建设规模、技术方案、设备方案、工程方案、数字化方案、建设管理方案、运营方案、环境影响、资金筹措、盈利能力、风险管控等因素，从需求、建设、运营、财务、影响及风险管控等角度进行调查研究和优化分析，从而提出拟建项目是否值得投资和如何进行建设与运营的研究结论。可行性研究成果是项目决策的重要依据，可行性研究的内容和深度应该能够满足投资决策定方案定项目的需要，可行性研究是项目前期工作中最为重要的环节，是项目投资决策及工程方案设计的基本依据。在项目前期研究中，应统筹考虑影响项目可行性的各种因素，将各专项评价评估一并纳入可行性研究体系进行统筹论证，提高项目决策的科学化水平，为高质量投资和经济社会高质量发展服务。

（二）强调政府投资和企业投资项目均应重视可行性研究工作

要进一步明确投资项目可行性研究在政府投资项目实行审批制中

的把关作用，要以增进公共利益、提供公共产品和公共服务为原则，避免投向市场充分竞争领域。要根据经济社会发展需要和财力，合理确定投资规模，建立项目储备和滚动实施机制，根据轻重缓急有序安排拟建项目。筹措政府投资资金不得违规举债、增加政府隐性债务。严谨论证、慎重决策建设规模和建设标准，既要坚决杜绝政绩工程、形象工程和过度超前建设，也要充分考虑政府投资项目对经济社会发展的支撑引领作用，注重发挥项目建成后的长远持续效益。规范有序推进政府和社会资本合作项目，加强政府和社会资本合作项目的可行性研究，合理确定项目建设内容、投资规模及合作方案。建立健全政府投资项目决策前的公众需求表达机制和决策中的公众参与机制，使公众需求意愿成为项目决策的重要依据。

要发挥投资项目可行性研究对企业投资项目决策、核准、备案和承诺的支撑作用，不能因为政府部门不再审批企业投资项目的可行性研究报告而忽略可行性研究工作。一方面，强调任何投资项目都要重视可行性研究工作，都要对涉及项目是否可行的各种因素进行系统性研究论证；另一方面，要强调企业投资项目核准、备案和承诺，研究本身仍属于可行性研究的重要组成部分。要按照“谁投资、谁决策、谁承担风险”的原则，从依法落实企业投资主体地位的角度，鼓励企业从市场需求出发、按照经济规律选择投资项目的同时，围绕产业升级、动能转换、科技创新等投资建设优质项目，增强企业竞争力和持续发展能力，积极创造社会效益。在研究落实建设方案和要素协作条件时，既要考虑经济合理性，也要充分论证资源节约和有效利用、保护生态环境等因素，认真履行社会责任。要着眼项目建设和投产运营阶段管理，强化风险防控意识，增强风险识别的全面性和前瞻性，统筹分析国家法律法规对项目准入、安全、技术以及相关程序、手续等方面的要求，加强社会影响评价，切实防范市场风险、法律风险和社会风险。国有企业要严格按照国有经济布局和结构调整方向规范投资活动，建立健全投资决策责任制。企业应当在完成内部决策程序后，向有关部门申请核准、备案及承诺，申请核准的项目申请报告或备案信息应当与可行性研究报告保持内容和结论的一致性。

（三）可行性研究要从重视形式转变为重视内容

可行性研究是固定资产投资活动的基础性工作，是确保投资项目科学决策和顺利实施的关键环节。在“力求可批性”的背景下，可行性研究工作以完成可批性研究报告的编制为核心目的，报告的编写重视“标准格式”，重视“规范文本”要求，重视对“范本”的模仿和参考。新时代高质量投资项目可行性研究工作，必须根据项目的具体特点，对影响项目可行性的各种因素进行系统性专业论证，要重视研究内容的专业性，从而对可行性研究咨询专家提出更高的专业性要求。要引导各类投资主体充分认识固定资产投资不可逆性的客观规律，坚持先研究、后建设，先评估、后决策，为准确把握投资方向、有效控制成本、规避投资风险、形成有效投资和实现项目效益目标奠定基础。

四、务实审慎地开展项目需求分析和产出方案的研究

（一）重视战略规划在项目可行性研究中的地位

任何投资项目的提出，都有其特定的规划背景，不应孤立地就项目论项目，割裂投资项目与战略规划之间的有机联系。要强调战略研究在项目可行性研究中的重要性，强调从整体战略的角度来论证投资项目的可行性。要发挥政府在引导投资决策中的作用，完善发展规划、产业政策、行业准入标准和技术标准体系，为各类投资主体提供依据和指导。对交通、水利等基础设施项目以及资源开发类项目，应根据相关的路网规划、流域规划、区块和产业规划开展可行性研究，各类投资者应当按照经批准的规划进行投资建设。对教育、科技、卫生、生态建设等领域公益性项目，要根据专项发展建设规划，有序引导投资建设活动，发挥可行性研究引导投资方向、适应发展趋势、间接调控投资的功能，从战略规划的视角研究项目建设的必要性、目标功能定位及项目产出

方案。

（二）突出项目需求分析的重要性

项目投资是资源配置的基本形式，可行性研究的主要目的就是要确保经济资源得到有效配置。经济全球化进程的推动，使得资源配置的空间范围迅速向外延伸，提升了需求分析在可行性研究中的重要地位。项目目标和功能定位、目标市场的选择、竞争力分析，投资模式及融资方案的制定，各种分析数据及评价指标的确定，都应基于社会需求和市场分析进行科学审慎的谋划，并注重国际、国内市场的融合和相互影响等因素，强调市场及社会需求的系统性分析和研判。

（三）重视项目产出（服务）方案

要在战略规划和需求分析的基础上，研究制定项目产品（服务）方案，做好项目产出界定工作，要有明确的项目产出关键绩效指标作为项目产出能否满足需求的判断依据，并作为开展项目建设和运营方案研究的重要依据。项目产出应包括直接产出和间接产出，有形产出和无形产出等类别，并应该有相应的关键绩效指标进行界定、评价和验证。

五、强化项目建设方案和运营方案的系统性研究

（一）坚持建设方案和运营方案研究并重

要改变过去重建设、轻运营的做法，既重视工程建设方案可行性研究，也重视建成后的运营方案有效性研究。强调项目生命周期的方案优化和系统性论证，关注项目全生命周期的成本节约和资源优化配置，发挥可行性研究对项目周期全过程高质量建设及专业化运营的引导作用，推动实现拟建项目高质量投资的整体目标。

（二）强调方案比选优化在可行性研究中的重要地位

投资项目可行性研究的过程，就是通过不断进行各种局部方案和整体方案的比选优化，淘汰不可行方案，最终选择确定最优方案的过程。因此，没有多方案的比较和优化，就没有真正的可行性研究。可行

性研究要对项目的“技术方案”“设备方案”“工程方案”“数字化方案”的合理性、先进性、适用性、自主性、可靠性、安全性、经济性等进行多方案比选，研究工程技术方案的可行性，为项目投资决策提供比选依据。工程项目可行性研究，要求在局部方案比选优化的基础上，特别强调要重视项目总体方案的比选和方案优化，并要采用多种专业方法和模型进行方案比选和优化研究，以提高方案比选工作的科学性和准确性，避免后续阶段工作的不必要反复，从而节省项目投资和运作费用及工作周期，并最终提出科学可行的研究结论。

（三）论证项目建设方案可行性

从技术方案、设备方案、工程方案等方面层层递进，论证项目建设所采用的技术、设备是否先进、适用、自主、可靠，工程建设是否合理、安全、经济等，并对项目建设中可能涉及到的用地用海征收补偿方案予以明确。“用地用海征收补偿（安置）方案”应根据有关法律法规政策规定，明确征收范围、土地现状、征收目的、补偿方式和标准、安置对象、安置方式、社会保障、补偿（安置）费用等内容。

（四）大力推进数字化方案应用

“数字化方案”是《可研大纲》重点增加的内容，目的是适应数字经济发展，促进投资建设数字化深度应用。我国投资建设数字化转型正在加快推进，以建筑信息模型（BIM）为代表的数字化技术在房屋建筑、市政交通、能源环保等领域，以及“一带一路”重大工程项目中得到广泛应用。推进投资建设数字化转型是落实“十四五”数字经济发展规划，完善数字基础设施和数字经济治理体系的内在要求，也是协同推进数字产业化和产业数字化的重要举措，可以说是大势所趋。数字化的价值至少可以从三个层面来理解：

一是从项目层面看，数字化有利于推动各参与方实现降本增效。投资建设数字化是由项目各参与方协同应用的综合集成数字化交互体系，是一张蓝图绘到底的数字化管理模式。通过虚拟模型可以实现投资建设全过程的透明化、可视化，促进设计方案更加科学、施工组织更加高效、造价与资金管控更加精准、项目运维更加便捷，进而实现各参与方的资源优化配置。

二是从行业层面看，数字化有利于加快投资建设相关行业转型升级。投资建设适应数字化其本质就是利用数字技术，在追求成本优势基础上，对投资决策、建设、运营全过程有关业务模式的再分工、再深化和再细化。在实现参与各方共赢的同时，将助推工程建设行业精细化管理与人力资源结构转型，加快行业升级重组并催生新兴业态，进而引发行业形态的深刻变革。

三是从政府层面看，数字化有利于进一步提升政府治理效能。数字化通过共享交换覆盖项目投资建设全过程的标准化数据，为投资、规划、住建、消防、安全等部门的动态监管和大数据监管提供依托，并可有机融入城市信息模型（CIM），为智慧城市和政府数字治理提供基础支撑。这既有利于提升投资项目管理的科学化水平，促进投资决策和投资管理的规范化，也有利于提升行业监管效能，增强监管的针对性和实效性。通过推进数字化审图、数字化交付等，还有利于转变政府管理方式，提升政府管理效率。

数字化交付是指交付信息采用数字化交付平台进行交付。交付信息应作为整体知识产权进行保护。建设单位应提供数字化交付策略和交付基础，协调和管理工程数字化交付工作，验收交付方所移交的交付信息。交付方应按照交付基础的要求收集、整合交付信息，并应按交付物规定移交。

交付内容：交付内容包括数据、文档和三维模型。工程项目对象与数据、工程项目对象与文档、工程项目对象与三维模型等不同信息之间应建立关联关系。

信息整合与校验：信息整合阶段应将相关方的数据、文档及三维模型等信息，按照信息模型组织规则和信息交付方案收集、整理、转换并建立关联联系，根据质量审核规则进行信息校验，在信息交付前完成，并应按照要求形成质量审核报告。

信息移交:信息移交应按照信息交付方案约定的交付形式及进度计划执行。信息移交时应提供交付信息的电子文件移交清单,移交清单应包括文件名称、格式、描述、修改日期和版本等。

如北京国家会议中心一期工程仅建设了卫星有线电视系统、多媒体会议系统、数字会议系统、视频点播系统等数字化系统;国家会议中心二期则筹划建设智慧场馆系统,采取分期建设模式,运用人工智能AI、5G通讯、云计算、大数据、AR和VR等前沿技术打造智慧会展;远期实现“会展+大数据+物联网+云计算+移动互联网”新模式,支撑智慧商业化运营和持续服务创新。同时探索会展创新数字化运营模式,实现“一次建设、重复利用”。另外,2022年北京冬奥会举办期间,国家会议中心二期打造了智慧冬奥场景,其中智慧餐厅使用机器人提供无接触送餐,成为媒体记者网红打卡地。赛后,冬奥会期间提供的智慧设备、智慧管理平台都将保留。智慧餐厅位于国家会议中心二期地下一层,使用的是赛后餐饮的部分空间功能。赛时媒体记者峰值用餐人数多,餐厅面积较大;赛后考虑人流量情况,会相应缩减餐厅规模,目前根据赛后运营需求还在重新规划中。

超越了智慧理念在传统建设过程中的应用,国家会议中心项目将“绿色智慧”贯穿建筑的整个生命周期。BIM技术是推进绿色建筑可持续发展、降低建筑业资源消耗的重要举措,国家会议中心项目在设计、施工全过程采用BIM全专业的正向设计,是国内规模最大、信息颗粒度最细、应用程度最深的全生命周期BIM应用项目。国家会议中心是全球首推中台技术在会展综合体应用的项目,环境、技术、经济等命题在这座智慧建筑内被无缝整合起来。中台技术解决了智能化系统信息的“孤岛”,通过打通以往相对独立的各个弱电系统,形成数据的共享和信息的交互,开创了此类技术在会展综合体中应用的先河。这先锋式的操作不仅能提升会展前端各方的体验,同时对建筑内的能耗进行监控和优化,实现建筑的最优化可持续发展。

（五）重视建设标准及运营组织方案的选择和应用

投资项目建设方案和运营方案应结合所在行业的工程技术经济特点，遵循有关部门颁布的各类工程建设和运营服务标准，包括强制性标准和参考性标准，确保工程建设质量和安全，并满足运营绩效考核要求。“运营组织方案”，需制定项目全生命周期关键绩效指标和绩效管理机制，提出项目主要投入产出效率、直接效果、外部影响和可持续性等绩效管理要求，即“绩效管理方案”。

投资项目的绩效评价分为单位自评、部门评价和财政评价三种方式。单位自评是指使用预算内资金的政府投资项目法人单位对预算批复的项目绩效目标完成情况进行自我评价。部门评价是指投资项目的预算部门（一般是项目的行业主管部门）根据相关要求，运用科学、合理的绩效评价指标、评价标准和方法，对本部门的项目组织开展绩效评价。财政评价是财政部门对预算部门的项目组织开展的绩效再评价。

绩效评价标准通常包括计划标准、行业标准、历史标准等，用于对绩效指标完成情况进行比较。单位自评采用定量与定性评价相结合的比较法，总分由各项指标得分汇总形成。财政评价和部门评价的方法主要包括成本效益分析法、比较法、因素分析法、最低成本法、公众评判法、标杆管理法等。同类项目绩效评价指标和标准具有一致性，便于评价结果相互比较。

国家发展改革委负责设置中央预算内投资专项绩效目标，包括绩效指标和指标值；有关单位申请中央预算内投资计划时，应填报专项投资计划绩效目标。在绩效评价工作完成后，应及时将评价结果反馈到被评价部门，并明确整改时限。政府评价结果作为安排政府预算、完善政策和改进管理的重要依据。

（六）优化整合资源配置方案研究

资源配置包括项目使用开发土地、林地、海域、空域、海岛、城市空间、港口岸线和矿产资源、水资源等自然资源和公共资源。资源配置要坚持使用有效性和平等可及性相统一的原则，要牢牢把握国家资源的公共属性,按照投资政策合理设置使用条件,使资源要素优先供给国家鼓励和支持的项目,确保有限资源的利用效率最大化。要强调资源配置的可持续性研究,加强节约集约利用土地及生态环境保护的研究,并结合项目特点研究各类资源配置条件落实的可靠性。

(七)可行性研究应摒弃工程方案可行优先思维

可行性研究不能被曲解为仅仅是“工程可行性”研究,而将其他研究内容置于附属及次要的位置,以纯粹的工程师思维指导可行性研究工作。工程项目不仅要求在工程上能够实现,还要考虑工程方案能否满足相关法律法规、经济社会需要、投资合理和运营可靠性等要求。就工程方案的研究而言,要重视工程方案的优化分析,发挥可行性研究对工程方案设计优化的指导作用,而不是先进行工程方案设计,再进行可行性研究工作,将工程设计成果直接引用到可行性研究报告的编制之中,而是强调要通过可行性研究和多方案比选论证,对工程设计方案进行优化,择优选择拟建项目的工程方案。

(八)项目建设管理方案

根据项目建设复杂程度和项目单位管理能力,提出项目建设组织模式、管理机构设置、控制性工期安排和分期实施方案,确定项目建设是否满足投资管理合规性和施工安全管理要求。建设管理模式可分为建设单位自行管理模式和委托第三方管理模式,如代建制、项目管理服务、全过程工程咨询服务等。招标方案应明确招标范围、招标组织形式和招标方式等。

六、重视项目投融资和财务方案研究的质量提升

(一)更加强调投资估算的准确性要求

拟建项目的投资估算是投资主管部门或建设单位对项目方案进行决策的重要依据,也是项目融资、财务分析、建设及运营方案谋划的重要基础。可行性研究应在提高工程技术方案研究深度的基础上,提高

建设投资估算的精度，为项目生命周期全过程投资控制提供依据，避免项目前期阶段的投资决策失误。“投资估算”是对项目建设和运营所需的全部资金的估算，包括建设投资、建设期利息和流动资金等，投资估算的准确度要求在±10%以内，并需明确资金年度使用计划。

(二)强调重视融资方案的系统分析论证

为了适应投资项目融资主体多元化、融资渠道多样化、融资方式复杂化的要求，要特别强调重视融资方案的分析论证，要求对投资项目的资金筹措进行资金结构分析、融资成本与风险分析，以及融资方案的比选和择优，以便为投资项目寻求融资渠道合理、融资成本较低，融资风险较小的融资方案。对于企业投资项目，必须强调从项目业主的角度，从出资人的角度，从维护公司股东合法权益和追求股东价值最大化的角度，选择负债融资及股权出资的规模和结构，进行资金成本、融资风险等的分析评价。企业拟申请政府投资补助或贴息的，应根据相关要求研究提出拟申报投资补助或贴息的资金额度及可行性。对于政府投资的项目，要分析论证财政资金介入的必要性，介入的途径和方式，是否还有更好的替代方案等。对于政府和社会资本合作项目，应分析合作模式的可融资性，避免出现政府隐性负债，确保财政可承受性及社会资本获得合理回报。对于大型基础设施项目，应综合考虑项目经济生命周期等因素，合理策划确定融资和财务方案。不应要求在20—30年的短时间内实现基础设施投资成本的全部回收，这样既不现实，也违反基础设施建设运营规律。应善于利用政府信用为基础设施项目筹集低成本长期性资金，避免形成不合理的政府隐性债务，提升基础设施项目的可融资性和债务可负担性。

(三)积极推进基础设施REITs

基础设施领域不动产投资信托基金(简称REITs)作为一种国际通行、行之有效的存量资产盘活工具，是以稳定的基础设施项目为底层资产、在证券交易所公开进行交易的标准化、权益型金融产品，其实质是成熟基础设施项目上市回收项目资产本金。开展基础设施REITs是投融资机制的一项重大探索创新，有利于扩大直接融资比重，降低宏观杠杆率，防范化解企业债务风险；有利于吸引社会资本盘活基础设施存量资产，将回收资金用于新的项目建设，形成“资产－资金－投资－资产”的良性循环；有利于支持国家重大战略实施，促进实现“十四五”经济社会发展目标，构建新发展格局。

对于具备条件的基础设施项目，通过基础设施领域不动产投资信托基金（REITs）等模式盘活存量资产、实现投资回收的可能性。结合企业和项目经济、社会、环境等评价结果，研究项目获得绿色金融、绿色债券支持的可能性。

根据国家发展改革委发布的《关于进一步做好基础设施领域不动产投资信托基金（REITs）试点工作的通知》《关于规范高效做好基础设施领域不动产投资信托基金（REITs）项目申报推荐工作的通知》等文件要求，基础设施 REITs 试点行业包括交通、能源、市政、生态环保、仓储物流、产业园区、新型基础设施、消费基础设施、保障性租赁住房等多个领域，探索在水利、旅游等其他基础设施领域开展试点。拟申报发行 REITs 项目基本条件，项目应权属清晰，资产范围明确，投资管理手续依法合规，项目成熟稳定且具有可转让性，资产规模符合要求，发起人（原始权益人）和相关参与方也符合相关要求。

（四）强调从企业财务决策的角度进行财务评价

建立现代企业制度的前提就是要落实企业投资决策自主权，这就要求在开展企业投资项目的可行性研究中，不是在应付政府部门的审批，而是切切实实地在为自身发展论证投资项目。企业投资的目的就是要追求企业价值和股东权益最大化，因此必须从企业财务决策的角度对其自身投资项目进行科学论证。要求必须改变过去将“项目”与“企业”相互分割的做法，财务分析的重点将转变为如何设计理想的投资模式和融资方案，实现企业财务决策目标。因此，企业投资项目财务分析的内容和思路框架都应进行相应调整，并改变一些投资项目可行性研究的财务分析评价流于形式的现象。

“盈利能力分析”对于企业投资项目的财务方案都是很重要的，重点是现金流分析，通过相关财务报表计算财务内部收益率、财务净现值等指标，判断投资项目盈利能力。“融资方案”是在对项目自身盈利能力进行分析的基础上，研究项目的可融资性。“债务清偿能力分析”应论证项目计算期内是否有足够的现金流量，按照债务偿还期限、还本付息方式偿还项目的债务资金。政府投资或付费类项目还要分析评价当地财政可负担性和是否可能引发隐性债务风险等情况。“财务可持续性分析”应综合研究分析现金流入和流出，判断项目是否有足够的净现金流量维持项目的正常运营。

（五）重视股权并购投资的可行性研究

在现代企业财务管理模式下，企业的投资活动多种多样，既包括新建项目，也包括改扩建项目；既包括工程建设，也包括兼并、收购、资本运作等投资行为，使得可行性研究的范围大大拓展。现代公司制度的建立，将极大地激发企业的理财意识、战略发展意识和资本运作意识。企业投资项目应重视将企业战略管理、企业诊断与项目可行性研究结合起来，以投资活动为纽带，转换经营机制，嫁接新型企业组织模式，可行性研究的关注内容及分析方法应进行相应调整，为股权并购项目的可行性研究提供财务决策依据。

（六）政府投资项目要重视公共财务管理的分析

我国各级政府投资管理部门，尤其是城市政府在管理城市，树立地方品牌形象，优化地区投资环境等方面，应做好公共财务管理工作。政府部门及其附属机构如何做好公共设施、基础产业投资项目，政府与企业如何通过PPP模式建立合作共赢的财务运作模式，如何分析项目投资对政府公共财政的影响，应成为政府投资项目可行性研究的关注重点。在投资方案的策划分析中，还应关注政府部门应该扮演什么角色，什么职能应该交由市场去完成，公益性项目的代建方案如何制定和实施等一系列问题。

七、重视项目影响效果分析的论证

(一)重视与项目可持续发展相关的分析

可持续发展是21世纪世界各国普遍关注的重要议题,今后应强调可持续发展在项目可行性研究中的重要地位,强调破坏自然、掠夺自然,就是破坏自己、掠夺自己;要关注人,也要关注自然,要满足人的需要,也要维护自然的平衡;要关注人类当前的利益,更要关注人类未来的利益。充分考虑资源和生态环境的承载能力,不断加强生态建设和环境保护,合理开发和节约使用各种自然资源,努力建设低投入、少排污、可循环的节约型社会,促进人与自然的和谐共处,实现可持续发展。这就要求投资项目可行性研究中,不仅强调项目方案的选择要重视节能、节水等方面的论证,还要尤其重视经济、社会和环境影响等方面的分析评价,不仅要论述环境保护及污染治理,还特别强调从源头上防止或减轻污染,强调清洁生产,关注低碳发展、社会和谐和公平正义。

(二)注重社会影响分析在项目决策中的作用

"社会影响分析"主要从项目可能产生的社会影响、社会效益和社会接受性等方面,研究项目对当地产生的各种社会影响,评价项目在促进个人发展、社区发展和社会发展等方面的社会责任,并提出减缓负面社会影响的措施和方案。

为改变我国过去可行性研究只重视技术、工程建设、经济评价,基本不进行社会评价的状况,为了与国际接轨,完善我国项目评价的方法体系,应重视投资项目的社会评价,要求从项目可能产生的社会影响、社会效益和社会可接受性等方面,判断项目的社会可行性,提出协调项目与当地的各种社会关系、规避社会风险、促进社会稳定和项目顺利实施的对策建议。强调重视公众参与问题、利益相关者分析、社会公平问题、社会稳定风险评价、机构能力建设等问题。

（三）重视投资项目的经济外部性分析

“经济影响分析”是从经济资源优化配置的角度，利用经济费用效益分析或经济费用效果分析等方法，评价项目投资的真实经济价值，判断项目投资的经济合理性，从而确保项目取得合理的经济影响效果。重大投资项目还要分析其对宏观经济、区域经济和产业经济的影响。

政府投资管理部门为了履行公共管理职能，在项目投资活动中必须适应现代社会追求利益主体社会福利最大化的要求，从全社会的角度分析相关社会成员的经济利益和风险损失，利用费用效果分析或经济费用效益流量分析等方法，对项目投资的经济外部性进行分析，为判断项目投资的经济合理性及追求投资项目的公众利益最大化提供保障。投资项目的经济外部性影响分析，与投资项目的社会评价和环境影响评价一样，均属于外部性效果评价的内容。要注意投资项目的经济费用效益分析、经济费用效果分析、区域及产业经济影响分析、宏观经济影响分析等经济影响效果分析与投资项目财务评价的本质区别。对于需要关注经济影响效果的投资项目，尤其是需要占用政府资源的投资项目，不能简单地用财务评价代替经济影响评价，不能用财务现金流量分析代替经济费用效益流量分析。

（四）强调可行性研究应满足外部影响审批的要求

外部影响审批是为防止和减少项目建设造成不利外部影响的审批事项，主要包括涉及生态环境、水土保持、节能、碳达峰碳中和分析、压覆重要矿床、航道通航条件、环境、防洪、文物保护等事项的审批。根据外部影响风险由政府评估、外部影响后果由政府监管的一般原则，政府部门从前期审批转移到切实加强项目实施过程监管，可行性研究应为政府对外部审批的监管提供专业分析依据。

“生态环境影响分析”是从推动绿色发展、促进人与自然和谐共生的角度，分析拟建项目所在地的生态环境现状，评价项目在污染物排放、生态保护、生物多样性和环境敏感区等方面的影响。

“资源和能源利用效果分析”是从实施全面节约战略、发展循环经济等角度，分析论证除了项目用地（海）之外的各类资源节约集约利用的合理性和有效性，提出关键资源保障和供应链安全等方面的措施，评价项目能效水平以及对当地能耗调控的影响。

“碳达峰碳中和分析”是此版《可研大纲》重点增加的内容，主要是围绕落实“3060”的双碳目标，在可研报告内容中予以体现，后续将根据有关政策要求推动落实，总体考虑是保持《可研大纲》的前瞻性，鼓励和引导投资项目推进节能减碳。通过估算项目建设和运营期间的年度碳排放总量和强度，评价项目碳排放水平，以及与当地“双碳”目标的符合性，提出生态环境保护、碳排放控制措施。

此外，根据项目特点和实际需要，还可以开展安全影响效果论证，更好统筹发展和安全，提升供应链韧性和安全水平，实现经济效益、社会效益、生态效益和安全效益相统一。

八、强化项目全生命周期风险管控方案研究

（一）强调风险分析的重要性

与“可行性”相对应的概念，就是“不可行”，“不可行”就意味着有风险。从这种意义上讲，可行性研究就是通过不断地识别项目可能存在的各种风险因素，寻找能够规避各种风险的项目建设方案，从而确保项目具有可行性的过程。不重视风险分析，就是不重视项目“真实的”可行性研究。应综合分析识别拟建项目在建设和运营中的各种潜在风险因素，揭示风险来源，判别风险程度，提出规避风险对策，降低风险损失，最终目的是使项目获得成功，为项目实施创造一个安全、稳定的环境，最大限度地减少或消除外部干扰，使项目顺利建成投产，并达到可行性研究预期的目标。

（二）重视项目周期全过程的风险分析

风险分析应贯穿于可行性研究的各个环节和整个过程。通过可行性研究来预测、预报和预警项目存在的各种潜在风险因素，包括政策法

律、市场竞争、产出(服务)需求、项目选址、工程建设、运营管理、投融资、生态环境、社会等领域的各类风险,分析风险发生可能性及其危害程度,提出规避相关风险的对策措施,对建立和健全投资项目风险决策机制,提高前期阶段工作质量,为项目全生命周期风险管控奠定基础。

(三)加强风险识别与评价

风险识别主要是识别项目存在的各种潜在风险因素,并分析评价风险发生的可能性及其危害程度,提出规避重大和较大风险的对策措施及应急预案,即"风险管控方案"和"风险应急预案",建立健全投资项目风险管控机制。对于重大项目而言,应当对社会稳定风险进行调查分析,征询有关群众意见,查找并列出风险点、风险发生的可能性及影响程度,提出防范和化解风险的方案措施。对于可能引发"邻避"问题的项目,应提出综合管控方案。

(四)重视风险管控方案的有效性研究

应根据风险分析评价的研究结论,提出风险应对措施、风险管控及应急预案,通过实施风险管控方案使风险可控。通过采用合理的评价方法和技术,识别项目的主要风险因素,在风险分析和评价的基础上,研究确定项目面临的主要风险,有针对性地提出项目主要风险的防范和化解措施,研究制定重大风险应急预案。风险可控性分析是坚持底线思维,通过采用合理的评价方法和技术,识别项目的主要风险因素,在风险分析和评价的基础上,研究确定项目面临的主要风险,有针对性地提出项目主要风险的防范和化解措施,研究制定重大风险应急预案。

适应新形势的能源电力行业项目可行性研究报告大纲编制说明

电力规划总院有限公司　王霁雪

一、能源电力行业发展概况

(一)能源发展概况

能源是国民经济和社会发展的重要基础,自新中国成立以来逐步建立了较为完备的能源工业体系。改革开放后,适应经济社会快速发展需要,我国推进能源全面、协调、可持续发展,成为世界上最大的能源生产消费国和能源利用效率提升最快的国家。

党的十八大以来,我国能源发展进入新时代,能源供应保障能力不断增强,基本形成了煤、油、气、电、核、新能源和可再生能源多轮驱动的能源生产体系。“十三五”以来,我国已建成世界最大的清洁煤电供应体系,可再生能源开发利用规模快速扩大,水电、风电、光伏发电累计装机容量均稳居世界首位,非化石能源消费增量占到一次能源消费增量的40%,较“十二五”期间的增量占比上升了14个百分点。

在“双碳”目标的指引下,我国能源生产和消费结构不断优化,能源发展加快向清洁低碳转型。在能源生产方面,2022年,我国能源生产总量约46.6亿吨标准煤,同比增长9.2%。其中原煤产量45.6亿吨,创历史新高,原油生产继2015年之后重回2亿吨,天然气产量2201亿立方米,连续六年增产超100亿立方米,非化石能源发电量3.1万亿千瓦时,同比增长8.7%。风电、太阳能发电累计装机超过7.5亿千瓦、发电量合计约1.2万亿千瓦时,首次超过1万亿千瓦时。能源生产结构中,煤炭、石油、天然气占比分别为67.4%、6.3%和5.9%,非化石能源占比20.4%。在能源消费方面,2022年能源消费总量约54.1亿吨标准煤,同比增长2.9%。其中,非化石能源消费快速增长,同比增长7.8%,煤炭消费增长4.3%,石油和天然气消费分别下降3.1%和1.2%,双双首次下降。能源消费结构中,煤炭消费占比56.2%,同比增加0.3个百分点,石油和天然气消费占比分别为17.9%、8.4%,同比分别下降0.7个百分点和0.4个百分点,非化石能源消费占比17.5%,同比增长0.8个百分点,清洁能源消费量占比25.9%,稳步上升0.4个百分点。

(二)能源行业固定资产投资增长迅速

党的十八大以来,我国固定资产投资领域聚焦高质量发展和全面提质增效,投资总量保持平稳增长,建设规模不断扩大,有效发挥了投资扩大国内需求、稳定经济增长的关键作用。2022年,全社会固定资产投资579556亿元,较上年增长4.9%。固定资产投资(不含农户)572138亿元,增长5.1%。作为固定资产重要组成部分的能源基础设施投资,近年来也保持了较高的增长速度,2022年能源行业固定资产投资额共计约4.3万亿元,同比增长18.6%,其中电源工程建设投资完成7208亿,同比增长22.8%。电源工程建设投资的高速增长主要是因为我国风、光等新能源正处在跨越式高速发展阶段。

2020年9月,习近平总书记在第七十五届联合国大会一般性辩论上正式宣布:“中国将提高国家自主贡献力度,采取更加有力的政策和措施,二氧化碳排放力争于2030年前达到峰值,努力争取2060年前实现碳中和”。作为碳减排的重要举措,可再生能源正在成为积极应对气候变化、构建人类命运共同体的主导力量。为实现“双碳”目标,《“十四五”可再生能源规划》明确提出2030年风电和太阳能发电总装机容量将达到12亿千瓦以上,对可再生能源发展提出了新任务、新要求。可再生能源的建设、投资规模将呈现规模化快速增长趋势。

考虑到能源行业的前后端产业链较长，涵盖了资源矿产、设备制造、工程施工、能源销售等各个环节，对我国国民经济影响较大。能源行业快速发展对全社会 GDP 的撬动作用明显，其高质量的投资对我国的能源安全保障、经济社会高质量发展等均具有显著效果。社会高质量发展需要高质量的投资，高质量的投资需要高质量的投资决策，而可行性研究是投资决策的核心环节。坚持科学决策、民主决策、依法决策，提升我国投资项目前期论证的质量和水平，是有效保障投资高质量的重要举措。因此，进一步强化投资项目可行性研究的基础作用意义重大。

（三）能源行业发展面临的新形势

改革开放以来，在党中央正确领导下，经过几代能源人不懈努力，我国能源事业取得巨大进步。特别是党的十八大以来，在以习近平同志为核心的党中央领导下，我国能源事业发展取得重大成就，许多指标走在了世界前列。我国已成为名副其实的能源大国，为建设能源强国奠定了坚实的基础。

2022 年 4 月份召开的中央财经委员会第十一次会议上，习近平总书记强调，基础设施是经济社会发展的重要支撑，要统筹发展和安全，优化基础设施布局、结构、功能和发展模式，构建现代化基础设施体系，为全面建设社会主义现代化国家打下坚实基础。能源基础设施作为经济社会发展的基础和动力源泉，对国家繁荣发展、人民生活改善和社会长治久安更是起着至关重要的作用。随着新时代的新要求，能源基础设施建设也面临着新的形势。

1. 要素保障成为能源基础设施高质量发展的关键

传统基础设施项目中，点状、线状项目较多（点状工程主要代表有火电厂、产业园等；线状项目主要代表有输电通道、高速公路、铁路等），要素保障作用的优势尚未凸显，随着能源基础设施项目中面源性工程（如沙戈荒新能源大基地，占地面积大、涉及生态、环境、土地等范围广，呈现面状发展趋势）的逐渐增多，要素保障的全面统筹落实将能影响一个工程建设进度、工程质量，甚至其能否落地实施。要素保障通常涉及项目投资建设的方方面面，包括自然资源、土地、资金、人才、企业主体、政策机制等，其对基础设施高质量建设发挥着举足轻重的作用，特别是新能源基础设施领域。

随着我国基础设施建设进入新的高质量发展时期，要素保障对基础设施建设影响越来越大，各个行业相关工程人员的呼声得到了党中央、国务院的高度重视。习近平总书记在 2022 年中央经济工作会议的重要讲话中更是明确提出“要加强项目储备和前期工作，强化要素保障”。这体现了我国最高决策机构对基础设施建设要素保障的高度重视。

为落实习近平总书记讲话精神，自然资源部于 2022 年 8 月，分别以《自然资源部关于积极做好用地用海要素保障的通知》（自然资发〔2022〕129 号）和《自然资源部关于加强用地审批前期工作积极推进基础设施项目建设的通知》（自然资发〔2022〕130 号）两个文件，就“有效解决当前重大项目用地用海等要素保障中存在的突出矛盾和问题，进一步提高自然资源要素保障能力”和“从加强用地空间布局统筹、联合开展选址选线、严格落实节约集约、改进优化用地审批和协同推进项目建设等方面提出强化用地要素保障的政策措施，依法依规加快推进基础设施项目建设”等两个方面对基础设施项目的国土空间要素保障提出了明确的指导意见。随后，9 月，自然资源部又以《关于用地要素保障接续政策的通知》（自然资发〔2022〕160 号）文件，明确指出要“在守住法律底线和资源安全红线的前提下，加快推进有效投资重要项目及时开工，尽早形成实物工作量，助力巩固经济恢复发展基础”。从实操层面给出了具体操作方案。

除了自然资源部外，我国其他相关部委及各级政府，近年来也是根据职责分工为基础设施项目建设的要素保障密集出台了相关政策法规，为项目的要素保障提供了指引。要素保障的落实作为项目前期工作的重要组成部分，将是基础设施项目的高质量发展前提。

2. 基础设施数字化势在必行

党的十八大以来，以习近平同志为核心的党中央深刻洞察新一轮科技革命和产业变革趋势，牢牢把握全球信息化发展与数字化转型的重大历史机遇，高度重视、全面布局、统筹推进网络强国、数字中国建设。在习近平总书记关于网络强国的重要思想指引下，《网络强国战略实施纲要》《数字经济发展战略纲要》《"十四五"数字经济发展规划》《"十四五"国家信息化规划》《"十四五"大数据产业发展规划》等重大战略规划陆续出台，形成了推动数字经济发展的强大合力，极大激发和释放了我国数字经济发展的巨大潜能。

党的二十大进一步明确擘画了全面建成社会主义现代化强国、以中国式现代化全面推进中华民族伟大复兴的宏伟蓝图，明确了新时代新征程党和国家事业发展的目标任务，特别是高度重视信息化数字化发展。党的二十大报告明确指出，要加快建设网络强国、数字中国。习近平总书记深刻指出，加快数字中国建设，就是要适应我国发展新的历史方位，全面贯彻新发展理念，以信息化培育新动能，用新动能推动新发展，以新发展创造新辉煌。

2021 年 10 月，十九届中央政治局进行第三十四次集体学习，习近平总书记发表重要讲话中提到，"数字经济具有高创新性、强渗透性、广覆盖性，不仅是新的经济增长点，而且是改造提升传统产业的支点，可以成为构建现代化经济体系的重要引擎。"深刻阐释了数字经济赋能经济社会高质量发展的重要作用。当前，新一轮信息革命和产业变革深入推进，数字化对经济发展的放大、叠加、倍增作用日益凸显。有研究表明，数字化程度每提高 10%，人均 GDP 将增长 0.5%至 0.62%。近年来，我国不断加快数字产业化和产业数字化步伐，推动数字技术和实体经济深度融合，赋能传统行业数字化转型升级，通过技术和应用创新激活新业态、新模式，为经济发展增添新活力，为高质量发展注入新动能。

在能源领域，国家能源局也于 2023 年 3 月 28 日印发了《关于加快推进能源数字化智能化发展的若干意见》，明确提出要推动数字技术与实体经济深度融合，赋能传统产业数字化智能化转型升级，为能源领域的数字化发展方面指明了方向。《若干意见》还明确提出了2030能源数字化的发展目标：能源系统各环节数字化智能化创新应用体系初步构筑、数据要素潜能充分激活，一批制约能源数字化智能化发展的共性关键技术取得突破，能源系统智能感知与智能调控体系加快形成，能源数字化智能化新模式新业态持续涌现，能源系统运行与管理模式向全面标准化、深度数字化和高度智能化加速转变，能源行业网络与信息安全保障能力明显增强，能源系统效率、可靠性、包容性稳步提高，能源生产和供应多元化加速拓展、质量效益加速提升，数字技术与能源产业融合发展对能源行业提质增效与碳排放强度和总量"双控"的支撑作用全面显现。

以习近平同志为核心的党中央已为基础设施投资建设的数字化发展指明了方向。在能源基础设施项目建设开发前期阶段，要全面贯彻落实党的二十大精神，充分发挥信息化数字化对能源基础设施现代化建设运营的驱动引领作用，不断推动能源强国、数字中国建设。能源基础设施建设项目和能源产业的数字化、网络化、智能化转型，实现投资项目造价、进度、质量、安全的精准有效控制，可促进项目全生命周期降本增效。因此，可行性研究在确定项目建设方案时，需充分考虑先进的数字化、智能化技术的应用及预期发挥的作用，结合项目实际研究提出推进项目设计、施工、运维数字化应用和交付的方案。

3. 建设与运营并重

基础设施的建设投资流程主要包括决策、建设、运营三个主要阶段。在以往的项目投资建设过程中，这三个过程相对较为独立，在项目决策阶段和建设阶段，对采取的运营模式及方案考虑较少，部分项目由于设计之初与建成后的外界边界条件发生了较大的变化，导致项目后期运营效果无法完全实现项目立项时目标，从而导致投资效益不佳。特别是随着现在基础设施项目面临的外界环境越来越复杂，项目建成投产后的运营方式越来越灵活，这就需要在项目发起、可行性研究、项目决策、建设准备、建设实施、运营管理，以及涉及项目全生命周期的投融资与财务管理、风险管控等一系列全过程环节统筹考虑，实时根据外界因素变化，统筹优化调整。上述这些环节既有先后顺序，也互相交叉、影响和制约，为了保证投资决策达到预期效果，提升投资决策的科学性和精准性，在项目前期研究阶段应从项目全生命周期管理的角度出发，全面系统分析各环节涉及的因素，客观进行经济、社会、环境等影响论证评价，准确识别和管控各类风险，在此基础上择优提出项目建设实施方案与运营方案。

特别能源类基础设施项目，由于能源的供需平衡要求、统一大市场建设进度的加快、各地能源项目发展定位变化等各方面因素的影响，往往会导致能源类基础设施项目的规划建设目标与实际运营效果存在较大差异。因此在能源类基础设施建设项目前期工作过程中，要强化项目运营方案的比较分析，要改变以往“重建设、轻运营”的做法，更加重视项目运营方案分析研究，针对不同环境需求提出与之相对应的运营方案。在能源基础设施前期研究阶段提出项目运营方案时，要注意运营模式的选择和创新，制定项目全生命周期关键绩效指标和绩效管理机制，着力加强基于项目全生命周期的运营方案优化和系统性优化目标论证。

4. 产融协同推动能源电力行业高质量发展

能源电力行业是国民经济的重要组成部分，随着能源绿色低碳加速转型，未来能源领域面临超万亿的投资需求，亟须金融市场提供支持。国家相关部委近年来就金融市场如何支持新能源高质量发展出台了多项文件。2022 年 5 月 30 日，国务院办公厅转发了《关于促进新时代新能源高质量发展的实施方案》(国办函〔2022〕39 号)，明确提出要优化财政资金使用、落实金融支持政策、丰富绿色金融产品和服务等政策措施以支持新能源发展，并将新能源项目纳入基础设施不动产投资信托基金(REITs)试点支持范围。2022 年 6 月 1 日，为贯彻落实中共中央、国务院关于推动绿色发展的决策部署，银保监会印发了《关于印发银行业保险业绿色金融指引的通知》（银保监发〔2022〕15 号），明确提出要促进银行业保险业发展绿色金融，积极服务兼具环境和社会效益的各类经济活动，更好助力污染防治攻坚，有序推进碳达峰、碳中和工作。

金融作为资源配置的重要手段，通过资金筹集、政策支持、风险管理等方式，有效利用资本市场和市场化手段，为能源电力行业提供所需的资金和相关服务，切实支持能源电力行业降本增效，提高资产证券化水平，改善资产负债结构，提升发展质量，实现可持续发展。在项目可行性研究阶段，更应关注金融产品为能源电力项目带来的服务性、支持性。

5. 市场机制日趋成熟

我国自 2015 年 3 月开启新一轮电力体制改革以来，在市场架构建设、市场主体参与、电价机制完善、交易机构组建及规范运行等方面取得了重要进展。此后，党的十八届三中全会对全面深化改革作出重要部署，建设统一开放、竞争有序的市场体系被提上日程。特别是在碳达峰、碳中和目标确定后，在党的十九大报告及党中央、国务院相继印发的《关于完整准确全面贯彻新发展理念做好碳达峰碳中和工作的意见》《2030 年前碳达峰行动方案》等相关重要文件中，进一步明确要求深化电力体制改革，加快构建全国统一电力市场体系。2021 年 11 月，习近平总书记主持召开中央全面深化改革委员会第二十二次会议通过了《关于加快建设全国统一电力市场体系的指导意见》（以下简称《指导意见》），从国家层面进一步发力，提出了健全多层次统一电力市场体系，统一交易规则和技术标准的新要求，要求加快形成统一开放、竞争有序、安全高效、治理完善的电力市场体系。

在“双碳”战略目标指引下，构建适应能源结构转型的电力市场机制建设，通过市场化手段，有序推动新能源参与市场交易，发挥电力市场对能源清洁低碳转型的支撑作用。市场化的电力价格体系是我国完成能源转型的必经之路，只有在市场化的基础上，才能让新、老能源进行有效平稳的转换。在这个过程中，充分发挥统一电力市场的平台作用，引入清洁能源优先交易、水火置换等市场化机制，在为清洁能源消纳争取空间的同时，也为构建新型能源体系提供有力保障。

因此，未来能源类基础设施项目在项目前期阶段，需要充分考虑到电力市场对项目运营阶段的影响，并提前做好应对工作。

基于以上的新形势、新变化，为着力推动能源基础设施项目高质量发展，巩固和深化投融资体制改革成果，国家发展和改革委员会于2023年制定发布了《政府投资项目可行性研究报告编写通用大纲(2023年版)》(以下简称《通用大纲》)和《企业投资项目可行性研究报告编写参考大纲(2023年版)》(以下简称《参考大纲》，两个大纲以下统称《可研大纲》)，为推动投资高质量发展提供有力支持与指导，也将为能源行业的高质量投资保驾护航。

二、新形势下能源电力行业《可研大纲》编制要求

在"双碳"目标背景下，《可研大纲》为能源电力行业的可行性研究报告大纲的编制给出了明确指引。其中，《通用大纲》是申请政府投资项目，所需可行性研究报告的标准格式要求，具有强制性要求，申报企业需要完全按照大纲要求进行报告编制；《参考大纲》为企业在投资项目前编制《可研大纲》的参考格式要求，其不具有强制性要求，企业可根据自身实际情况及决策关注重点，参考本大纲进行可研报告的编制工作。考虑到两个大纲的编制思路及相关主体内容要求基本类似，以下将统一就《可研大纲》进行解读说明。

(一)概述

新形势下能源发展技术及形态演变的特点是能源发展的总体趋势向着绿色、低碳、智慧演变，带来从能源技术产业、能源组织形式、承载网络、商业形态等各方面的变化。在概述部分应简要说明能源行业整

体发展趋势，及本项目在能源政策、产业政策、节能减排、绿色低碳、运营模式等方面所开展的工作，及预期将取得的成效。

1. 项目概况

应明确项目全称及简称，项目全称应与项目最终核准/备案名称一致。此小节是有关项目的研究成果的概述，包括项目建设目标和任务、建设地点、要素保障情况、建设内容和规模、总体布局、建设工期、建设模式、运营模式、投资规模和资金来源、主要采用的先进技术方案、技术经济指标、节能减排指标等。

2. 项目单位(企业)概况

简述企业基本信息、发展现状、财务状况、在建及在运能源电力项目情况、企业信用和总体能力，有关政府批复和金融机构支持等情况，分析企业综合能力与拟建项目的匹配性。拟新组建项目法人的，提出项目法人组建方案。属于国有控股企业的，应说明其上级控股单位的主责主业，以及拟建项目与其主责主业的符合性。政府资本金注入项目需简述项目法人基本信息、投资人(或者股东)构成及政府出资人代表等情况。

3. 编制依据

概述国家和地方有关支持性规划、前置性审批要件、产业政策和行业准入条件、企业战略、标准规范、专题研究成果，以及为相关研究评价和数据提供来源和支撑的其他依据。

4. 主要结论和建议

简述项目可行性研究的主要结论和建议，主要结论可列表展示能源/资源条件、设备主要参数、技术经济主要指标等。

(二)建设必要性

1. 项目建设背景和必要性

(1)项目建设背景

简述项目建设背景、前期工作进展等情况，便于项目决策机构掌握项目来源、工作基础和需要解决的重要问题等。说明项目投资管理手续办理情况，如建设项目用地预审与选址意见书、环境影响评价、排污许可、文物保护、矿产压覆、水土保持、地震安全性评价等行政审批手续，以及相关手续取得的保障条件。

（2）规划政策符合性

简述项目与战略目标、政策要求的一致性，体现经济社会发展战略和规划，从扩大内需、共同富裕、乡村振兴、科技创新、节能减排、碳达峰碳中和、国家安全、基本公共服务保障等重大政策目标层面进行分析。

需要重点论证项目符合规划。能源电力项目规划可分为两大类：一类规划的刚性体现在总量的刚性、全局的刚性、社会的把握，符合产业政策，但不体现在具体项目上，典型的是以风光发电为主的电源，其市场性很高，具有非排他性，刚性体现在全社会的总量。如2030年12亿千瓦新能源装机目标，国家把这些目标比例数字分配给各省（即可再生能源消纳责任权重），为实现碳达峰、碳中和目标，每个省要承担一定的共同但有区别的责任。另一类项目规划的总量不严格，需要纳入国家或省级层面的规划，但是具体操作层面刚性很强，典型的如核电、电网，具有市场性的排他特点。

（3）项目建设必要性

从宏观、中观和微观层面展开分析，研究项目建设的理由和依据。对于能源项目，应从能源供需平衡、未来发展需求、绿色低碳发展需求等多个方面进行研究，通过对项目产出、原料投入、社会需求容量、供应结构及布局、存量规模等进行分析，为确定项目的目标受益群体、建设规模和项目工程方案提供依据。

2.项目需求分析与产出方案

（1）企业发展战略需求分析

对于关系企业长远发展的重大项目，论述企业发展战略对拟建项目的需求程度和拟建项目对促进企业发展战略实现的重要性和紧迫性。可从内因和外因两个层面分析：外因层面，国际大形势对于低碳能源、能源安全领域的投资热度一直较高，国资委对能源央国企能源结构、投资结构的考核；内因层面，主要包括企业盈利、企业社会形象、长远战略转型等。

(2)能源电力需求分析

从能源电力消费结构角度分析项目所在区域不同能源类型的消费比例、能源消费趋势及优化方向。考虑当地经济发展和人口增长对能源需求的影响，预测未来能源电力需求的增长情况。考虑能源电力供应的稳定性和充足性，能源储备和应急备用能源的需要，分析国家能源政策和环境政策对能源消费的影响，以及不同品种能源在项目所在区域的推广和应用情况。

(3)项目建设内容、规模和产出方案

阐述拟建项目总体目标及分阶段目标，提出拟建项目建设内容和规模，明确项目产出方案及其质量要求，并评价项目建设内容、规模以及产出方案的合理性。

(4)项目商业模式

根据项目主要商业计划，分析拟建项目收入来源和结构，判断项目是否具有充分的商业可行性和金融机构等相关方的可接受性。结合项目所在地政府或相关单位可以提供的条件，提出商业模式及其创新需求，研究项目综合开发等模式创新路径及可行性。

(三)方案的可行性

能源的高质量发展离不开土地、资源等要素保障，先进技术的应用，充足资金支撑以及高效生产运行方式。新版《可研大纲》针对上述变化均提出了明确的编写要求。

1. 要素保障性

(1)项目选址或选线

从规划条件、技术条件、经济条件和资源节约集约利用等方面，以国土空间规划和用途管制规则为基本依据，明确拟建项目场址或线路的土地权属、供地方式、土地利用状况、矿产压覆、占用耕地和永久基本农田、涉及生态保护红线、地质灾害危险性评估等情况。涉及用海的项目需明确国土空间规划、海岸带保护与利用规划、海洋功能区划等空间规划及“三线一单”(生态保护红线、环境质量底线、资源利用上线和生态环境准入清单)的管控要求，与海洋功能区划及岸线规划、港口规划、海洋环境保护规划、海岛保护规划、海域航路规划等相协调。备选场址方案或线路方案比选要综合考虑规划、技术、经济、社会等条件。选址方案研究应鼓励公众在内的利益相关方参与，并结合利益相关方的诉求或建议反馈，充分考虑不同影响和风险因素的早期筛查判断和分析成果。

重大能源电力项目要予以特别保障，已经列入国家重大项目清单的重大项目，相关部委机构协调推进，通过发挥社会主义制度优越性的方式来支持重大能源电力项目。企业投资项目鼓励市场化配置资源。

(2)项目建设条件

分析拟建项目所在区域的自然环境、交通运输、公用工程等建设条件。其中，自然环境条件包括地形地貌、气象、水文、泥沙、地质、地震、防洪等；交通运输条件包括铁路、公路、港口、机场、管道等；公用工程条件包括周边市政道路、水、电、气、热、消防和通信等。阐述施工条件、生活配套设施和公共服务依托条件等。改扩建工程要分析现有设施条件的容量和能力，提出设施改扩建和利用方案。

(3)要素保障分析

要素保障分析是新版《可研大纲》的一个重大变化，这也是充分考虑新阶段新形势下我国能源电力项目投资建设中面临的现实情况。

1)土地要素保障

分析拟建项目相关的国土空间规划、土地利用年度计划、建设用地控制指标等土地要素保障条件，开展节约集约用地论证分析，评价用地规模和功能分区的合理性、节地水平的先进性。说明拟建项目用地总体情况，包括地上(下)物情况等；涉及耕地、园地、林地、草地等农用地转为建设用地的，说明农用地转用指标的落实、转用审批手续办理安排及耕地占补平衡的落实情况；涉及占用永久基本农田的，说明永久基本农田占用补划情况；如果项目涉及用海用岛，应明确用海用岛的方式、具体位置和规模等内容。

土地要素保障是项目开发和建设的基础，应在项目可行性研究阶段强化和深化土地要素的研究，既要排查潜在的颠覆性因素，也要对土地的权属进行初步摸排。如沙戈荒新能源大基地项目、海上风电基地项目等重大能源电力项目，对颠覆性因素和土地权属的核查尤其重要。

2)资源环境要素保障

分析拟建项目所需的能源资源，评估资源储量、可获得性和可靠性，确保项目能够稳定供应所需的能源资源。分析拟建项目水资源、大气、土壤等生态承载能力及其保障条件，以及取水总量、能耗、碳排放强度和污染减排指标控制要求等，说明是否存在环境敏感区和环境制约因素。对于涉及用海的项目，应分析利用港口岸线资源、航道资源的基本情况及其保障条件，同时应对海域使用进行论证，分析相关海洋法律法规的适用性和执行情况，确保海洋资源的合法、安全和可持续利用。对于需要围填海的项目，应分析围填海基本情况及其保障条件。

除土地要素，资源环境要素保障也可能成为制约项目建设的重要因素。以水资源为例，目前能够支持基础电源的主要还是化石能源，化石能源可以提供可控的安全保障，但是需要大量用水，而在西北地区水的指标是有限的，水资源是一个制约因素。

2.项目建设方案

新版《可研大纲》充分考虑资源特性、设备方案、从全局系统的角度选择合适的技术方案，最后用工程的理念实现项目建设。

(1)资源开发方案

在能源电力行业，资源开发方案和分析方案应放在第一位。煤电对应的资源是煤源、水源，新能源对应的是风能资源、太阳能资源、土地资源等。

对于资源开发类项目，应对项目所在地区的能源资源情况进行调研和评估，依据资源开发规划、资源储量、资源品质、赋存条件、开发价值等,并考虑资源的可持续性和环境影响,研究制定合理的资源开发和综合利用方案,包括能源类型的选择、开采和开发方法、项目规模等。

(2)技术方案

技术方案是从技术本质上解决项目设计方面涉及的问题。能源电力项目,需要明确给出荷预测与电力电量平衡方面的分析研究内容,为技术方案提供支撑。

通过技术对比分析能源电力类项目的生产方法、生产工艺技术和流程、配套工程(辅助生产和公用工程等)、技术来源及其实现路径,论证项目技术的适用性、成熟性、可靠性和先进性。对于专利或关键核心技术,需要分析其获取方式、知识产权保护、技术标准和自主可控性等。需要简述推荐技术路线的理由,并提出相应的技术指标。

(3)设备方案

通过设备比选提出拟建项目主要设备(含软件)的规格、数量和性能参数等内容,论述设备(含软件)与技术的匹配性和可靠性、设备和软件对工程方案的设计技术需求,提出关键设备和软件推荐方案及自主知识产权情况。必要时,对关键设备进行单台技术经济论证。利用和改造原有设备的,提出改造方案及其效果。涉及超限设备的,研究提出相应的运输方案,特殊设备提出安装要求。

(4)工程方案

规划和设计项目的实施方案,包括能源生产设施的布置、运营设施的规划以及环境保护设施的设计等。通过方案比选提出工程建设标准、工程总体布置、主要建(构)筑物和系统设计方案、外部运输方案、公用工程方案及其他配套设施方案,明确工程安全质量和安全保障措施,对重大问题制定应对方案。涉及分期建设的项目,需要阐述分期建设方案;涉及重大技术问题的,还应阐述需要开展的专题论证工作。

(5)用地用海征收补偿(安置)方案

涉及土地征收或用海海域征收的项目,应根据有关法律法规政策规定,确定征收补偿(安置)方案,包括征收范围、土地现状、征收目的、补偿方式和标准、安置对象、安置方式、社会保障等内容。用海用岛涉及利益相关者的，应根据有关法律法规政策规定等，确定利益相关者协调方案。项目土地征收需要采取集中安置的，应提出集中安置点规划设计方案。项目采取过渡安置方式的，应明确过渡期限等，并分析其合理性。项目用地征收补偿（安置）方案应保证被征地农民原有生活水平不降低、长远生计有保障。

（6）数字化方案

数字化方案是新版《可研大纲》的又一重大变化。

对于具备条件的项目，研究提出拟建项目数字化应用方案，包括技术、设备、工程、建设管理和运维、网络与数据安全保障等方面，提出以数字化交付为目的，实现设计—施工—运维全过程数字化应用方案。

2023 年 3 月国家能源局《关于加快推进能源数字化智能化发展若干意见》提出在能源电力行业要加快数字化转型升级，推进应用试点示范，推动共性技术突破，健全发展支撑体系，加大组织保障力度。能源行业与数字技术融合发展是新时代推动我国能源产业基础高级化、产业链现代化的重要引擎，是建设新型能源体系的有效措施，对提升能源产业核心竞争力、推动能源高质量发展具有重要意义。

数字化将贯穿能源项目全寿命周期，即全过程理念。采用数字化之后可以更有效地实施项目工程设计、咨询、运行，甚至项目的退役改造。面对海量数据，能源电力项目规划、投资、建设、运营全生命周期的高质量、高效率过程离不开数字化。数字化、网络化和智能化的基础设施是建设智慧社会的重要基础。数字化、网络化和智能化相辅相成、交错演进。能源电力天然具有网络化特征，数字化、智能化能源电力体系必将成为智慧社会发展的重要助力和支撑基石。数字化能源体系是实现城市可持续发展的必由之路。

目前，我国能源电力行业投资建设的数字化转型还面临突出的一些问题。一是投入水平低，我国投资建设领域的数字化投资在建筑业总产值占比仅为 0.08％，而欧美国家普遍为 1％左右；二是自主性不足，投资建设领域自主知识产权的工程软件受应用场景制约，难以得到推广，影响产业安全和信息安全；三是取费缺乏依据，投资项目概算内缺乏相应科目设置，导致目前数字化取费只能通过挤占设计费实现。新版《可研大纲》对数字化方案部分内容的要求，正是通过可行性研究阶段进行研究，支持能源电力行业数字化转型。

能源电力行业投资咨询可以在以下几个方面实施数字化咨询。①基于预测预报的数字化工作，如发展新能源和水能功率预测技术，统筹分析有关气象要素、电源状态、电网运行、用户需求、储能配置等变量因素；②推动数字技术深度应用于核电设计、制造、建设、运维等各领域各环节，打造全面感知、智慧运行的智能核电厂。从安全因素的角度，核电的态势感知至关重要，而态势感知本身是一种实际情况数字化的展现，应用数字化技术恰逢其景；③推动实体电网数字呈现、仿真和决策，探索人工智能及数字孪生在电网智能辅助决策和调控方面的应用。电网系统具有高度复杂性，而我国电网作为世界最大的电网体系，态势感知非常重要，同样离不开数字化；④推动柔性负荷智能管理、虚拟电厂优化运营、分层分区精准匹配需求响应资源等，提升绿色用能多渠道智能互动水平；⑤依托能源新型基础设施建设，推动能源消费环节节能提效与智慧城市、数字乡村建设统筹规划，支撑区域能源绿色低碳循环发展体系构建。从城市、乡村、绿色低碳循环体系构建的角度提出数字化的应用前景，以及示范方向；⑥提升氢能基础设施智能调控和安全预警水平，探索氢能跨能源网络协同优化潜力，推动氢电融合发展。氢能的生产和利用主要是化工过程，更多的是一种过程控制，而电力领域的电是运动控制，两种控制用数字化、信息化融合在一起，其对能源电力行业的影响会更加显著和深远；⑦推进综合能源服务与新型智慧城市、智慧园区、智能楼宇等用能场景深度耦合，利用数字技术提升综合能源服务绿色低碳效益。

(7)建设管理方案

提出项目建设组织模式、进度计划、控制性工期和分期实施方案，确定项目建设是否满足投资管理合规性和施工安全管理要求。如果涉及招标，明确招标范围、招标组织形式和招标方式等。

3. 项目运营方案

能源电力投资项目运营方案的可行性研究要改变“重建设、轻运营”的做法，强调项目全生命周期的方案优化和系统性论证，既要重视工程建设方案可行性研究，也要重视项目建成后的运营方案可行性研究。项目策划阶段就应考虑对未来的预期和边界条件的判断，合理选择运营模式；此外，还需考虑项目运营期结束之后的退役或升级改造。

同时，还要结合项目的工程技术特点，遵循有关部门颁布的各类运营管理标准（包括强制性标准和参考性标准等），确保满足产品或服务质量、安全标准等要求。

(1)生产经营方案

明确拟建项目运营服务内容、标准、流程、计量、运营维护与修理，以及运营服务效率要求等，研究提出运营服务方案，制定项目的生产经营计划和流程，包括能源发电工艺流程、设备运维与保养计划等，确定生产经营方案，研究运营组织方案，制定绩效管理方案，创新运营模式。

新形势下能源电力行业项目呈现由单一项目向联营的一个转变特点，如煤炭和煤电联营、煤电和新能源联营，往往采取一体化经营的方式。投资项目如果采用联营的生产经营方案，涉及界面较多，比如碳排放权的收益是提供给市场还是企业自用，企业主体之间的关系等等，这些都与企业的战略发展息息相关。

(2)安全保障方案

分析能源电力类项目生产运营管理中存在的危险因素及其危害程度，明确安全生产责任制，设置安全管理机构，建立安全管理体系，提出安全防范措施，制定项目安全应急管理预案。

牢固树立安全发展理念。提出安全保障方案，明确安全生产责任和应急管理要求，强化运营单位主体责任，落实政府监管要求。

(3)运营管理方案

简述拟建项目的运营机构设置方案,明确项目运营模式和治理结构要求。制定管理流程和制度,并明确各级管理人员和员工的职责和权限,简述项目评价机制、绩效考核方案、奖惩机制等。

4. 项目投融资与财务方案

(1)投资估算

说明投资估算编制范围、编制依据,估算项目建设投资、流动资金、建设期融资费用,明确建设期内分年度资金使用计划。充分考虑项目周期内有关影响和风险管理的费用安排,如环境保护与治理、社会风险防范与管控、节能与减碳、安全与卫生健康等相关建设投入和费用支出等。

(2)盈利能力分析

根据项目性质,选择适合的评价方法,估算项目营业收入和补贴性收入及各种成本费用,并按相关行业要求提供量价协议、框架协议等支撑材料,分析项目的现金流入和流出情况,构建项目利润表和现金流量表,计算财务内部收益率、财务净现值等指标,评价项目的财务盈利能力,并开展盈亏平衡分析和敏感性分析,根据需要分析拟建项目对企业整体财务状况的影响。

(3)融资方案

结合企业自身及其股东出资能力,分析项目资本金和债务资金来源及结构、融资成本以及资金到位情况,评价项目的可融资性。结合企业和项目经济、社会、环境等评价结果,研究项目获得绿色金融、绿色债券支持的可能性。对于具备条件的基础设施项目,研究提出项目建成后通过基础设施领域不动产投资信托基金(REITs)等模式盘活存量资产、实现投资回收的可能性。企业拟申请政府投资补助或贴息的,应根据相关要求研究提出拟申报投资补助或贴息的资金额度及可行性。

在当前投资项目融资主体多元化、融资渠道多样化、融资方式复杂化的背景下,除了提高项目投资估算精度、加强项目财务分析评价外,项目融资方案研究重要性更加凸显。

结合企业自身及其股东出资能力、投资主体资信程度、投资项目特性，分析融资方式、融资结构、融资成本、融资期限、融资风险等要素，并在项目自身盈利能力分析的基础上，评价项目的可融资性。

融资方式作为核心要素，直接影响项目融资结构、融资成本等其他要素。目前项目融资方式主要分为债务性融资和权益性融资两类。其中，债务性融资主要涉及银行贷款、债券融资（公司债、企业债、专项债、资产支持证券等）、融资租赁、保理融资等。债务性融资多为传统融资方式，如银行贷款和债券融资为常用融资工具，融资流程成熟规范、融资便利度高，对于高资质主体融资效率高、综合成本低。但债务性融资更依赖于主体信用资质或抵质押物资产价值，企业具有刚性兑付义务，会增加有息负债规模及资产负债率。权益性融资主要为Pre－REITs、产业基金、权益类债券等权益型金融工具。权益性融资主要通过股权投资等方式引入权益资金，降低债性资金需求，控制企业资产负债率，释放举债空间。

能源电力项目在融资方案设计时，注重融资方式与项目周期的适配性和资产盘活分析，考虑全周期资本运作方案，形成“投、融、建、管、退”闭环。项目前期可通过Pre－REITs、产业基金、银行借款、债券等方式进行融资，在解决资本金问题的同时，搭建合理的融资结构。项目运营初期，产生稳定现金流后，可通过类REITs、资产证券化等方式，阶段性盘活能源电力项目，置换存量债务或补充营运资金。项目成熟稳定后，可考虑通过基础设施领域不动产投资信托基金（REITs）等模式盘活存量资产，引入权益资金，提前回笼资金进行再投资，让存量资产变为有效增量。因此在项目可行性研究阶段，重视投资管理合规性、运营收益稳定性等内容，分析项目开展基础设施REITs的可行性。

对于清洁能源项目，可结合企业和项目经济、社会、环境等评价结果，在融资方案设计时关注获得绿色金融支持的可能性。绿色信贷、绿色债券、绿色基金等绿色金融工具融资效率高、资金成本低，为企业绿色低碳转型提供大规模资金补充。

对于政府投资项目，除上述融资方案外，还要从公共财政角度分析论证财政资金支持的必要性、支持途径和方式，资金筹措替代方案以及形成资金闭环的管理方案等。同时，分析评价此方案是否增加当地政府财政支出负担、引发地方政府隐性债务风险等情况。

(4)债务清偿能力分析

按照负债融资的期限、金额、还本付息方式等条件，分析计算偿债备付率、利息备付率等债务清偿能力评价指标，判断项目偿还债务本金及支付利息的能力。必要时，开展项目资产负债分析，计算资产负债率等指标，评价项目资金结构的合理性。

(5)财务可持续性分析

中国经济新常态的背景下，企业所面临的环境日益动荡，能源电力行业投资充满了不确定性，而不确定性会对财务合理性分析结论造成较大影响，需要引起关注。不确定性不等同于风险，而是一些不确定性会导致风险。

不确定性的来源有以下几方面：我国宏观经济水平的波动和政策变化，企业自身经营水平、竞争对手、上游成本控制、下游市场份额等，由此带来融资成本、技术路线、建设成本、参与电力市场及经营收益的不确定。

国外开发能源类的基建项目，往往是开发者做工作，投资者（基金、财团）融资、负责审查技术方案和前期工作。基于理论分析和数据基础的不确定性越高，相应那部分增值越低，融资成本越高。新版大纲可研报告真正体现得较好的一部分内容即是财务模型、不确定性分析能力，因为它对项目实际效果的影响很大。一个项目真正的发电能力、参与电力市场之后获得收益的能力，同时结合资源条件、预测和预报，如果不确定性越低，提供的价值越高，从银行的角度就更好，与之相对应的可研报告的价格就越高。

对于国内电力项目，只要符合国家规划、产业政策，银行基本就认为收益有保障。然而在电力现货市场条件下并非如此。项目方案设计(包括配置的储能类型及时长)与投运之后参与电力市场的收益能力有关系,需要工程项目咨询工程师预判项目投运后电力市场的边界条件和规则。在新形势下,能源电力行业对融资方提供的真正价值会逐渐得到认可和重视,有能力、有水平的咨询机构出具的可研报告在可靠性、未来的把握方面更有保障。

因此,可行性研究报告应根据投资项目财务计划现金流量表,统筹考虑企业整体财务状况、总体信用及综合融资能力等因素,分析投资项目对企业的整体财务状况影响,包括对企业的现金流、利润、营业收入、资产、负债等主要指标的影响,判断拟建项目是否有足够的净现金流量,确保维持正常运营及保障资金链安全。

5. 项目影响效果分析

(1)经济影响分析

从经济资源优化配置的角度,利用经济费用效益分析或经济费用效果分析等方法,评价项目投资的真实经济价值,判断项目投资的经济合理性,从而确保项目取得合理的经济影响效果。重大投资项目还要分析其对宏观经济、区域经济和产业经济的影响。

(2)社会影响分析

通过社会调查和公众参与,识别项目主要社会影响因素和关键利益相关者,分析不同目标群体的诉求及其对项目的支持程度,评价项目在带动当地就业、促进企业员工发展、社区发展和社会发展等方面的社会责任,提出减缓负面社会影响的措施或方案。

(3)生态环境影响分析

分析拟建项目所在地的生态环境现状,评价项目在污染物排放、地质灾害防治、防洪减灾、水土流失、土地复垦、生态保护、生物多样性和环境敏感区等方面的影响,提出生态环境影响减缓、生态修复和补偿等措施,以及污染物减排措施,评价拟建项目能否满足有关生态环境保护政策要求。

不同品种的电源项目的生态环境影响分析有所差异，如化石能源项目重点分析先进的节能降耗技术、降低污染排放，风光新能源项目重点分析防风固沙、改善生态等。

(4)资源和能源利用效果分析

对于占用重要资源的项目，分析项目所需消耗的资源品种、数量、来源情况，以及非常规水源和污水资源化利用情况，提出资源综合利用方案和资源节约措施，计算采取资源节约和资源化利用措施后的资源消耗总量及强度。计算采取节能措施后的全口径能源消耗总量、原料用能消耗量、可再生能源消耗量等指标，评价项目能效水平以及对项目所在地区能耗调控的影响。

(5)碳达峰碳中和分析

对于高耗能、高排放项目，在项目能源资源利用分析基础上，预测并核算项目年度碳排放总量、主要产品碳排放强度，提出项目碳排放控制方案，明确拟采取减少碳排放的路径与方式，分析项目对所在地区碳达峰碳中和目标实现的影响。

能源电力项目属于基建项目，需要进行碳达峰、碳中和这种重大的长远性国策的分析。评估能源电力项目实施后可能实现的碳减排潜力，包括技术革新、效率提升、替代传统能源等方面的减排潜力。评估新能源项目参与碳市场的前景，包括碳交易、碳抵消和碳交易机制等，进一步发挥碳中和效果。

(四)项目风险管控方案

1. 风险识别与评价

识别项目市场需求、要素保障、产业链供应链、关键技术、工程建设、运营管理、投融资、财务效益、生态环境、社会影响、网络与数据安全、经济等方面的风险，分析各风险发生的可能性、损失程度，以及风险承担主体的韧性或脆弱性，判断各风险后果的严重程度，研究确定项目面临的主要风险。

2. 风险管控方案

结合项目特点和风险评价，有针对性地提出项目主要风险的防范和化解措施。重大项目应当对社会稳定风险进行调查分析，查找并列出风险点、风险发生的可能性及影响程度，提出防范和化解风险的方案措施，提出采取相关措施后的社会稳定风险等级建议。对可能引发“邻避”问题的，应提出综合管控方案，保证影响社会稳定的风险在采取措施后处于低风险且可控状态。

不同能源品类项目的风险类别、风险点、风险管控及管理体系各不相同，需结合实际能源品种及项目规模因地制宜地进行风险分析并提出风险管控方案。水电需重点考虑社会风险（如社会稳定、移民安置等）、政治或战争风险、环境风险、技术风险等。火电需重点考虑生态环境风险、经营类风险、运营风险等。风光新能源需重点考虑经营类、政策、自然灾害、生态环境风险等。电网需重点考虑人身安全（如触电、高空坠落）、运营生产风险等。

3. 风险应急方案

对于拟建项目可能发生的风险，研究制定重大风险应急预案，明确应急处置及应急演练要求等。

（五）结论及建议

从建设必要性、要素保障性、工程可行性、运营有效性、财务合理性、影响可持续性、风险可控性等维度分别简述项目可行性研究结论，重点归纳总结拟推荐方案的项目市场需求、建设内容和规模、运营方案、投融资和财务效益，并评价项目各方面的效果和风险，提出项目是否可行的研究结论。

针对项目需要重点关注和进一步研究解决的问题，提出相关建议。

（六）附图、附表和附件

附具可行性研究报告必要的附表、附图和附件等。

三、《可研大纲》在实际工程中的应用

2002年，原国家计委印发的《投资项目可行性研究指南(试用版)》在指导可研工作方面发挥了重要作用。但随着我国经济社会发展形势的变化，有关内容已经不能适应我国投资管理和实践的要求，如：《投资项目可行性研究指南(试用版)》(简称《可研指南(2002年)》)，不能满足高质量发展的要求，且投资对优化供给结构的关键作用体现不足；不能很好地适应政府和企业投资项目分类管理的要求，以工业项目为基础的可研报告体系难以满足多类型项目的需要；可研报告的系统性也有待增强，同时对项目全生命周期管理等理念也未充分体现。基于此，在多方商讨、征集各方意见后推出了《可研大纲》。但是在使用新版《可研大纲》时，要准确理解和把握好新版《可研大纲》三个层次的适用关系，即：《可研大纲》和《可研指南(2002年)》的继承适用关系、能源电力行业应用时要适时合理的调整、具体项目时要灵活适用。

(一)《可研指南(2002年)》的继承、创新和发展

《可研大纲》从推动实现高质量发展的角度，相较《可研指南(2002年)》特别强调了多个体现新发展理念要求的研究内容，为提升可行性研究能力、弥补专业知识短板、完善投资项目报告内容提出了新的要求。但是这种新的要求，是在《可研指南(2002年)》的基础上，进行了继承、创新和发展。新版《可研大纲》继承了旧版《可研大纲》的基本框架和内容，保留了旧版《可研大纲》中仍然适用的部分，如可行性研究的目的、内容、方法、步骤和要求等。

新版《可研大纲》在旧版《可研大纲》的基础上进行了发展创新，以适应新的形势和要求。新版《可研大纲》更加突出了可行性研究重点内容的前后逻辑和统筹协调，增加补充了数字化设计和应用、项目全周期方案、政府投资项目运营指定绩效管理方案，在项目节能效果分析基础上增加了碳达峰碳中和分析等内容。

新版《可研大纲》对旧版《可研大纲》中存在的一些问题和不足也进行了改进和完善。例如，在项目选址与要素保障章节中，增加了永久基本农田和用海用岛的土地要素保障分析，重大投资项目的资源环境要素保障分析，同时删除了保障性指标分析内容；在项目投融资与财务方案中，删除了更新改造和追加投资计划等事项；在项目影响效果分析中，增加了资源节约和资源化利用措施后的资源消耗量的计算，以及采用节能措施后的总量、原料量、可再生能源量等指标的计算；在项目风险管控方案中，则侧重风险识别与评价，删除了管控方案的内容。

综上所述，新版《可研大纲》和旧版《可研大纲》的关系是继承和创新发展的关系，新版《可研大纲》在继承旧版《可研大纲》的基础上进行了修订和完善，以适应新的形势和要求，从而提高了可行性研究的质量和水平。

（二）能源电力领域适用性调整，做到因地制宜

此次颁布的《可研大纲》创新点及亮点在于立足现今发展的新阶段和新的发展理念，在2002年《可研指南》基础上，以着力推动投资、高质量发展为主线，围绕项目建设必要性、方案可行性及风险可控性等三大目标，更加注重从项目全生命周期出发统筹拟定项目投融资和建设实施方案、可行性研究重点内容的前后逻辑和统筹协调等内容，同时将扩大内需、碳达峰碳中和、自主创新，以及投资建设数字化等新要求有机地融入到可行性研究规范制度中。整体而言，新版《可研大纲》是各类项目可行性研究报告内容的一般要求和基础指引，不同类型的行业和项目不能照本宣科地直接沿用新版《可研大纲》的要求和内容，还需要根据行业类型的需求和差异，在其基础上进行扩展、补充和合理调整。具体就能源电力行业而言，也是如此。

现今，能源电力行业中许多已实施应用的可行性研究报告编制方面的规程、规范，均是在《可研指南（2002年）》基础上进行的适用性调整后制定的，如《火力发电厂可行性研究报告内容深度规定》（DL/T5375—2018）、《陆上风电场工程可行性研究报告编制规程》（NB/T31105—

2016)、《光伏发电工程可行性研究报告编制规程》(NB/T32043—2018)、《水利水电工程可行性研究报告编制规程》(SL/T618—2021)等,但是对比《企业投资项目可行性研究报告编写参考大纲(2023年版)》,这些规程规范已不能很好地体现新发展阶段和新发展理念的需求,需要进行相应的补充调整。当然能源类型不同,需要补充、调整的内容也会有一些差异。

首先,需要补充和调整的方面为要素保障分析。要素保障是能源项目方案可行性的基础条件,虽然在火电、风电、光伏、水电等各能源电力类别中可研报告大纲中有一些相关论述,但是相关内容和维度相对薄弱。如《火力发电厂可行性研究报告内容深度规定》(DL/T5375—2018)中对燃料、场址条件进行了分类论述,《陆上风电场工程可行性研究报告编制规程》(NB/T31105—2016)和《光伏发电工程可行性研究报告编制规程》(NB/T32043—2018)中分别重点论述了风能资源、太阳能资源的情况,《水利水电工程可行性研究报告编制规程》(SL/T618—2021)中也从水文条件方面进行了阐述。但是整体而言,各类能源的可研编制规范对要素保障方面缺少系统性、完整性的要求和论述,也没有将相应的内容提升到要素保障的维度和高度。因此,各类型能源电力的可研编制规程规范还需要基于新版《可研大纲》的要求,逐步将要素保障作为一个特定维度进行专业研究和描述,并基于能源电力类型的差异性进行有针对性的补充和调整,从而确保在今后项目的开发过程中,进一步体现市场机制在推进要素资源配置的基础性作用。

第二,项目运营方案在以往的各类能源领域的可研编制规程规范中基本都没有提及。但是新版《可研大纲》要求,可行性研究阶段要改变过去“重建设、轻运营”的做法,需要从投资—建设—运营一体化的视角进行全方位、全过程的论述,即从前期阶段就要对项目进行全生命周期整体统筹考虑,既要重视工程建设方案的可行性研究,也要重视运营方案的研究制定。新版《可研大纲》中将“项目运营方案”模块作为可研内容独立的章节进行单列,既能大幅度提升项目投资者对项目运营的关注度，又能强调项目全生命周期的方案优化和系统性论证，从而进一步提升了项目全生命周期的盈利能力。基于此，火电、风电、光伏、水电等各类能源电力在今后的可行性研究阶段，就需要根据各自的特点增加项目运营方案方面的内容，从而为项目的全周期管理运营提供基本的依据和方向。

第三是数字化方案方面。能源电力行业与数字技术融合发展是新时代推动我国能源产业基础高级化、产业链现代化的重要引擎，是建设新型能源体系的有效措施，对提升能源产业核心竞争力、推动能源高质量发展具有重要意义。由此可以看出，数字化方案在项目可行性研究中的重要作用。但是现今，数字化方案在火电、风电、光伏、水电等各类能源电力领域的可研编制规程规范中并没有明确的要求和体现，因此这也是各类能源电力在今后可研阶段需要重点关注和补充的内容。

第四是项目融资方案方面。以往的能源电力领域，在可研编制过程中，更多的是重视投资估算和财务评价方面相关的内容，但在融资方案、债务清偿能力等方面关注的较少(《火力发电厂可行性研究报告内容深度规定》(DL/T5375－2018)中提到了融资方案)。基于此，在火电、风电、光伏、水电等各类能源的可研阶段需要进一步深入研究融资方案，分析项目资本金和债务资金来源及结构、融资成本以及资金到位情况，评价项目的可融资性，尤其是绿色金融、绿色债券、REITs等创新型金融方式支持项目建设的可能性；再者是深入研究债务清偿能力，按照负债融资的期限、金额、还本付息方式等条件，分析债务清偿能力评价指标，判断项目偿还债务本金及支付利息的能力。

最后，在项目招标方案、项目风险管控方案等方面，不同类型的能源电力可研阶段也缺少相应的研究，需要根据各自的特点开展相应的分析论述，从而制定有针对性的方案。

综上所述，针对不同类型能源电力的《可研大纲》，需要进行相应的调整，做到因地制宜，从而保证能源电力领域高质量的投资，进而引领能源电力的高质量发展。

火力发电厂可行性研究报告大纲

火力发电厂可行性研究报告内容深度规定（DL/T5375-2018）

1 总论
2 电力系统
3 热(冷）负荷分析
4 燃料来源
5 厂址条件
6 工程设想方案
7 环境保护与水土保持
8 综合利用
9 劳动安全与职业卫生
10 资源利用
11 节能分析
12 抗灾能力评价
13 人力资源配置
14 项目实施的条件和建设进度及工期
15 投资估算、融资方案及财务分析
16 经济与社会影响分析
17 风险分析
18 结论与建议

图 1 《火力发电厂可行性研究报告内容深度规定》(DL/T5375－2018)中报告大纲框架

陆上风电场可行性研究报告大纲

陆上风电场工程可行性研究报告编制规程（NB/T31105-2016）

1 综合说明
2 风能资源
3 工程地质与水文
4 工程任务和规模
5 风电机组选型、布置及发电量估算
6 电气
7 消防
8 土建工程
9 施工图组织设计
10 环境保护与水土保持
11 劳动安全与职业卫生
12 设计概算
13 财务评价及社会效果分析
14 节能降耗
15 工程招标

图 2 《陆上风电场工程可行性研究报告编制规程》(NB/T31105－2016)中报告大纲框架

光伏发电工程可行性研究报告大纲

光伏发电工程可行性研究报告编制规程（NB/T32043-2018）

1 综合说明
2 太阳能资源
3 工程建设条件
4 工程任务和规模
5 光伏发电系统
6 电气
7 总平面布置
8 土建工程
9 消防
10 施工图组织设计
11 环境保护与水土保持
12 劳动安全与职业卫生
13 节能降耗
14 设计概算
15 财务评价及社会效果分析
16 工程招标

图3 《光伏发电工程可行性研究报告编制规程》(NB/T32043－2018)中报告大纲框架

水利水电工程可行性研究报告大纲

水利水电工程可行性研究报告编制规程（SL/T618-2021）

1 综合说明
2 水文
3 工程地质
4 工程任务和规模
5 节水评价
6 工程布置及建筑物
7 机电及金属结构
8 施工组织设计
9 建设征地与移民安置
10 环境影响评价
11 水土保持
12 劳动安全与职业卫生
13 节能评价
14 工程管理
15 工程信息化
16 投资估算
17 经济评价

图4 《水利水电工程可行性研究报告编制规程》(SL/T618－2021)中报告大纲框架

(三)具体项目具体分析,做到灵活应用

针对不同类型的能源电力领域,可行性研究阶段需要依据新版《可研大纲》的要求进行调整细化,但是对于某个特定的项目而言,就需要具体情况具体分析,做到灵活应用。如建设内容单一、投资规模较小、技术方案简单的项目,可基于《可研大纲》进行适当的简化;而对于重大项目或复杂的项目,则可在正文前形成必要的摘要。

综上而言,新版《可研大纲》是基于《可研指南(2002 年)》的继承、创新和发展,在不同类型的能源电力领域、不同的项目中需要进行有针对性的细化调整和灵活应用。《可研大纲》的颁布实施,是投资管理工作和工程咨询行业发展的一件大事,将引领工程咨询和投资管理理念、模式的转变和创新。能源电力领域要以《可研大纲》颁布为契机,推动投资企业更加重视项目的可行性研究,以高质量的项目前期工作提升投资决策的科学化、规范化和法治化水平,从而为扩大有效投资,增强投资对优化能源电力供给结构的关键作用作出积极贡献。

结合可研大纲宣贯　聚焦共性问题
高质量开展投资项目可研报告编制工作

国家投资项目评审中心　杨春松

党中央、国务院高度重视投资项目前期工作。习近平总书记在2022年中央经济工作会议的重要讲话中指出，要加强项目储备和前期工作，强化要素保障。党的二十大报告强调，要增强投资对优化供给结构的关键作用。习近平总书记在《论把握新发展阶段、贯彻新发展理念、构建新发展格局》中提出，推动高质量发展是我们当前和今后一个时期确定发展思路、制定经济政策、实施宏观调控的根本要求，必须加快形成推动高质量发展的指标体系、政策体系、标准体系、统计体系、绩效评价、政绩考核，创建和完善制度环境，推动我国经济在实现高质量发展上不断取得新进展。由此可见，高质量发展对投资项目可行性研究工作的体系化、规范化、指标化提出了更高的要求。制定投资项目可行性研究报告编写大纲是贯彻推动高质量发展的具体举措，提升投资项目可行性研究报告编制质量和水平是可研编写大纲出台的最终目标。本文主要内容是坚持以大纲内容为抓手，以存在问题为导向，在投资项目《可研大纲》编制内容讲解的基础上，结合以往投资项目可研报告编制工作中存在的较为突出的共性问题进行重点辅导，以实现《可研大纲》在促进投资项目可行性研究报告编制质量提升方面的实效性，推进可研报告编制水平再上新台阶。

投资项目可行性研究报告是供决策方进行最终决策的基础性技术依据文件，高质量、高水平的可研报告将在项目整个生命周期内发挥重要作用,因此,可行性研究报告编制工作是投资项目前期工作中极为重要的工作内容。撰写本文的初衷是为了进一步加深对《可研大纲》编制内容要求的理解,加强对以往所存在问题的重视程度,切实推动可研报告编制质量的提高。考虑到《企业投资项目可行性研究报告编写参考大纲(2023 年版)》(以下简称《参考大纲》)与《政府投资项目可行性研究报告编写通用大纲(2023 年版)》(以下简称《通用大纲》)在章节设置和内容要求方面的调整变化,文章内容原则上按照《通用大纲》章节设置顺序进行撰写,适当兼顾《参考大纲》的重大调整变化。

一、概述

概述部分主要包括项目概况、项目单位概况、编制依据、主要结论和建议等四部分内容,主要是说明拟建项目和项目单位的基本信息情况,可研编制工作的前期文件依据(项目建议书或项目建设规划及其批复文件等)、国家、地方、行业等相关支持性规划,所涉国家政策或行业准入条件、执行的主要标准规范、开展完成的专题研究报告及其他依据,拟建项目可行性研究的主要结论和存在的重大问题及建议,目的是为了快速掌握拟建项目相关重要信息,准确了解项目可行性研究结论及存在问题建议情况,以便决策方能够全面了解项目可行性研究工作的主要情况。

概述部分需要特别关注的问题主要集中在两个方面:一是重要信息交代不够全面,部分重要信息缺失;二是编制依据文件不够精准,部分编制依据缺失或过时。对于重要信息缺失问题,在可研报告编制过程中需重点关注《可研大纲》及其他相关文件的具体要求,尤其是申请某些方向或专项的资金或政策支持项目,所涉及的相关重要政策文件会根据本项任务中项目管理、目标要求等方面的客观需要提出不同于以往信息要求的新规定,可研报告编制人员不能只凭以往工作经验,而应更加关注政策文件的新要求,并认真学习理解这些针对性相关文件的具体内容要求，最终确保所承担完成的可研报告中不会发生项目相关重要信息缺失的情况。对于编制依据过时问题，更加要引起重视，尽可能避免此种情况的发生。因为当前我国各方面发展速度较快，政策文件和规范标准也在根据外部环境需要，进行及时的更新调整，若依据过时文件开展可研编制工作，严重的可能会对可研结论造成颠覆性的影响，因此在使用过程中，一定要重点复核所依据标准、规范、规划、政策等文件的有效性。这些方面的问题往往容易被忽视，若问题严重，就会对项目可行性研究工作产生较为不利的影响。

二、项目建设背景和必要性

项目建设背景和必要性主要包括项目建设背景、规划政策符合性、项目建设必要性等三部分内容，本章内容主要是解决投资项目"要不要干""能不能干"的问题。项目背景情况主要是说明项目背景、所涉问题情况、前期工作开展情况以及相关手续文件办理情况。规划政策符合性主要是说明拟建项目与相关重大规划的衔接性，与重大政策目标要求的符合性。项目建设必要性就是在项目前期已开展工作的基础上，进一步从宏观、中观、微观不同层面开展项目建设必要性的分析论证，并从重大战略、规划、产业政策、经济社会发展，以及项目单位职责等方面综合分析论证项目建设的必要性和建设时机的适宜性。

项目建设背景方面可行性研究工作过程中应注意以下有关问题：一是投资项目与拟解决问题之间的关系不明确。有的投资项目可研报告中根本就没有提及拟建项目所要解决的问题，有的投资项目可研报告中虽提及了问题，但没有清楚地说明两者之间的关系情况。由于这个问题特别重要，对投资项目建设的必要性影响较大，这里特别补充说明投资项目与拟解决问题之间的需求联系关系。现实问题的解决并不一定需要通过采取投资项目建设的方式，它们之间不存在必然的需求联系关系；但投资项目的建设目的必然是为了解决相应的某一现实问题，因此投资项目与拟解决问题之间一定存在着必然的联系关系，见图1。为了能更好地理解这个问题，在这里列举实例。例如：某城市某条道路拥堵问题非常严重，若通过周边其他相关路线综合协调管理、本道路错峰控制车辆行驶或者双向改单向等管理措施手段能够解决这一问题时，就不需要通过道路扩建等投资项目建设方式来解决该问题。由此可见，拟解决问题是影响投资项目建设必要性的重要内容，可研报告中务必要清楚说明投资项目与拟解决问题之间的关系情况。二是有些项目可研报告中的项目名称、建设规模、主要建设内容、用地规模等重要内容与相关手续文件中数据、内容存在较大差异，但可研报告中却未进行解释说明；另外所提供的手续文件为失效文件或无效文件，具体是指手续文件已超过有效期或超权限范围出具的手续文件。因此，在可研报告编制工作过程中还需进一步复核用地、规划等手续文件的一致性和有效性。

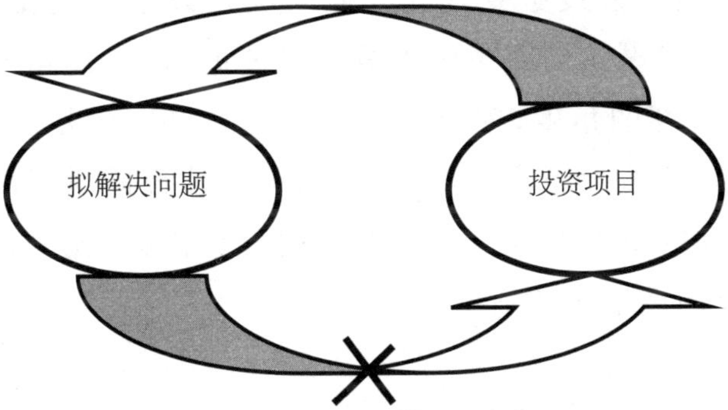

图 1　投资项目与拟解决问题关系图

规划政策符合性方面的共性问题主要表现为以下两种情况：一是，可研报告相关内容没有结合投资项目相关情况与规划政策内容开展相关衔接符合分析，投资项目与规划政策要求脱节，只是孤立地罗列相关重大政策、重大规划的有关具体内容，可研报告编制过程中还需进一步加强投资项目具体情况与规划政策要求的衔接分析工作。二是，规划中已列明的项目相关内容在可研报告中又发生了重大变化，但可研报告却未充分说明变化原因。对于已列入规划的投资项目，尤其是重大投资项目，往往已被列入相关重大规划或重大专项规划，且有的规划中已明确投资项目的项目名称、建设内容、工程规模、建设投资等具体内容。对于已列入重大规划或重大专项规划的投资项目，若出现规划中已明确的项目重要内容发生重大变化情况时，可研报告中还应对其变化原因给予充分说明。在可研报告编制过程中，切实落实好“项目跟着规划走”的原则要求。

项目建设必要性方面较为突出的普遍性问题集中表现为，部分项目不同程度存在建设必要性论证不充分的问题。项目建设必要性是《可研大纲》强调的三大目标之一，也是投资项目可研报告的重要工作内容。项目建设必要性分析论证需要满足全面性、系统性要求，不能够仅从解决当前现实问题的局部角度出发进行分析，还需在规划政策符合性等分析论证的基础上，进一步从其他方面开展多维度、多层级的论证分析。投资项目建设必要性还要同时满足以下有关要求，从站位立场的角度，项目建设从局部角度来看是必要的，从全局角度来看也是合适的；从时间跨度的角度，项目建设必要性要既能满足当前需要，又有利于长远发展；从技术经济的角度出发，项目建设同时还能够满足技术可行、经济合理的基本要求。通过全面的分析论证，充分说明投资项目建设是拟解决问题的最优方案。

三、项目需求分析与产出方案

项目需求分析与产出方案主要包括需求分析、建设内容和规模、项目产出方案等三部分内容，主要是在项目建设必要性分析的基础上，分析需求现状和未来预期等情况，研究提出拟建项目近远期目标、产品或服务的需求总量及结构。从微观层面来讲就是解决项目“干什么”的问题，也就是通常所讲的合理确定投资项目产品或服务的产出方案、建设规模以及相应的主要建设内容。根据企业投资项目的特点及性质，《参考大纲》将《通用大纲》的第二章(项目建设背景和必要性)和第三章(项目需求分析与产出方案)的内容调整合并为一章(项目建设背景、需求分析及产出方案),并在本章中相应增加“企业发展战略需求分析”“项目商业模式”内容要求。对于企业投资项目而言,要更加突出企业发展战略需求分析和市场前景的研判,同时企业投资项目还要研究“项目商业模式”,分析拟建项目收入来源和结构,判断项目是否具有充分的商业可行性和金融机构等相关方的可接受性,并研究项目综合开发等模式创新路径及可行性。以上相关工作就是通过需求可靠性维度的分析,全面系统论证投资项目建设必要性。

项目需求分析与产出方案需重点关注的问题可归纳为以下两方面:第一,项目需求分析不够客观科学,具体表现为有些投资项目可行性研究报告中,产品市场或服务能力的需求分析成果与现实需要和未来发展趋势差距较大,导致项目产品或服务产出方案、建设规模不能适应现实环境的客观需求。因为需求分析是决定项目产出方案的重要基础性工作,能否科学客观分析论证市场需求潜力或服务能力需求将直接影响投资项目建设及后期运营。项目需求分析不够客观科学还体现在项目产出方案的近、远期分期工程建设规模确定不合理。第二,影响投资项目产出方案的重要保障条件不能得到落实,也将很大程度上影响项目建成后投资效益的发挥。例如某废旧资源利用建设项目,可研报告中提出按照划定目标区域内相应废旧资源产生量的90%来确定项目建设规模,没有考虑资源供给区其他同行企业的消耗量和相应品种废旧资源的收集率等方面的影响,这样势必会造成项目建成后即面临生产原料不能得到充分保障的问题。以上问题在实践中,通常表现为投资项目建成后,要么长时间不能够按照预期时间达产,出现“大马拉小车”“晒太阳”等非正常情况;要么项目建成投产运行时间不长,即面临产出方案不能够满足现实需要,短时间内亟须扩建或改建。需求分析是确定投资项目产出方案的重要基础,产出方案是实现投资项目建设目标的基本要求,只有客观科学开展需求分析,审慎合理确定产出方案，才能给项目后续可行性研究工作奠定扎实的工作基础。

四、项目选址与要素保障

项目选址与要素保障主要包括项目选址或选线、项目建设条件以及要素保障分析。这部分内容主要是项目选址及条件、要素保障分析，通过系统性地开展要素保障性分析，彻底解决“在哪里干”的问题，也就是通过要素保障性维度的分析，论证投资项目方案可行性。此部分中涉及的项目建设条件、保证要素等都属于项目的外部因素。具体而言，“项目选址或选线”应坚持国土空间“唯一性”要求，从规划条件、技术条件、经济条件和资源节约集约利用等方面，以国土空间规划和用途管制规则为基本依据，对拟定的备选场址方案或线路方案进行综合比选，并择优确定推荐方案。“项目建设条件”主要分析拟建项目所在地的自然环境、交通运输、公用工程等支撑项目建设及后期运营的外部依托条件情况。“要素保障分析”主要是分析土地要素保障，水资源、能源、环境、生态等资源环境要素相关的承载能力及其保障条件等。根据“要素跟着项目走”的原则要求，全面系统开展相关工作，重大建设项目应根据法规政策要求，提出特殊要素应予以保障的相关措施。对于企业投资项目，应鼓励市场化配置资源，重点分析项目亟须的用地、用能、碳排放等关键要素的可获得性。

项目选址与要素保障部分可行性研究工作过程中存在的重要问题主要表现为：一是，场址或线路方案比选工作不到位，部分项目可研报告是以完成比选任务为目的而开展的相关比选工作，方案比选工作不够客观全面，还有的项目根本就没有开展比选工作。场址或线路方案比选工作是投资项目方案可行性分析论证的重要工作环节，因为场址或线路方案比选工作的最终结论，除了直接决定项目的建设位置外，还会在很大程度上影响项目建设的总成本。基于以上情况，在投资项目可行性研究工作过程中，要加强对场址或线路比选工作的重视程度，确保在备选方案均可行的前提条件下，科学客观地开展场址或线路的多方案比选工作。二是，建设条件说明不全面、不深入，甚至地勘、地形等重要资料缺失。造成此种情况，原因相对较为复杂，主要是项目现场踏勘、资料收集、地勘等基础工作未及时跟进，相关工作存在不足。建设条件若不落实，将会对项目后期建设产生较大的影响，有的项目在建设过程中甚至会因此造成建设投资大幅变化。项目单位和咨询机构相关人员要相互配合，共同努力做好投资项目建设条件落实方面的有关工作。三是，土地节约集约工作力度不够，项目重要要素不落实。土地节约集约利用是国家政策要求，需要在投资项目建设过程中得到很好的贯彻落实，咨询机构的相关从业人员还需进一步提高土地节约集约意识，尤其要重视永久用地的节约集约利用问题。项目重要要素不能够得到保障，会直接影响项目的决策。例如某地拟建设的供水工程，可研报告完成后，项目用水指标还未得到落实，此问题会给工程后期建设实施造成很大的不确定性。项目选址与要素保障分析主要是关于项目外部因素的基础性工作，也是项目建设重要前提条件的落实。俗话讲“基础不牢，地动山摇”。因此，为了确保投资项目后期能够顺利建设实施，务必要提高对此部分内容分析论证工作的重视程度，通过可行性研究工作落实好项目相关的外部因素条件。

五、项目建设方案

项目建设方案主要包括技术方案、设备方案、工程方案、用地用海征收补偿（安置）方案、数字化方案以及建设管理方案等方面内容。《参考大纲》针对资源开发类项目的特殊需要，相应增加“资源开发方案”内容。本章是投资项目可研报告的重要内容之一，所涉及的具体内容均属于项目内部因素，主要是从工程技术方案和工程实体建设的角度全面系统分析研究工程可行性，其根本目的是解决投资项目“怎么干”的问题，也就是通过工程可行性维度的分析，论证项目方案可行性。《可研大纲》从技术方案、设备方案、工程方案等方面层层递进，注重加强绿色低碳、节约集约、智慧创新、安全韧性等方面的比选工作，论证项目建设所采用的技术、设备是否先进、适用、可靠等，工程建设是否合理、安全、经济等，并对项目建设中可能涉及到的用地用海征收补偿方案予以明确。同时，为有序推进项目实施，建设方案要对项目组织实施、工期安排、招标方案等进行分析，明确“建设管理方案”，并根据项目实际情况研究提出“数字化方案”。

关于“数字化方案”，是《可研大纲》重点增加的内容，目的是适应数字经济发展，促进投资项目建设加快数字化深度应用。通过一系列调研发现，我国投资项目建设数字化转型正在加快推进，以建筑信息模型(BIM)为代表的数字化技术在房屋建筑、市政交通、能源环保等领域，以及“一带一路”重大工程项目中得到广泛应用。推进投资建设数字化转型是落实“十四五”数字经济发展规划，完善数字基础设施和数字经济治理体系的内在要求，也是协同推进数字产业化和产业数字化的重要举措，可以说是大势所趋。从投资项目的角度出发，数字化的价值主要体现在以下几个方面：一是从项目层面看，数字化有利于推动各参与方实现降本增效。二是从行业层面看，数字化有利于加快投资建设相关行业转型升级。三是从政府层面看，数字化有利于进一步提升政府治理效能。

项目建设方案可行性研究分析论证工作中存在的比较突出问题就是技术方案、设备方案、工程方案的比选工作整体有待进一步加强，还需特别强调的是，所参与比选的备选方案必须是可行的，不能存在重大的不确定因素或颠覆性问题；同时，比选过程中要做到客观公正，不能带有倾向性，将比选工作当成推荐倾向性目标方案的“嫁衣”。除此之外，还有以下几方面问题需予以重视。第一，就是技术方案方面，关于新技术新工艺获得可靠性及可行性分析说明不充分的问题。目前我国创新应用正处于高速发展阶段，在项目建设实践中采用新技术、新工艺的情况也愈加普遍。考虑到工程项目建设“不可逆性”特点，项目一旦建成，若再对技术路线或工艺方案进行重大调整，改造难度较大，同时成本较高。因此，如果投资项目涉及到采用新工艺或新技术时，则需对新工艺或新技术获得渠道的可靠性及其成熟程度进行充分的分析研究，确保项目后期能够顺利建成投运。第二，就是设备方案方面，有些项目可研报告中未提供关键重要设备的替代方案以及重大非标设备的相关说明。对于关键重要设备可获得性直接影响项目建设投运的情况，需全面分析研究并提出可行的替代方案。同时对于重大非标设备，也要注意消除以往有的项目可研报告出现的"盲盒"现象，不能仅说明其为非标设备，再无其他分析说明，而是需要说明其设备原理及构成情况，确保非标设备使用的可行性。第三，工程方案比选不到位的情况相对较为普遍，问题较为严重时，所推荐工程方案存在较大的优化调整空间或推荐方案根本就不属于最优方案，后续需要进行重大修改调整。工程方案比选要全面、多角度比选，同时在比选过程中不断优化调整完善推荐方案，以确保推荐方案为综合考虑项目现场条件等情况下的最优方案。对于涉及分期建设的项目，还需重点关注各分期工程方案的合理性问题，避免出现近期工程方案建成投运制约远期方案建设实施的情况；同时，分期建设项目还应结合统筹兼顾、安全运行、经济合理等方面要求，在拟定工程方案时，进一步加强对具体建设内容近远期合并建设、分期独立建设等方案的研究。例如市政工程的污水处理厂项目，通常会结合具体情况，针对处理流程中某些特殊单元的建构筑物，考虑采用土建工程一次建成、设备分期安装的建设方式，以提高项目整体经济性。项目近、远期问题若处理不当，将会在很大程度上影响项目整体投资效益的发挥。因此，需要结合投资项目行业特点和工程实际情况，综合考虑，客观分析，合理确定项目近、远期的建设方案。第四，在用地征收补偿（安置）方面，除了部分行业有专门规定外（例如水利、水电等行业），有些行业的投资项目在用地征收补偿（安置）方面普遍存在补偿方式和标准等重要内容缺失，或者仅计列了相应费用，导致该部分内容工作深度严重不足；另外，涉及用海用岛的项目还会存在利益相关者界定不全面、相关协调处理意见不够明确等问题。涉及用海用岛的投资项目在开展可行性研究工作时，需结合项目建设过程以及后期运营中对外部的影响情况，全面分析界定利益相关者，并且确保与各利益相关者的协调处理意见明确，最终才能保证利益相关者协调工作到位。《可研大纲》已对用地用海征收补偿（安置）方案的工作内容作出了相关要求，咨询机构相关从业人员需结合项目实际情况以及《可研大纲》相关要求进一步加强此方面的工作。项目建设方案是确保项目落地实施的重要工作内容，加强此方面工作具有较强的现实需求。

六、项目运营方案

项目运营方案主要包括运营模式选择、运营组织方案、安全保障方案等三部分内容；《参考大纲》结合企业投资项目生产性和服务性的具体特点，将运营模式选择相应调整为生产经营方案，并做出了较为明确的参考指导要求。本章内容主要是解决投资项目建成投运后“怎么管”的问题，也就是通过运营有效性维度的分析，论证方案可行性。项目建设方案明确后，就需要考虑项目建成后如何运营的问题。这一章主要就是通过分析研究运营管理确保项目运营有效性。具体要求，“运营模式选择”需确定自主运营管理还是委托第三方运营管理，并说明相关理由，对于委托第三方运营管理的，还需提出对第三方的运营管理能力要求。“运营组织方案”，需制定项目全生命周期关键绩效指标和绩效管理机制，提出项目主要投入产出效率、直接效果、外部影响和可持续性等绩效管理要求，即“绩效管理方案”。“安全保障方案”应明确安全生产责任和应急管理要求，强化运营单位主体责任，落实政府监管要求。

项目运营方案可行性研究工作中存在的突出问题，就是“重建设、轻运营”的情况较为普遍，具体表现为部分项目可研报告中此部分内容模板化特征较为明显，相关内容与项目具体情况结合不够，对投资项目后期实际运营指导意义不大。随着对项目全生命周期的方案优化和系统性论证工作重视程度的不断提高，可研报告编制过程中需更加重视和加强项目后期运营方面的相关分析论证工作，这样既能够最大限度降低后期运营过程中问题的发生，促进项目运营管理水平的提高，又可以结合运营方案研究过程中发现的具体问题，进一步反向推动项目前期策划工作的优化完善。

七、项目投融资及财务方案

项目投融资及财务方案主要包括投资估算、盈利能力分析、融资方案、债务清偿能力分析、财务可持续性分析等五部分内容。项目建设必然需要资金支持，本章主要是估算项目投资规模和研究融资方案，解决投资项目“花多少钱？钱从哪里来?”的问题，分析论证投资项目的财务合理性，通过财务合理性维度的分析，论证方案可行性。

具体要求，“投资估算”是对项目建设和运营所需的全部资金进行估算，包括建设投资、建设期融资费用和流动资金等，并明确资金年度使用计划。测算项目投资估算规模是本章相关内容的重要工作基础，因此，必须注意项目投资估算成果的精准性，投资估算准确度要求控制在±10%以内。“盈利能力分析”对于政府投资项目和企业投资项目的财务方案都是很重要的，重点是现金流分析，通过相关财务报表计算财务内部收益率、财务净现值等指标，判断投资项目盈利能力。“融资方案”是在对项目自身盈利能力进行分析的基础上，研究提出项目的融资方案。“债务清偿能力分析”需分析论证项目计算期内是否有足够的现金流量，按照债务偿还期限、还本付息方式偿还项目的债务资金。政府投资或付费类项目还要分析评价当地财政可负担性和是否可能引发隐性债务风险等情况。“财务可持续性分析”应综合研究分析现金流入和流出，判断项目是否有足够的净现金流量维持项目的正常运营，对于现金流不能维持正常运营的项目，还需研究提出可行的现金流接续方案。

项目投融资及财务方案可行性研究工作中还需重点关注以下两方面问题:一是,投资估算编制内容不全,深度不够,无法判断项目估算投资的合理性;或者投资估算明显存在高估冒算,投资估算成果严重偏离项目投资客观实际需求。项目投资估算成果是可研报告的重要成果之一,也是本章后续相关研究内容的工作基础,其成果是否真实可靠对投资项目的建设及运营会产生较大的影响。在可行性研究过程中,投资估算编制要规范,主要内容的工程量和单价一定要清晰合理。二是,拟定融资方案不可行,后期资金难以全部及时落实到位。造成这种情况的原因相对较为复杂,投资项目相关方需高度重视,共同努力解决。尤其是相关咨询专业人员要进一步加强对项目所涉及资金的相关政策文件学习,尽可能避免由于对政策文件了解不全面,对有关核心内容要求不清楚,理解不透彻,导致所拟定融资方案不可行,相应出资方的实际出资规模后期需要发生较大变化,致使项目建设资金不能得到及时保障。以上情况的发生,会导致地方或企业资金无法足额及时到位,最终造成“报大建小”“半拉子工程”“最后一公里”等工程建设非正常情况的发生,同时还会加重地方政府和相关企业的资金压力。

八、项目影响效果分析

项目影响效果分析主要包括经济影响分析、社会影响分析、生态环境影响分析、资源和能源利用效果分析、碳达峰碳中和分析等五方面内容。在前述章分析论证后,项目决策阶段所涉及项目建设的有关内容基本明确,作为投资决策者,还会关注项目建设和运营对经济社会的外部影响问题,明确项目影响的可持续性。本章主要是通过影响可持续维度的分析,论证方案可行性。

具体而言,投资项目可行性研究应重视经济社会、资源环境等外部影响效果的评价,并注意与节能评价、环境影响评价等专项评价的结果相衔接。“经济影响分析”是从经济资源优化配置的角度,评价项目投资的真实经济价值，判断项目投资的经济合理性。“社会影响分析”主要从项目可能产生的社会影响、社会效益和社会接受性等方面，评价项目在促进个人发展、社区发展和社会发展等方面的社会责任，并提出减缓负面社会影响的措施和方案。“生态环境影响分析”是从推动绿色发展、促进人与自然和谐共生的角度，分析拟建项目所在地的生态环境现状，评价项目在污染物排放、生态保护、生物多样性和环境敏感区等方面的影响。“资源和能源利用效果分析”是从实施全面节约战略、发展循环经济等角度，分析论证除了项目用地（用海）之外的各类资源节约集约利用的合理性和有效性。

关于“碳达峰碳中和分析”，是此版《可研大纲》重点增加的内容，主要是围绕落实“3060”的双碳目标，在可研内容中予以体现，后续将根据有关政策要求推动落实。总体考虑是保持《可研大纲》的前瞻性，鼓励和引导投资项目推进节能减碳，即通过估算项目建设和运营期间的年度碳排放总量和强度，评价项目碳排放水平，以及与所在地区“双碳”目标的符合性，提出生态环境保护、碳排放控制措施。

项目影响效果分析方面可行性研究工作中的问题主要为项目影响效果分析不全面，另外，影响效果分析未与项目实际情况紧密结合，定性笼统性分析多，定量针对性分析少。《可研大纲》中已对此部分内容做出了相关要求，咨询机构相关从业人员进一步加强对此部分工作的重视程度，结合项目特点及有关情况，针对性开展投资项目影响效果分析。

九、项目风险管控方案

项目风险管控方案主要涉及风险识别与评价、风险管控方案、风险应急预案等方面内容。本章通过从风险来源、应对措施等方面系统分析研究项目风险管控方案，旨在论证项目风险可控性。

任何投资项目的建设和运营都存在风险，因此识别项目风险、判别风险严重程度、管控风险以及风险应急，是项目可行性研究工作的一项重要任务内容。风险可控性分析要坚持底线思维，通过采用合理的评价方法和技术，识别项目的主要风险因素，在风险分析和评价的基础上，研究确定项目面临的主要风险，有针对性地提出项目主要风险的防范和化解措施，研究制定重大风险应急预案。

具体而言，“风险识别与评价”主要是识别项目存在的各种潜在风险因素，并分析评价风险发生的可能性及其危害程度，提出规避重大风险和较大风险的对策措施及应急预案，即“风险管控方案”和“风险应急预案”，建立健全投资项目风险管控机制。对于重大项目而言，应当对社会稳定风险进行调查分析，征询有关群众意见，查找并列出风险点、风险发生的可能性及影响程度，提出防范和化解风险的方案措施。对于可能引发“邻避”问题的投资建设项目，还应提出综合管控方案。通过深入分析评价，论证相关风险管控方案能否将投资项目各种风险均降低到可接受的状态。

项目风险管控方案可行性研究工作中需重点关注风险识别与评价方面存在的不足，以及是否客观反映项目全生命周期的风险情况。之所以强调风险识别与评价方面问题，是因为风险识别与评价是风险管控工作的基础，只有准确分析界定项目相关的主要风险，才能有针对性地开展后续管控和应急对策研究，因此对此项工作要高度重视。实践过程中，相关从业人员要结合项目情况，从项目全生命周期全面分析评价项目可能存在主要风险因素，为制定风险管控方案和风险应急预案奠定扎实的工作基础，切实提高项目抗风险能力。

十、研究结论及建议

《可研大纲》中此部分共包括主要研究结论和问题与建议两方面内容。主要是通过前述 7 个维度全面而系统的分析，提出项目是否可行的研究结论，并针对项目需要重点关注和进一步研究解决的问题，提出相关建议。

研究结论及建议中比较突出的普遍性问题集中表现为投资项目存在的重大问题未得到充分客观反映，因此，在可研报告编制过程中，针对遇到的与项目相关问题还需进一步深入研究，认真总结，全面客观地提出项目应注意的重大问题及可行的建议对策，以便决策方能够全面客观了解项目的问题情况。

十一、附表、附图、附件

根据项目实际情况，以及相关规范、规定、政策文件等要求，研究确定并附具可行性研究报告必要的附表、附图和附件等。

此方面目前比较突出的普遍性问题为：一是附图不全，重要图纸缺失。咨询机构从业人员应重视加强附图工作，确保项目总平面布置图及其他根据项目行业特点所需附具的图纸齐全，以便能够使决策方直观、清晰掌握项目建设基本情况及项目拟采取的主要方案等方面的相关情况。二是附件不全，或附件存在内容不一致等方面问题。可行性研究工作过程，应根据相关文件规定要求和行业特点，附具所需的配套附件材料，附件材料要求内容真实严谨，另外还需重点复核附件的齐全性、一致性、有效性。

十二、结语

可行性研究是投资项目前期工作的重要内容，为了提高投资项目前期工作质量，咨询机构相关从业人员需要全面认真学习《国家发展改革委关于印发投资项目可行性研究报告编写大纲及说明的通知》（发改办投资规〔2023〕304 号）及相关文件，以投资项目可研报告编写大纲实施为契机，关注解决以往可行性研究工作过程中存在的问题及不足，系统性提升投资项目可行性研究报告的质量和水平，为经济高质量发展提供有力支撑。

关于企业投资项目可行性研究报告编制工作的若干思考

浙江省发展规划研究院　徐伟金

2023年3月,国家发展改革委发布了《投资项目可行性研究报告编写大纲及说明》(简称《可研大纲》,包括《政府投资项目可行性研究报告编写通用大纲(2023版)》(简称《通用大纲》)、《企业投资项目可行性研究报告编写参考大纲(2023版)》(简称《参考大纲》)和《关于投资项目可行性研究报告编写大纲的说明(2023版)》,对于规范投资项目可行性研究工作,提高投资项目决策水平,实现经济高质量发展具有重大意义。《参考大纲》既为企业投资项目自主决策提供了指导,也为工程咨询单位编制企业投资项目可行性研究报告提供了规范和指南,工程咨询单位应当认真学习,并深入贯彻到具体的工作实践中去。

一、正确识别项目的属性

(一)什么是企业投资项目

我国对投资项目实行分类管理,各类主体进行投资决策、开展投资活动时,首先应当明确项目的属性,政府相关部门在进行投资监管和服务时,也必须准确识别项目的属性,判断该项目是政府投资项目还是企业投资项目。

根据《企业投资项目核准和备案管理办法》第二条,企业投资项目是指企业在中国境内投资建设的固定资产投资项目,包括企业使用自己筹措资金的项目,以及使用自己筹措的资金并申请使用政府投资补助或贷款贴息等的项目。

（二）什么是政府投资项目

根据《政府投资条例》，政府投资是指在中国境内使用预算安排的资金进行固定资产投资建设活动，包括新建、扩建、改建、技术改造等。

政府投资资金的投向是市场不能有效配置资源的社会公益服务、公共基础设施、农业农村、生态环境保护、重大科技进步、社会管理、国家安全等公共领域的项目，以非经营性项目为主。政府投资资金按项目安排，政府投资项目以直接投资方式为主，对确需支持的经营性项目，主要采取资本金注入方式。

（三）识别企业投资项目的要点

如上所述，基于相关法律法规，项目的属性主要可以从以下两个方面去识别：一是投资项目的资金来源，凡是利用预算资金，且以直接投资或资本金注入方式出资的，是政府投资项目；利用企业自有资金或企业自筹资金建设的项目则为企业投资项目，或虽然也利用了预算资金，但预算资金以投资补助、贷款贴息方式出资的项目仍然是企业投资项目。二是投资项目的领域，企业投资项目是市场能有效配置资源的竞争性领域的项目，以经营性项目为主，如市场充分竞争的产业类项目；政府投资项目则以公共领域的项目为主。

我们也应该注意到，政府投资和政府投资项目是不同的概念，政府投资资金按项目安排，使用政府投资的项目可以是政府投资项目，也可以是企业投资企业。只有以直接投资方式或资本金注入方式出资的，才是政府投资项目，政府投资以投资补助、贷款贴息方式出资的项目是企业投资项目。此外，事业单位、社会团体等非企业组织在中国境内利用自有资金、不申请政府投资建设的固定资产投资项目，按照企业投资项目进行管理。

二、两类项目的不同特点

（一）资金来源不同，监管要求不同

政府投资项目使用预算资金，受到多方面严格约束和监管。根据

《政府投资条例》,政府投资应当遵循科学决策、规范管理、注重绩效、公开透明的原则。政府投资应当与经济社会发展水平和财政收支状况相适应。《中华人民共和国预算法》要求,全国人民代表大会和地方各级人民代表大会对预算草案及其报告、预算执行情况的报告进行审查,其中重大投资项目的预算安排是否适当作为审查的重点之一;《预算法》要求县级以上各级人民代表大会常务委员会和乡、民族乡、镇人民代表大会在审查本级决算草案时,把重大投资项目资金的使用及绩效情况作为重点审查内容。法律还规定,国家加强对政府投资资金的预算约束,政府及其有关部门不得违法违规举借债务筹措政府投资资金。

而企业投资项目使用自有资金和自筹资金,在遵守法律法规的前提下,企业对其投资行为负责。政府对企业投资行为实行事前政策引导、事中事后监管约束和过程服务。按照放管结合,优化服务的原则,对企业投资的管理立足在为企业投资活动做好服务上,要求简化服务流程,提高综合服务能力,在服务中实施管理,在管理中实现服务。

(二)运营模式不同,决策方式不同

政府投资项目大都涉及公共领域的建设项目,根据国务院令第713号《重大行政决策程序暂行条例》,一些政府投资项目的实施属于重大行政决策事项。按照《条例》规定,作出重大行政决策应当遵循科学决策、民主决策、依法决策原则。重大行政决策依法接受本级人民代表大会及其常务委员会的监督,上级行政机关应当加强对下级行政机关重大行政决策的监督,审计机关按照规定对重大行政决策进行审计监督。重大政府投资项目在决策过程中要按规定进行研究论证、公众参与、专家论证、风险评估、合法性审查和集体讨论决定等重要环节。政府投资项目可行性研究报告是项目决策的重要依据,是政府审批投资项目的重要环节,纳入到重大行政决策范围的政府投资项目,必须严格按条例规定的程序和方式进行决策。企业投资项目则根据公司章程,在符合法律法规的前提下,由股东会或董事会决策,通常决策周期短、外部约束少。企业投资项目可行性研究报告是企业进行投资决策的重要依据，但不是政府管理企业投资项目的必需环节。

（三）提供的产品和服务不同，项目的价值判断和目标不同

政府投资项目提供的是市场不能有效发挥作用的公共领域的服务和产品，旨在发挥政府职能，其价值目标主要不是体现在实现盈利以及盈利的多少，而是为宏观调控、市场监管、公共服务、社会管理、环境保护等职能提供支撑。

企业投资项目是在竞争市场中提供产品和服务，其主要目标是通过市场经营为股东创造经济价值，实现利润最大化。

三、企业投资项目可行性研究工作需要关注的几个方面

不论企业投资项目还是政府投资项目，开展可行性研究工作有共同的规律，编制投资项目可行性研究报告在内容与深度上有其共性要求。可行性研究的内容都应当聚集于“三大目标、七个维度”，即建设必要性、方案可行性、风险可控性三大目标；需求可靠性、要素保障性、工程可行性、运营有效性、财务合理性、影响可持续性以及风险管控方案七个维度。同时，由于两类项目具有前文所述诸多不同特点，又必然要求两类项目的可行性研究报告有各自的特点和侧重。总体来看，政府投资项目可行性研究应突出经济社会综合效益，并根据经济社会发展需要和财政可负担性，合理确定建设标准、建设内容、投资规模等，防范地方政府隐性债务风险；企业投资项目可行性研究应突出经济性，聚焦企业自主投资决策所关注的投资收益、市场风险规避等内容，引导企业提高投资决策的科学性和财务的可持续性。具体来看，通过比较《通用大纲》和《参考大纲》的差异，可以看出，政府投资项目可行性研究比较关注前期工作的规范性、项目的社会需求、数据安全在内的安全保障、绩效管理方案、地方政府的财政负担能力和债务风险以及政府财政对项目运营所需资金补贴等情况；企业投资项目可行性研究相对于政府投资项目更关注企业自身的发展战略、市场需求分析、商业模式、项目

营运方案、资源开发方案等内容。

（一）企业发展战略

企业投资项目与政府投资项目在建设背景和可行性研究报告编制依据方面有明显的不同。政府投资项目可行性研究报告编制的依据包括项目建议书（或项目建设规划）及其批复文件，建设背景需要阐述项目立项背景，项目用地预审和规划选址等行政审批手续办理和其他前期工作进展情况。而在企业投资项目可行性研究中，企业发展战略就显得十分重要。一方面，企业发展战略是指导企业长远发展，统领企业发展全局的重要依据，在企业投资项目可行性研究报告中应充分阐述并贯彻落实；另一方面，企业发展战略正是通过相关的企业投资项目得到实施和推进的。对于关系企业长远发展的重大项目，可行性研究报告应当论述企业发展战略对拟建项目的需求程度和拟建项目对促进企业发展战略实现的重要性和紧迫性。

（二）市场需求分析

投资项目的需求分析是确定项目功能定位、建设规模的重要依据，企业投资项目的需求分析与政府投资项目具有明显的差异。政府投资项目提供的产品或服务通常为公共产品，大多具有非竞争性和非排他性的特点，其需求分析主要从发挥政府职能的角度，依据相关政策文件和规范标准进行分析研判。企业投资项目一般为竞争性领域的经营性项目，其需求分析应从市场供需两侧进行。需要结合企业自身情况和行业发展前景，分析拟建项目所在行业的业态、目标市场环境和容量、产业链供应链、产品或服务价格，评价市场饱和程度、项目产品或服务的竞争力，预测产品或服务的市场拥有量，提出市场营销策略等建议。

（三）商业模式

项目商业模式是投资项目为达成项目目标，实现项目可持续运营而采取的盈利模式、销售模式或渠道模式。政府投资项目是市场不能有效配置资源的公共领域的项目，通常并不涉及商业模式的设计，而企业投资项目是竞争性的市场化项目，商业模式设计是可行性研究的重要内容。项目商业模式设计应根据项目主要商业计划，分析拟建项目收入来源和结构，判断项目是否具有充分的商业可行性和金融机构等相关方的可接受性。结合项目所在地政府或相关单位可以提供的条件，提出商业模式及其创新需求，研究项目综合开发等模式创新路径及可行性。

（四）项目营运方案

《可研大纲》强调投资项目全生命周期管理的理念，项目营运方案的研究是贯彻全生命周期理念的重要体现。在营运方案方面，企业投资项目与政府投资项目也存在明显的差异。政府投资项目要研究提出项目运营模式，确定是自主运营管理还是委托第三方运营管理；同时，还要研究提出项目运营组织方案、安全保障方案以及绩效管理方案。根据企业投资项目的特点，项目运营方案包括生产经营方案、安全保障方案和运营管理方案，其中，生产经营方案又分为产品生产类投资项目和运营服务类投资项目。对于产品生产类企业投资项目，要提出拟建项目的产品质量安全保障方案、原材料供应保障方案、燃料动力供应保障方案以及维护维修方案，评价生产经营的有效性和可持续性。对于运营服务类企业投资项目，须明确拟建项目运营服务内容、标准、流程、计量、运营维护与修理，以及运营服务效率要求等，研究提出运营服务方案。

（五）资源开发方案

《可研大纲》对于资源开发类项目要求编制资源开发方案，资源开发类项目通常是生产经营类项目，属企业投资项目，而不是政府投资项目的范畴。对于资源开发类项目，应依据资源开发规划、资源储量、资源品质、赋存条件、开发价值等，研究制定资源开发和综合利用方案，评价资源利用效率。资源开发方案应分析拟开发资源的可开发量、自然品质、赋存条件、开发价值等，评价是否符合资源综合利用的要求。资源利用方案要提出资源综合利用方案，通过对单位生产能力主要资源消耗量指标的对比分析，评价资源利用效率，提出资源节约措施。

四、编制企业投资项目可行性研究报告要处理好几对关系

(一)现场调研与案头研究相结合

随着数字化建设不断推进,各类数据得到深度开发,数据公司和数据服务不断涌现,一些有实力的工程咨询单位纷纷建设数据库,为开展投资项目可行性研究提供了重要支撑和极大便利。在此背景下,一些单位因为业务繁忙和成本控制等原因而忽视了现场调研,导致投资项目可行性研究的质量受到影响。

在投资项目可行性研究报告编制过程中必须高度重视现场调研。现场调研一般包括召开座谈会、深度访谈、现场踏勘等。进行现场调研首先要制定科学合理的调研方案,制定调研方案应与被调研各方充分沟通,紧紧围绕项目可行性研究的要求,明确调研总体要求,确定调研形式、调研地点、调研内容、行程安排、参加人员等,切实提高现场调研的效率和质量。

(二)委托研究与自主研究相结合

投资项目可行性研究是一项系统复杂的工作,需要项目建设单位与工程咨询单位密切配合才能形成高质量的可行性研究报告。接受建设单位委托开展投资项目可行性研究,编制可行性研究报告,是工程咨询单位的重要业务之一。“十三五”末,全国工程咨询单位数量已超19000家,从业人员达250万人,为全国各类投资项目提供各类工程咨询服务,是项目建设单位编制可行性研究报告可以信赖的重要队伍。

投资项目可行性研究工作离不开委托方(建设单位)的参与和配合。委托方应当深度参与项目可行性研究工作,以多种方式与被委托方合作,一是共同组建研究团队,发挥各自的人才资源优势,协同开展相关研究;二是分别组建团队,按照各自的分工分别开展研究,委托方侧重于就项目目标功能等开展研究,为被委托方开展可行性研究打下基础,被委托方则根据委托方要求开展全面的深化研究。委托方与被

委托方应当加强沟通和交流，强化工作协同。

（三）技术研究与政策研究相结合

技术研究是可行性研究的重要内容，通过技术研究深化工程可行性，优化技术方案、设备方案和工程方案，是编制高质量投资项目可行性研究报告的基础。项目可行性研究还必须开展深入的政策研究，通过对发展战略、发展规划、产业政策、投资政策等相关政策的研究，一方面可以更好地使投资项目符合国家和地方的发展战略和规划；另一方面，可以通过政策研究把握国家和地方政府的政策导向，以项目为载体推进国家和地方发展战略、发展规划和产业政策的落地实施，并充分享受政策优惠，增强项目的竞争力和生命力；同时结合投资项目可行性研究开展相关的政策研究，提出相应的意见和建议，可以不断完善政府的政策体系，优化政府的治理体系，为开展投资项目前期工作和项目运营创造更加有利的政策环境。

（四）部门论证与专家咨询相结合

投资项目可行性研究工作涉及到政策、技术、经济等多个方面，做好可行性研究工作需要调动多方面的积极性，在咨询论证过程中尤其要发挥政府相关部门和专家的作用。政府相关部门是国家和地方政策的制定者和执行者，对于政府的政策意图，政策执行尺度等都有较好的把控能力，而专家往往站在特定领域的最前沿，有扎实的理论根基，丰富的实践经验，对于项目面对的市场、当前该领域的主流技术和发展趋势有清晰的了解，部门论证和专家咨询相结合有利于提高可行性研究的质量，为投资项目成功运营打下扎实的基础。在项目可行性研究中聘请专家参与工作是工程咨询单位开展工作的重要方法和经验。可以邀请专家全过程参与或在重要的节点上参与工作，如开展工作前专家可以把握研究方向，明确研究重点，在研究过程中可以请专家就相关重点问题开展专题研讨，在形成成果后可以请专家进行全面论证，进一步提升投资项目可行性研究报告的质量。

关于可研大纲项目投融资与财务分析的新要求与编制方法

中国工程咨询协会　刘斐然

项目可按照投资目标、管理形式、资产关系、融资主体上的不同，分成多种类型。不同类型的投资项目在项目经济评价上，有着各自适用的方法与参数。在定量评估项目财务可行性时，需遵循效益与费用口径一致原则，要综合考虑项目的长期效益、风险和不确定性，最大程度地优化对各类要素的利用，进行全面的成本效益分析。

一个好的建设项目方案，需要一个好的融资方案配合实施，落实可靠的资金来源是项目成功的关键。项目资金通常由权益资金和债务资金构成，其来源有多种渠道，资金筹措方式应根据项目具体情况选择，咨询工程师应掌握基本的资金筹措专业知识，对融资方案具备一定的研究能力。

投融资与财务方案在《政府投资项目通用大纲》中为第七章，在《企业投资项目可行性研究报告编写参考大纲》中为第六章，均分为(一)投资估算、(二)盈利能力分析、(三)融资方案、(四)债务清偿能力分析和(五)可持续性分析。本文主要围绕这五个方面，从两个维度展开：一是将《可研大纲》与《投资项目可行性研究指南(试用版)》中的原有大纲，对项目投融资与财务方案编制上的要求进行对照；二是基于数据生成视角，阐释项目资金如何从离散数据聚合为高度结构化的财务报表，再抽象为各类指标公式的输入，最后成为支持决策结论的具体依据。

一、项目投融资与财务分析理论发展简述

现代工程咨询方法的理论发展，经历了从传统专业咨询工具模块到更加系统化、综合性的方法理论体系的多个阶段。其中，工程经济学是开展项目投融资与财务分析咨询实务的主要理论依据。工程经济学是应用经济学的一个分支，主要研究在资源有限的情况下如何做出工程项目的投融资决策，其发展与经济学、数学、计算机技术等多个领域的交叉融合密切相关。

（一）工程经济学是投资决策分析的理论基础

工程经济学的发展经历了从简单的成本估算到综合考虑成本效益、时间价值、风险与可持续性等多个因素的过程，可以概括为以下几个阶段。

1. 早期阶段。19 世纪末至 20 世纪初，工程经济学的发展主要集中在工程项目的成本估算和资金投入。在这个阶段，人们主要关注如何合理估算项目成本，以及如何融资和投资工程项目。

2. 成本效益分析的引入。20 世纪中期，随着计算机技术的发展，人们开始引入成本效益分析的方法。这种方法考虑了项目的成本和效益，从而更全面地评估项目的经济可行性。成本效益分析为工程项目决策提供了更科学的依据。

3. 时间价值和贴现。在 20 世纪后半叶，时间价值和贴现的概念逐渐引入工程经济学。这些概念强调了未来收益和成本的现值，在项目评估中起到了关键作用。贴现率的引入使得人们可以将未来的收益和成本进行比较，更准确地衡量项目的经济效益。

4. 风险和不确定性的考虑。近几十年，工程经济学逐渐开始考虑风险和不确定性因素。随着市场变化和技术创新的影响，项目的收益和成本往往存在一定程度的不确定性。因此，风险分析和敏感性分析等方法逐渐应用于工程项目的经济评估中。

5. 可持续性和社会影响的考虑。在当今社会，工程项目不仅仅需要考虑经济效益，还需要考虑可持续性和社会影响。工程经济学逐渐开始关注环境影响、社会责任等因素，使得项目决策更加全面。

随着“贴现”这一概念出现，资金时间价值成为工程经济学的核心理论，在此基础上发展出的成本效益分析、内部收益率(IRR)、风险和敏感性分析、实物期权等各项理论，成为了投资项目可行性研究中财务分析的主要方法。这些理论的发展为现代工程经济学提供了坚实的基础，同时为工程咨询实务提供了有力的分析工具，使得工程项目的投融资估算与财务分析更加准确和全面，其综合应用有助于决策者做出更为科学合理的决策。

(二)我国建设项目投融资与经济分析的指导文献

1.《投资项目可行性研究指南(试用版)》,2002 年

根据《国家发展改革委关于印发投资项目可行性研究报告编写大纲及说明的通知》(发改投资规〔2023〕304 号)(简称《2023 可研大纲》),《2023 可研大纲》是依据《政府投资条例》《企业投资项目核准和备案管理条例》等规定，在 2002 年《投资项目可行性研究指南(试用版)》(以下简称《2002 可研指南》)基础上制定出台的。进入 21 世纪后，为适应我国各类投融资主体科学决策的需要，原国家计委委托中咨公司组织编写了这本教材(图 1),总结了从改革开放至 2000 年期间国内可行性研究工作的经验教训，借鉴了当时国际上的有益经验，用以指导基本建设项目和各类改造项目的可行性研究工作。

国家发展改革委投资司在其举办的系列宣贯培训会上对新旧两版大纲的关系以及可行性研究方法应用专门进行了说明。其中,《2023 可研大纲》与《2002 可研指南》是继承关系，在可行性研究的方法上，一些《2023 可研大纲》没有涵盖的内容，仍然适用《2002 可研指南》有关规定。

图 1 《投资项目可行性研究指南(试用版)》封面

2.《建设项目经济评价方法与参数(第三版)》,2006 年

除了《2002 可研指南》之外,还有一部成体系地介绍可行性研究方法与技术工具的指导文件,数十年来在咨询实务领域得到广泛的应用,它就是《建设项目经济评价方法与参数》,最近更新的版本为 2006 年第三版(图 2,以下简称《2006 方法参数》)。

实际上,《2006 方法参数》对建设项目经济评价划分为“方法”和“参数”两个部分,主体内容包括经济评价工作若干规定、评价方法、评价参数以及方法和参数的编写说明。它最早出版于 20 世纪 90 年代初期,经过多次修订再版,依然是现行投资项目可行性研究方法的权威性教科书。不只限于理论方法,它对于可研报告编制深度、估算精度的要求,以及财务方案分析的逻辑框架,都作出了完整的解释与规范,奠定了我国建设项目前期财务决策问题的研究范式。

图 2 《建设项目经济评价方法与参数(第三版)》封面

3.《项目决策分析与评价(2021 年修订版)》,2021 年

《项目决策分析与评价》是中国工程咨询协会组织编制、用于培养我国工程咨询高质量专业人才的经典教材,截止到 2023 年 10 月的历史版本为 2021 年修订版(图 3,以下简称《2021 分析评价》),是 2021－2023 年咨询工程师(投资)考试指导用书。

《2021 分析评价》是以《2002 可研指南》和《方法参数》的内容为基准,按照党的十八大以来工程咨询管理体制和咨询工程师管理制度的新特点和新要求,充分吸收了国内国际工程咨询理论和实践的最新成果,反映了工程咨询政策法规、服务业态、服务方式和技术方法的新变化。在书中第三章,介绍了可行性研究的作用、重点内容和深度要求、一般建设项目可行性研究报告编制内容与要求,以及部分行业可行性研究报告的特点。

图 3 《项目决策分析与评价(2021 修订版)》封面

二、基于文献比较的编写大纲(2023)新要求解析

《2023 可研大纲》中所涉及到的大部分咨询方法理论内容，在上述三个重要文献中都有比较详尽的阐释。为避免概念混淆，本文将《政府投资项目可行性研究报告编写通用大纲（2023 年版）》简称为《2023 通用大纲》；将《企业投资项目可行性研究报告编写参考大纲（2023 年版）》简称为《2023 参考大纲》，两者合并简称为《2023 可研大纲》。

图 4 显示了《2023 可研大纲》大纲与《2002 可研指南》主要内容对应关系。在融资方案部分，《2023 可研大纲》吸收了《2002 可研指南》中资金来源、资金成本和融资方案分析方法的传统内容，并提出一些对融资渠道、融资方式、存量资产处置上的新要求。在财务分析方面，《2023 可研大纲》强化了《2002 可研指南》第十五章中的财务评价功能，将原有盈利能力分析、偿债能力分析以及财务现金流量分析部分提升至与投

资估算和融资方案同等深度的单独小节，并将原有关于项目抗风险能力分析纳入成为《2023 参考大纲》中融资方案的具体要求中。

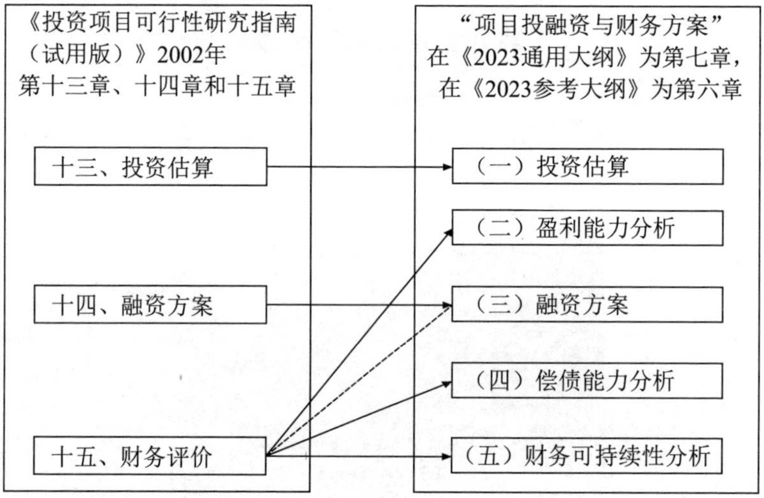

图 4 《2023 可研大纲》与《2002 可研指南》主要内容对应关系

（一）有关投资估算的要求

《2023 通用大纲》与《2023 参考大纲》在投资估算上的内容比较一致，均为对估算具体对象、估算依据和范围以及明确分年度投资计划的要求。

表 1 投资估算有关内容的文献对照

《2023 通用大纲》	《2023 参考大纲》	《2002 可研指南》	《2006 方法参数》	《2021 决策分析》
对项目建设和生产运营所需投入的全部资金即项目总投资进行估算，包括建设投资、建设期融资费用和流动资金	估算项目建设投资、流动资金、建设期融资费用	十三.（二）建设投资估算方法（含建设期利息估算） 十三.（三）流动资金估算	《建设项目经济评价方法编写说明》： 2.7 建设投资 2.9 流动资金 2.10 建设期利息	
说明投资估算编制依据和编制范围	说明投资估算编制范围、编制依据			四.（一）.2.（1）投资估算依据及说明
明确建设期内分年度投资计划	明确建设期内分年度资金使用计划	十三.（四）项目投入总资金及分年投入计划		

表1列示了上述三方面内容在《2002可研指南》《2006方法参数》以及《2021决策分析》上的具体表述。

(二)有关盈利能力分析的要求

在盈利能力分析方面,《2023通用大纲》提出了7个方面的要求,《2023参考大纲》则是5个方面(表2)。

表2　盈利能力分析有关内容的文献对照

《2023通用大纲》	《2023参考大纲》	《2002可研指南》	《2006方法参数》	《2021决策分析》
根据项目性质,确定适合的评价方法	根据项目性质,选择适合的评价方法		《附件二:建设项目经济评价方法》:11.部分行业项目经济评价的特点	五.(二).7.非工业类项目评价特点,8.其他项目
结合项目运营期内的负荷要求,估算项目营业收入、补贴性收入及各种成本费用,并按相关行业要求提供量价协议、框架协议等支撑材料	估算项目营业收入和补贴性收入及各种成本费用,并按相关行业要求提供量价协议、框架协议等支撑材料		《建设项目经济评价方法编写说明》: 2.5营业收入 2.6补贴收入 2.12总成本费用 2.13税费	五.(二).1产品成本和费用估算,2销售收入和税金估算
通过项目自身的盈利能力分析,评价项目可融资性	分析项目的现金流入和流出情况,构建项目利润表和现金流量表	十五.(四).1编制财务评价报表		
对于政府资本金注入项目,计算财务内部收益率、财务净现值、投资回收期等指标,评价项目盈利能力	计算财务内部收益率、财务净现值等指标,评价项目的财务盈利能力	十五.(四).2.(1)财务内部收益率(FIRR),(2)财务净现值(FNPV),(3)投资回收期(P_t)	《建设项目经济评价方法编写说明》:4.6盈利能力分析的主要指标	五.(二).3.(3).1)盈利能力分析指标

续表

《2023 通用大纲》	《2023 参考大纲》	《2002 可研指南》	《2006 方法参数》	《2021 决策分析》
营业收入不足以覆盖项目成本费用的，提出政府支持方案			《建设项目经济评价方法编写说明》：2.2 财务效益	
对于政府直接投资的非经营性项目，开展项目全生命周期资金平衡分析，提出开源节流措施		十五.(七)非盈利性项目财务评价	《建设项目经济评价方法编写说明》：2.15 非经营性项目的费用估算	
	开展盈亏平衡分析和敏感性分析，根据需要分析拟建项目对企业整体财务状况的影响	十五.(六)不确定性分析	《建设项目经济评价方法编写说明》： 7.2 盈亏平衡分析 7.3 敏感性分析	五.(二).3.(3).4)不确定性分析
对于综合性开发项目，分析项目服务能力和潜在综合收益，评价项目采用市场化机制的可行性和利益相关方的可接受性				

首先，评价方法根据项目性质确定，《2006 方法参数》和《2021 决策分析》中对不同行业及经营性质的项目所适用的方法都有具体的介绍。

其次，《2023 参考大纲》对收入和成本费用估算提出一项新要求："按照相关行业要求提供量价协议、框架协议等支撑材料"。也就是说，项目财务现金流量的估算一定要有证据材料做支撑，坚决禁止编造数据，这是对可研报告严谨性、可靠性的再次强调。

再者，有关财务报表和评价指标的计算，在《2002 可研指南》《2006

方法参数》《2021 决策分析》中均有详细的介绍，在新的指导意见出台之前，均仍然适用。

之后，《2023 通用大纲》对于非经营性项目，以及营业收入不足以覆盖成本的项目，都作出了相应的财务评价说明。在《2023 可研大纲》的编写说明中，明确了非经营性项目不做盈利能力分析，提出全生命周期资金平衡方案，注重项目财务生存能力方面的考察。《2023 参考大纲》则是将《2002 可研指南》中关于不确定分析的方法工具用于考察企业投资项目的盈利能力，重点分析项目投资对于企业整体财务状况的影响。

最后，《2023 通用大纲》对于城市更新、片区综合性开发项目提出分析潜在综合收益，评价项目平衡各相关者利益的能力。

（三）有关融资方案的要求

《2023 通用大纲》和《2023 参考大纲》均作出四个方面的要求（表3）。前两项要求是传统内容，包括融资方案的构成要素，以及需要用到政府资金，或是企业拟申请政府资金的，必须要高度重视对于资金使用必要性、可行性的论证。后两项要求，一是面向目前投资项目融资主体多元化、融资渠道多样化、融资方式复杂化的新形势新变化，充分研究利用权益型、债券类、债转股等多种金融工具拓宽融资渠道、增强项目资产信用方面的可行性。二是鼓励具备条件的基础设施项目，利用好REITs 等方式盘活存量资产，实现投资回收。

截至 2023 年 8 月，REITs 在我国仍被禁止进入房地产领域，其投向和资金用途都有明确的规定，必须是要建成后正常运营三年以上，且收益状况稳定良好的项目，并且募资规模也要达到一定的门槛要求。同时，基础设施项目的公募 REITs 基金是封闭式运作，有几年到几十年不等的封闭期，封闭期内不能跟普通开放式基金一样申购和赎回，只能在持有者之间交易，并且从已经发行的 REITs 产品来看，主要是为准备长期持有的机构投资者设计的，因而个人投资者对 REITs 产品还需要持审慎态度。

表 3　融资方案有关内容的文献对照

《2023 通用大纲》	《2023 参考大纲》	《2002 可研指南》	《2006 方法参数》	《2021 决策分析》
研究提出项目拟采用的融资方案，包括权益性融资和债务性融资，分析融资结构和资金成本	结合企业自身及其股东出资能力，分析项目资本金和债务资金来源及结构、融资成本以及资金到位情况，评价项目的可融资性	十四.（三）资本金筹措，（四）债务资金筹措，（五）融资方案分析	《建设项目经济评价方法编写说明》： 3.4 项目资本金的来源渠道和筹措方式 3.5 项目债务资金的来源渠道和筹措方式 3.10 资金结构分析 3.11 资金成本分析 3.12 融资风险分析	十四.（二）.2 资金筹措的编制内容
说明项目申请财政资金投入的必要性和方式，明确资金来源，提出形成资金闭环的管理方案	企业拟申请政府投资补助或贴息的，应根据相关要求研究提出拟申报投资补助或贴息的资金额度及可行性		《建设项目经济评价方法编写说明》：3.4.3.3“在项目评价中，对投入的政府投资资金，应根据资金投入的不同情况进行不同的处理”	

（四）有关偿债能力分析的要求

表 4 显示，两个“备付率”指标的计算仍是偿债能力分析的核心内容。其中，原用于改扩建项目偿债能力评价的一个主要指标“资产负债率”，加入了《2023 参考大纲》。作出调整的目的，是要求企业要从项目资金对自身整体财务状况影响的角度来评价项目资金结构的合理性，谨防因不合理的项目投资而出现资金链断裂，进而产生极大恶劣影响

事件的情况发生。

表 4　融资方案有关内容的文献对照

《2023 通用大纲》	《2023 参考大纲》	《2002 可研指南》	《2006 方法参数》	《2021 决策分析》
对于使用债务融资的项目，明确债务清偿测算依据和还本付息资金来源，分析利息备付率、偿债备付率等指标，评价项目债务清偿能力	按照负债融资的期限、金额、还本付息方式等条件，分析计算偿债备付率、利息备付率等债务清偿能力评价指标，判断项目偿还债务本金及支付利息的能力		《建设项目经济评价方法编写说明》：4.7.3 偿债能力分析	五.(二).3.(3).2)偿债能力分析
	必要时，开展项目资产负债分析，计算资产负债率等指标，评价项目资金结构的合理性			五.(二).4 改、扩建和技术改造项目财务分析特点"……既有企业要提供最近几年的财务报表，包括利润与利润分配表、现金流量表、资产负债表等"
是否增加当地政府财政支出负担、引发地方政府隐性债务风险等情况				

防范增加当地政府财政支出负担、引发地方政府隐性债务风险，是《2023 通用大纲》中新增且着重强调的新要求。在 REITs 推广应用之前，一些市政类的 PPP 项目在签订项目合同时，地方政府往往会向社会投资人提供"保底量"承诺，当实际业务量达不到"保底量"时，地方政府

就要去进行一个类似兜底的安排。虽然这类地方债务在当期财务报表上为“隐身”状态，但是其风险可能在投资决策阶段之前，乃至在规划决策阶段就已埋下。

（五）有关财务可持续性分析的要求

“财务可持续能力分析”是《2023 可研大纲》中对项目财务方案分析提出的一项新要求（表 5）。有关的分析方法和指标参数，都在《2002 可研指南》《2006 方法参数》和《2021 决策分析》“财务生存能力分析”章节中有详细说明。尽管章节标题改变，但其核心要求仍然是一致的，尤其是《2023 可研大纲》强调了政府投资项目的在经营期现金流的稳健性，以及企业投资项目确保资金链安全的重要性。

表 5　融资方案有关内容的文献对照

<table>
<tr><th>《2023 通用大纲》</th><th>《2023 参考大纲》</th><th>《2002 可研指南》</th><th>《2006 方法参数》</th><th>《2021 决策分析》</th></tr>
<tr><td>对于政府资本金注入项目，编制财务计划现金流量表</td><td>根据投资项目财务计划现金流量表，统筹考虑企业整体财务状况、总体信用及综合融资能力等因素</td><td></td><td rowspan="2">《建设项目经济评价方法编写说明》：4.8 财务生存能力分析，“综合考察项目计算期内各年的投资活动、融资活动和经营活动所产生的各项现金流入和流出，计算净现金流量和累计盈余资金，分析项目是否有足够的净现金流量维持正常运营。”</td><td>对于政府资本金注入项目，编制财务计划现金流量表</td></tr>
<tr><td>计算各年净现金流量和累计盈余资金，判断拟建项目是否有足够的净现金流量维持正常运营</td><td>分析投资项目对企业的整体财务状况影响，包括对企业的现金流、利润、营业收入、资产、负债等主要指标的影响，判断拟建项目是否有足够的净现金流量，确保维持正常运营及保障资金链安全</td><td></td><td>计算各年净现金流量和累计盈余资金，判断拟建项目是否有足够的净现金流量维持正常运营</td></tr>
</table>

续表

《2023 通用大纲》	《2023 参考大纲》	《2002 可研指南》	《2006 方法参数》	《2021 决策分析》
对于在项目经营期出现经营净现金流量不足的项目，研究提出现金流接续方案，分析政府财政补贴所需资金，评价项目财务可持续性		十五.（二）.3.（3）.3）财务生存能力分析“非经营性项目通过财务生存能力分析提出需要政府或投资者补助维持项目持续运营的费用。”		对于在项目经营期出现经营净现金流量不足的项目，研究提出现金流接续方案，分析政府财政补贴所需资金，评价项目财务可持续性

标题的变动，恰恰反映了《2023 可研大纲》对于现代工程项目可用性、可靠性和维护性分析的强调，财务可持续能力分析可以帮助决策者更好地评估项目的运营和维护成本，优化项目的生命周期效益。

三、基于资金生成过程(FGP)的项目投融资与财务分析方法

(一)投资项目资金生成过程概念

投资项目具有一个内在的资金系统。从项目的基础财务数据，到变成指标计算结果，最终成为决策结论的直接依据，按照系统论的理念，把它称之为资金生成过程，即“Fund Generation Process（以下简称FGP)”。图 5 显示了 FGP 中的主要内容与逻辑框架，以及它与《2023可研大纲》中投融资与财务方案分析要求的对应关系。其中，A 部分为投资估算；B. 1 部分为盈利能力分析（融资前）；B. 2 部分为盈利能力分析（融资后）；C 部分为融资方案设计；D 部分为偿债能力分析；E 部分为财务可持续能力分析。

投资估算和融资方案是财务分析的基础。在实际操作过程中，三者互有交叉：投资决策和融资决策的先后顺序与相辅相成的关系促成了这种交叉，在财务分析的分析方法和指标体系设置上也体现了这种

交叉。这种交叉设置体现的是投资决策的审慎原则，即，决策结论并不是一步到位就能得出的，而是通过层层递进、迭代、优化，最终得到一个能够让投资者和其他利益相关者都能接受的投融资方案。

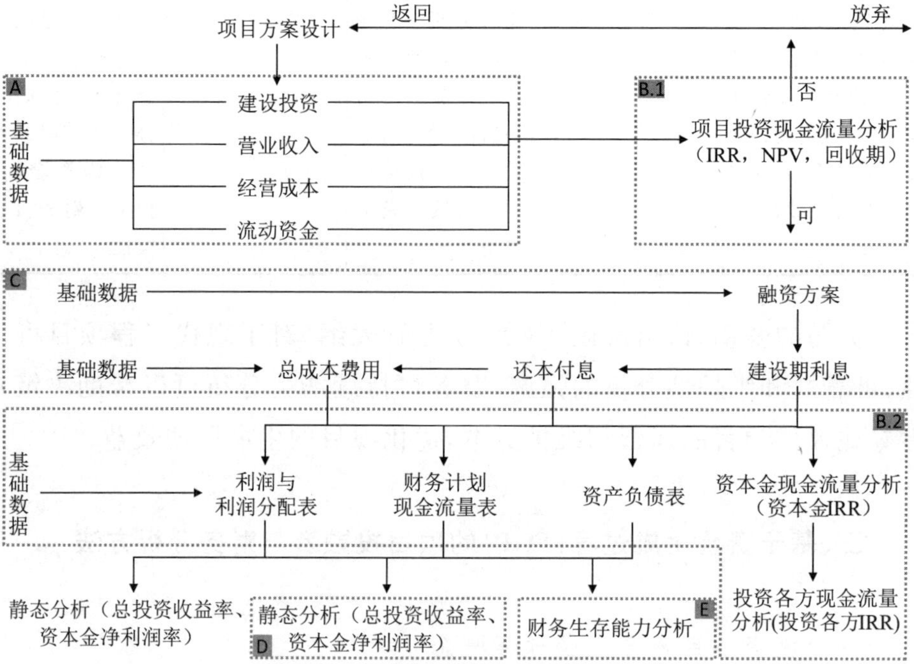

图 5　资金生成过程(FGP)概念示意图，以及各部分与《2023 可研大纲》中有关要求的对应关系

（二）投资估算

投资估算是指在开始一个新项目或计划之前，对项目所需的资金进行估算和规划的过程，是项目投资决策的起点。《关于投资项目可行性研究报告编写大纲的说明（2023 年版）》明确，“可行性研究阶段对项目“投资估算”的准确度要求在±10%以内，以切实提高投资估算的精度，为项目全过程投资控制提供依据……”。在图 5 的 FGP 框架中，项目投资估算部分对应的是模块 A，主要包括两部分内容，分别为流动资金估算与建设投资估算。

1. 流动资金估算

投资项目流动资金估算常用方法为分项详细估算法。首先，需要按照有关会计准则要求，将相应会计科目中的记录处理成填写“流动资金估算表”所需要的基础数据。实际操作中就是各项会计科目数据除以自己的年周转次数。

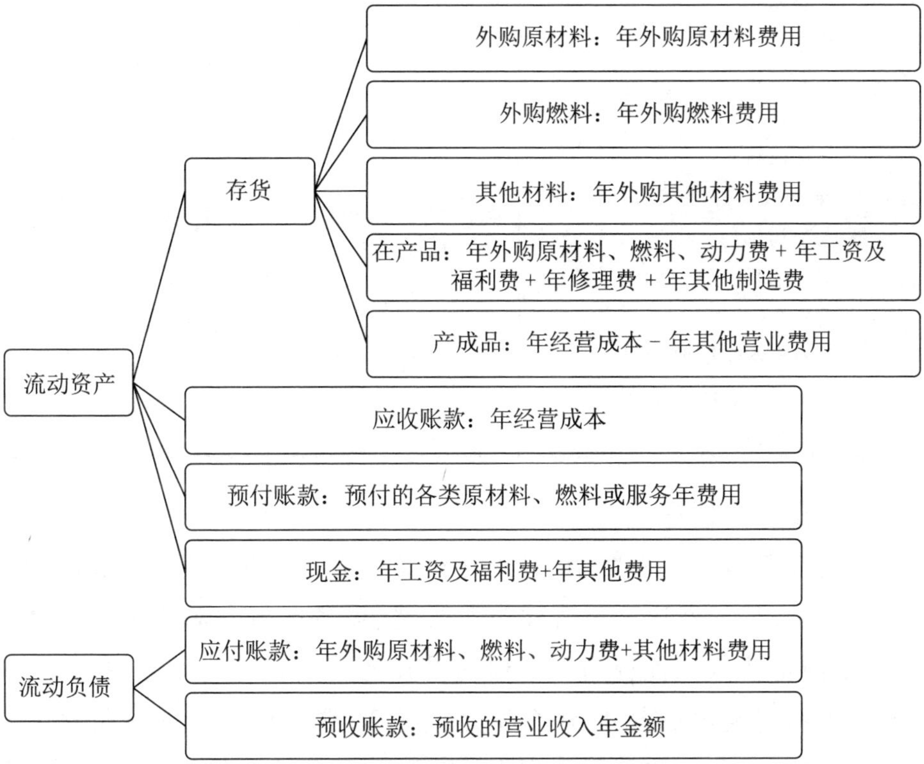

图 6　采用分项详细估算法估算项目流动资金所需的基础数据

其中，年周转次数的计算公式为：

$$\text{年周转次数} = \frac{360\text{天}}{\text{周转次数}} \tag{1}$$

有关计算公式可参照《2006 参数方法》“建设项目经济评价方法编写说明”章节中的“2.9 流动资金”小节。

之后，即可得到流动资金估算表中的流动资产和流动负债科目对应的数据(表 6 中灰色覆盖部分)。

表 6　流动资金估算表(示例)

序号	项目	最低周转天数	周转次数	运营期		
				3	4	5～12
1	流动资产					
1.1	应收账款					
1.2	存货					
1.2.1	原材料					
1.2.2	在产品					
1.2.3	产成品					
1.3	现金					
2	流动负债					
2.1	应付账款					
3	流动资金(1－2)					
4	流动资金本年增加额					
5	用于流动资金的项目资本金					
6	流动资金借款					

2. 建设投资估算

建设投资包括工程费用、工程建设其他费用、基本预备费和涨价预备费。其中,工程费用又包含建筑工程费、设备购置费和安装工程费三项;基本预备费以工程费用和工程建设其他费用之和为基数,按部门或行业主管部门规定的基本预备费费率估算;涨价预备费亦称价格变动不可预见费,以分年的工程费用为计算基数。公式 2 和公式 3 分别为基本预备费和涨价预备费计算公式。

基本预备费＝(工程费用＋工程建设其他费)×基本预备费费率 (2)

$$PC = \sum_{t=1}^{n} I_t \left[(1+f)^t - 1\right] \tag{3}$$

公式 3 中,PC 为涨价预备费,n 是建设期,t 是年份, I_t 是第 t 年的工程费用,f 是建设期价格上涨指数。

表 7　项目总投资估算表(示例)

序号	项目	最低周转天数	周转次数	运营期		
				3	4	5～12
1	建设投资					
1.1	工程费用					
1.1.1	建筑工程费					
1.1.2	设备购置费					
1.1.3	安装工程费					
1.2	工程建设其他费					
1.3	预备费					
1.3.1	基本预备费					
1.3.2	涨价预备费					
2	建设期利息					
3	流动资金					
4	项目总投资(1+2+3)					

完成上述计算后，就得到了总投资估算表和分年投资计划表中的建设投资和流动资金项的数据(表 7，表 8 中灰色覆盖部分)。

表 8　分年投资计划表(示例)

序号	项目	人民币			外币		
		第 1 年	第 2 年	……	第 1 年	第 2 年	……
1	建设投资						
2	建设期利息						
3	流动资金						
4	项目总投资(1+2+3)						

(三)盈利能力分析(融资前)

财务盈利能力分析是项目财务分析的重要组成部分，从是否在融资方案的基础上进行分析的角度，财务盈利能力分析又可分为融资前分析（Without Funding)和融资后分析(With Funding)。现金流量分析又可分为项目投资现金流量分析、项目资本金现金流量分析和投资各方现金流量分析三个层次。项目投资现金流量分析是融资前分析，项目资本金现金流量分析和投资各方现金流量分析是融资后分析。

从是否考虑资金时间价值的角度，财务盈利能力分析又分为动态指标分析与静态指标分析。动态指标分析采用现金流量分析方法，在项目计算期内，以相关效益费用数据为现金流量，编制现金流量表，考虑资金时间价值，采用折现方法计算净现值、内部收益率等指标，用以分析考察项目投资盈利能力。

《2023可研大纲》中的盈利能力分析（融资前）对应的是FGP图中的模块B.1，采用动态指标对项目投资现金流量进行分析，主要包括对营业收入、补贴收入、总成本费用（融资前）的估算，以及对项目财务内部收益率（FIRR）的计算。

1.营业收入估计

在进行营业收入估算时，需要考虑运营负荷，通常根据项目所在行业的经验做法确定。营业收入计算公式为：

$$营业收入=设计生产能力\times产品预售价格\times运营负荷 \tag{4}$$

2.补贴收入估计

按照《企业会计准则》，项目补贴收入在取得时应确认为递延收益，在确认相关费用的期间计入当期损益（营业外收入）。通常，补贴收入仅包括与收益相关的政府补助，与资产相关的政府补助不在补贴收入中核算，而是单独列入“补贴收入”科目进行核算。

3.总成本费用（融资前）估算

本章采用生产要素估算法计算项目总成本费用（融资前），计算公式为：

$$\begin{aligned}总成本费用（融资前）=&外购原材料、燃料及动力费+\\&工资或薪酬+折旧+摊销+修理费+其他费用\end{aligned} \tag{5}$$

其中，经营成本（融资前）为：

$$\begin{aligned}经营成本（融资前）=&外购原材料、燃料及动力费+\\&工资或薪酬+修理费+其他费用\end{aligned} \tag{6}$$

即，总成本费用（融资前）也可表示为：

$$总成本费用(融资前)=经营成本(融资前)+折旧+摊销 \quad (7)$$

需要强调的是，融资前的盈利能力分析不考虑融资成本，即融资前的总成本费用（公式 5 和公式 7）和经营成本（公式 6）均不包含任何与利息支出的有关费用。

4.计算财务内部收益率（FIRR）

现金流入通常包括营业收入、补贴收入、回收资产余值（剔除利息影响）、回收流动资金和销项税额；现金流出通常包括建设投资、流动资金、经营成本、税金及附加、维持运营投资、调整所得税以及进项税额和应纳增值税。

进行项目融资前回收资产余值估计时要剔除资金成本影响。按照会计准则，工程建设其他费要计入固定资产原值，建设期利息也是要计入固定资产原值，但融资前分析不涉及融资资金成本，因而在计算融资前盈利能力分析的现金流入时不涉及利息因素。同理，项目融资前现金流出中的所得税为“调整所得税”。因为，按照会计准则，利息支出是所得税的抵扣项之一，但融资前分析不考虑利息影响因素，所以这里的所得税计算基础是息税前利润（EBIT，公式 8），是没有扣除利息支出的利润额。其中，

$$EBIT=营业收入-税金及附加-经营成本-折旧-摊销 \quad (8)$$

项目投资财务内部收益率（Financial Internal Return Rate，FIRR）指的是能够使项目在整个计算期内各年净现金流量现值累计等于零时的折现率，它是考察项目盈利能力的相对量指标。其表达式为：

$$\sum_{t=1}^{n}(CI-CO)_t(1+FIRR)^t=0 \quad (9)$$

其中，n 为项目建设运营总期数，t 为当期期数。

计算得出 FIRR 后，可以根据边界条件对项目方案进行迭代设计，优化项目资源配置，使得项目盈利能力尽可能最大化。

（四）融资方案

《2023 可研大纲》中的融资方案对应的是 FGP 图中的模块 C，主要

包括权益资金成本、债务资金成本(建设期利息)和加权资金成本的计算,调整权益债务资金结构以实现资金成本优化,以及资产证券化产品的定价。

1. 计算权益资金成本

权益资金是指企业所有者投入的资本金,对于股份制企业而言,即为股东的股本资金。股本资金又分优先股和普通股,两种股本资金成本的计算方式不同。

优先股资金成本包括支付给优先股股东的股息及发行费用,计算公式为:

$$K_p = \frac{D_p}{P - F} \tag{10}$$

其中,K_p 是优先股的资金成本,P 是优先股的发行价格,F 是优先股发行费,D_p 是公司每年支付的优先股股利。

普通股资金成本可以按照股东要求的投资收益率确定。如果股东要求项目评价人员提出建议,普通股资金成本可采用资本资产定价模型法(公式 11)、税前债务成本加风险溢价法(公式 12)和股利增长模型法(公式 13)等方法进行估算,也可参照既有法人的净资产收益率直接确定。

$$K_s = R_f + \beta(R_m - R_f) \tag{11}$$

$$K_s = K_b + RP_c \tag{12}$$

$$K_s = \frac{D_l}{P_0} + G \tag{13}$$

其中,K_s 是普通股资金成本,R_f 是社会无风险投资收益率,β 是项目的投资风险系数,R_m 是市场投资组合预期收益率;K_b 是税前债务资金成本,RP_c 是投资者比债权人承担更大风险所要求的风险溢价。

2. 计算债务资金成本(建设期利息)

建设期利息计算是债务资金成本计算的重点。表 9 显示了不同情况下的建设期利息计算方法和公式。

表 9　各类情景下的建设期利息计算方法

	建设期每年末支付利息	建设期不支付利息
在建设期各年年初发生	建设期利息 $=\sum$ 每年年初本金 × 利率	建设期利息 $=\sum$(每年年初本金＋以前年度的利息)×利率
在建设期各年均匀发生	建设期利息 $=\sum$(每年年初本金＋$\frac{当年借款}{2}$)×利率	建设期利息 $=\sum$(每年年初本金＋以前年度的利息＋$\frac{当年借款}{2}$)×利率

计算出建设期利息后，就可以完成“建设期利息估算表”(表 10)的编制。

表 10　建设期利息估算表(示例)

序号	项目	合计	建设期					
			1	2	3	4	……	n
1	借款							
1.1	建设期利息							
1.1.1	期初借款余额							
1.1.2	当期借款							
1.1.3	当期应计利息							
1.1.4	期末借款余额							
1.2	其他融资费用							
1.3	小计(1.1+1.2)							
2	债券							
2.1	建设期利息							
2.1.1	期初债务余额							
2.1.2	当期债务金额							
2.1.3	当期应计利息							
2.1.4	期末债务余额							
2.2	其他融资费用							
2.3	小计(2.1+2.2)							
3	合计(1.3+2.3)							
3.1	建设期利息合计(1.1+2.1)							
3.2	其他融资费用合计(1.2+2.2)							

借贷、债券等的筹资费用和利息支出均在缴纳所得税前支付，因而可以起到所得税抵减的作用。

所得税后资金成本＝所得税前资金成本×（1－所得税税率） (14)

借贷资金利息等通常包含通货膨胀因素的影响，这种影响既来自近期实际通货膨胀，也来自未来预期通货膨胀。扣除通货膨胀影响的资金成本可按下式计算。

$$扣除通货膨胀影响的资金成本=\frac{1+未扣除通货膨胀影响的资金成本}{1+通货膨胀率}-1 \tag{15}$$

对于建设期投入项目的贷款资金，其每年还款额有两种计算方式："等额还本付息"与"等额还本利息照付"，计算公式分别为16和17。

$$A = I_c \times \frac{i(1+i)^n}{(1+i)^n - 1} \tag{16}$$

$$A = \frac{I_c}{n} \times I_c \times \left(1 - \frac{t-1}{n}\right) \times i \tag{17}$$

其中，A 是年还款额，I_c 是建设投资贷款本金，n 是还款期数，t 是当期期数。

3. 计算加权资金成本与优化资金结构

项目融资方案的总体资金成本可以用加权平均资金成本来表示，将融资方案中各种融资的资金成本以该融资额占总融资额的比例为权数加权平均，得到该融资方案的加权平均资金成本（公式18）。

$$I = \sum_{t=1}^{n} i_t \times f_t \tag{18}$$

其中，I 是加权平均资金成本，i_t 是第 t 种融资的资金成本，f_t 是第 t 种融资的融资金额占融资方案总融资金额的比例，有 $\sum_{t=1}^{n} f_t = 1$，n 是各种融资类型的数目。

将企业的盈利能力与负债对股东财富的影响结合起来，去分析资金结构与每股利润之间的关系，进而确定合理的资金结构的方法，称作息税前利润——每股利润分析法(EBIT－EPS分析法,公式19),也称每股利润无差别点法。

$$\frac{(EBIT - I_1)(1-T) - D_{p_1}}{N_1} = \frac{(EBIT - I_2)(1-T) - D_{p_2}}{N_2} \quad (19)$$

其中,$EBIT$ 是息税前利润平衡点,即每股利润无差别点,I_1 和 I_2 是两种增资方式下的长期债务年利息,D_{p_1} 和 D_{p_2} 是两种增资方式下的优先股年股利,N_1 和 N_2 是两种增资方式下的普通股股数,T 是所得税税率。

分析者可以在依据上式计算出不同融资方案间的无差别点之后,通过比较相同息税前利润情况下的每股利润值大小,分析各种每股利润值与临界点之间的距离及其发生的可能性,来选择最佳的融资方案。当息税前利润大于每股利润无差别点时,增加长期债务的方案要比增发普通股的方案有利;而息税前利润小于每股利润无差别点时,增加长期债务则不利。

4.资产证券化产品定价

资产证券化是指将缺乏流动性但能够依据已有信用记录可预期其能产生稳定现金流的资产,通过对资产中风险与收益要素进行分离与重组,使得在市场上不流通的存量资产或可预见的未来收入在经过中介机构(一般是证券公司)一定的构造和转变后,再打包分销成为在资本市场上可销售和流通的金融产品,流通的资产支持证券通过投资者的认购来最终实现资产融资的过程。

在资产证券化过程中,资产证券化产品的定价在发行和流通过程中不可或缺。在定价过程中一个很重要的关注点是现金流的现值,分析这个问题的起点是资产池的现金流,然后选择一个折现率将其折现。常见的资产证券化定价模型有静态现金流折现模型、蒙特卡洛模拟模型以及期权调整利差法(Option Adjusted Spread, OAS)模型。

期权调整利差是相对无风险利率的价差,通常以基点(BP)的方式进行量度,以国债即期利率曲线为基础,并考虑利率的影响期权调整后的折现现金流即为含权债券的理论价格，使该价格等于市场价格的利差就是期权调整利差。其计算公式为：

$$P=\frac{1}{M}\sum_{m=1}^{M}\sum_{t=1}^{T}\frac{cf_m(t)}{\prod_{i=1}^{t}[1+r_m(i)+OAS]} \tag{20}$$

OAS 法的优点是考虑了资产支持证券内含期权对定价的影响，使不同的含权证券基于相同的利率期限结构进行比较。然而，OAS 法对参数假设依赖较重，计算中使用的路径均值可能与现实情况的偏差较大。因此，编制人员在使用 OAS 法时需重视对统计数据的采集和分析利用，提高计算模型精度。

（五）盈利能力分析（融资后）

《2023 可研大纲》中的盈利能力分析（融资后）对应的是 FGP 图中的模块 B.2，主要采用动态指标对项目资本金现金流量进行分析。完成了建设期利息以及每年还款额计算后，融资后的财务计划现金流量表（表 11）即可编制完成。融资后的 FIRR 计算方法与融资前盈利能力分析中的相同。

表 11　财务计划现金流量表(示例)

序号	项目	合计	计算期					
			1	2	3	4	……	n
1	经营活动净现金流量(1.1－1.2)							
1.1	现金流入							
1.1.1	营业收入							
1.1.2	增值税销项税额							
1.1.3	补贴收入							
1.1.4	其他流入							
1.2	现金流出							
1.2.1	经营成本							
1.2.2	增值税进项税额							

续表

序号	项目	合计	计算期					
			1	2	3	4	……	n
1.2.3	营业税金及附加							
1.2.4	增值税							
1.2.5	所得税							
1.2.6	其他流出							
2	投资活动净现金流量(2.1—2.2)							
2.1	现金流入							
2.2	现金流出							
2.2.1	建设投资							
2.2.2	维持运营投资							
2.2.3	流动资金							
2.2.4	其他流出							
3	筹资活动净现金流量(3.1—3.2)							
3.1	现金流入							
3.3.1	项目资本金投入							
3.3.2	建设投资借款							
3.3.3	流动资金借款							
3.3.4	债券							
3.3.5	短期借款							
3.3.6	其他流入							
3.2	现金流出							
3.2.1	各种利息支出							
3.2.2	偿还债务本金							
3.2.3	应付利润(股权分配)							
3.2.4	其他流出							
4	净现金流量(1+2+3)							
5	累计盈余资金							

相应地,包含利息支出项的完整总成本费用估算表(表 12)以及包含借款信息的完整资产负债表(表 13)也可以编制完成了。

表 12 总成本费用估算表(示例,生产要素法)

序号	项目	合计	计算期					
			1	2	3	4	……	n
1	外购原材料费							
2	外购燃料及动力费							
3	工资及福利费							
4	修理费							
5	其他费用							
6	经营成本(1+2+3+4+5)							
7	折旧费							
8	摊销费							
9	利息支出							

表 13 资产负债表(示例)

序号	项目	合计	计算期					
			1	2	3	4	……	n
1	资产							
1.1	流动资产总额							
1.2	在建工程							
1.3	固定资产净值							
1.4	无形及其他资产净值							
2	负债及所有者权益(2.4+2.5)							
2.1	流动负债总额							
2.2	建设投资借款							
2.3	流动资金借款							
2.4	负债小计(2.1+2.2+2.3)							
2.5	所有者权益							

(六)偿债能力分析

《2023可研大纲》中的盈利能力分析(融资后)对应的是FGP图中的模块D,主要计算指标为利息备付率(公式21)和偿债备付率(公式22)。

利息备付率的分子是EBIT,偿债备付率的分子是EBITDA减去所得税;利息备付率的分母是应付利息额,偿债备付率的分母是应还本付息额,包含了要偿还的本金。

$$利息备付率=\frac{息税前利润(EBIT)}{应付利息额} \tag{21}$$

$$偿债备付率=\frac{息税折旧摊销前利润(EBITDA)-所得税}{应还本付息额} \quad (22)$$

利息备付率<1 表示没有足够资金支付利息，偿债风险很大；利息备付率越高，表明利息支付保证度大，偿债风险小。偿债备付率表示偿付债务本息的保证倍率，至少应大于 1，一般不宜低于 1.3，并结合债权人的要求确定；当偿债备付率小于 1 时，表示可用于计算还本付息的资金不足以偿付当年债务。

（七）财务可持续能力分析

《2023 可研大纲》中的财务可持续性分析对应的是 FGP 图中的模块 E，在定量分析方面主要是财务生存能力分析，可结合偿债能力分析一并进行。投资项目的财务生存能力分析主要有两方面衡量标准：一是要有足够的净现金维持运营，二是累计盈余资金不能出现负值。

财务可持续性的定性分析的另一个关键是在前期决策阶段就谋划好后续的综合利用机制，这里以抚顺西露天矿和 2022 年卡塔尔世界杯主场馆卢塞尔体育场的例子来说明。

抚顺西露天矿，贡献新中国第一桶煤的煤矿，20 世纪初由日本人开采。当时没有可行性研究科学决策理念，一百多年后靠近地表的浅层资源开采殆尽后，西露天矿不可避免地成为了亚洲第一大坑，并引发了沉陷。2018 年，习近平总书记在考察西露天矿时强调，开展采煤沉陷区综合治理，要本着科学的态度和精神，搞好评估论证，做好整合利用这篇大文章。目前，矿区整个生态恢复治理取得了初步的成果，在灾害治理后，用 5～10 年建成东北地区的生态欢乐谷。

卢塞尔体育场是卡塔尔世界杯的主球场，由中国铁建承建。世界杯结束后，体育场将改建为容纳 4 万人的场地，体育场内部会开设商铺、咖啡厅、健身房、教育场所和诊所。此外，卢塞尔体育场还将成为卡塔尔国家足球队的主场地。世界杯结束后的卢塞尔体育场将被改建为学校、医院和酒店等，以服务当地社区的可持续发展。

在综合利用方面，卢塞尔体育场的改建计划旨在为当地社区提供公共服务和贡献价值。例如,体育场内部的商铺、咖啡厅和健身房将为当地居民提供便利的购物和健身场所。教育场所和诊所则可以提供教育和医疗服务。

四、结论与展望

《2023可研大纲》宣贯实施,从项目投融资与财务分析角度看,有助于保证政府投资项目与经济社会发展水平和财政收支状况相适应,防范地方政府隐性债务风险,推动政府投资项目的绩效管理、量化考核;有助于统筹项目的需求、要素、影响和风险,并考虑通过基础设施REITs等盘活存量资产实现投资退出的路径,为全过程工程咨询提供指引;有助于引导企业在投资项目时更注重经济性,聚焦投资收益、市场风险规避等,提高其投资决策的科学性和财务的可持续性;有助于强化对项目的综合影响、财务可行性、融资需求合理性、收益匹配度、风险可控性等关键因素分析,为授信评审决策提供有力依据。

基于资金生成过程(FGP)的项目全生命周期财务分析,为精细化研究项目投资需求、融资方案、盈利能力、债务清偿能力、财务可持续性提供了一个系统分析框架,以全面评价项目的可融资性及财务方案的可行性,判断拟建项目是否具有较强的财务合理性、平衡性和可持续性,以实现经济、社会、环境、安全等方面的效益和投资者合理回报的综合目标。

《2023可研大纲》的颁布实施,对我国工程咨询行业的发展具有重要意义,必将进一步促进工程咨询和投资管理模式、理念的转变与创新。项目投融资与财务方案的研究是确保项目的财务合理性、可持续性和平衡性的关键步骤,以实现项目的可融资性,并为项目的成功和社会价值贡献提供坚实物质基础。这一过程需要充分综合考虑各种因素,以确保项目的财务健康和可持续性。

学习交流

立足新发展阶段 贯彻可研大纲精神

文/尹甜

可行性研究是投资决策前的前置条件，通过研究形成的可行性研究报告是投资主体投资决策的重要依据，可行性研究的重要性不言而喻。从2002年《投资项目可行性研究指南（试用版）》到2023年《投资项目可行性研究报告编写大纲及说明》（以下简称《可研大纲》）印发，时隔二十多年，依据试行过程中接收到的反馈意见以及国家新的方针政策，《可研大纲》吸纳意见整合完善后应运而生。

《可研大纲》按照政府投资项目和企业投资项目分类管理，其包括《政府投资项目可行性研究报告编写通用大纲（2023年版）》（以下简称《通用大纲》），《企业投资项目可行性研究报告编写参考大纲（2023年版）》（以下简称《参考大纲》）和《关于投资项目可行性研究报告编写大纲的说明（2023年版）》。在运用新大纲分别编写政府投资项目和企业投资项目可行性研究报告的这段时间里，感触颇多。新的大纲厘清了重点内容的前后逻辑和统筹协调，保证各个章节内容的完整性；注重项目是否与国家的各项规划和重大政策相匹配，与扩大内需、科技创新、乡村振兴等国家积极提倡的战略目标紧密结合，有机融入投资建设数字化、碳达峰碳中和等新要求，与时代融为一体，共同为实现国家各项规划、落实各项方针政策添砖加瓦。下面具体陈述对新大纲学习和运用的感悟和心得。

一、逻辑严明，环环相扣

在2002年《投资项目可行性研究指南（试用版）》基础上，《可研大纲》立足新发展阶段，贯彻新发展理念，按照政府投资项目和企业投资项目分类管理的总体思路，提出了以"三大目标、七个维度"为核心的可行性研究逻辑框架体系，围绕项目建设必要性、方案可行性及风险可控性等三大目标展开。章节编排内容突出，层次分明，逻辑贯穿始终，目的性明确。

《通用大纲》第一章概述是对整个报告主要内容的浓缩，从这里可窥全局。接下来的三个章节主要围绕项目建设必要性展开。项目建设背景和必要性是报告的核心章节，主要阐述项目是在什么背景下被提出以及项目建设的理由和依据。紧接着通过分析市场潜力、项目定位来明确项目需求，推导出项目建设内容和规模，制定项目产出方案，这也是进一步验证建设内容和规模的过程。在建设内容和规模确定的基础上再落实项目选址以及周边建设条件、土地和资源环境要素保障。这些章节一以贯之，紧密相连。《参考大纲》主要是将二三章合成一章，与《通用大纲》相比着重突出企业发展战略需求分析和项目商业模式分析，更注重项目投资回报率。

中间三个章节围绕方案可行性展开。从建设方案开始，阐述技术、设备、工程、用地用海征收补偿、数字化和建设管理的方案。建设之后就是运营管理以及投融资与财务管理方案，从项目全生命周期出发统筹拟定项目投融资和建设实施方案。层层推进，结构合理，其中，将建设管理方案由单独章节划入到建设方案这一章节，使建设方案更具完整性；将职业安全卫生分别纳入建设方案中的建设管理方案和运营方案中的安全保障方案，建设期和运营期的安全卫生一目了然，同时也保证了各自方案的完整性和合理性。

接下来两个章节围绕风险可控性这一目标。从经济影响、社会影响、生态环境影响、资源和能源利用效果、碳达峰碳中和等方面来分析阐述项目影响效果，再转入项目风险管控方案，从风险识别与评价、风险管控方案、风险应急预案将风险管理中的各个环节都考虑到位。从这些变动中可以看出对项目影响和风险管理的重视程度，风险管理起源于国外，国内对风险管理的认知和运用起步较晚。在项目重大决策的过程中，国内很少有企业会先进行风险评估，基于评估结果进行决策。但是从《可研大纲》的构造来看，对风险管理的重视程度越来越高，由风险分析转成风险管控方案，侧重于主要风险的防范和化解措施，制定应对方案，从而降低风险因素发生的概率，尽可能规避损失。最后以结论与建议，附表、附图和附件两个章节收尾，实现整个报告的完整度。

二、匹配规划，紧跟时政

《可研大纲》更加注重发挥重大战略、重大规划和产业政策的引领作用，以及关注国家数字化转型、“双碳”目标等一些前沿政策，着重强化对这些部分内容的研究。

强化规划政策符合性，这一小节可通过检验项目是否与发展规划、区域规划、专项规划等重大规划相符合，加强各方对现有重大战略、重大规划和产业政策的学习与关注，进而使其引领作用落到实处。同时，检验项目能否促进国家重大政策目标的实现，比如扩大内需、共同富裕、乡村振兴，还有科技创新等一些国家正在实施并努力推动的重大政策，利于社会进步和人民幸福，项目如能有益于这些目标实现更能说明项目具有可行性。

强化要素保障分析，其中包括土地要素保障和资源环境要素保障。土地要素保障考虑项目用地使用是否符合国土空间规划、土地利用年度计划等相关规划；资源环境要素保障考虑项目的实施是否满足当地各种资源和生态的承载能力，说明国家在土地、资源和环境方面的考量标准越来越严格，深入考察项目的实施是否大量占用资源以及是否会对生态和环境造成破坏。

强化投资建设全过程数字化应用方案分析，《国民经济和社会发展第十四个五年规划和 2035 年远景目标纲要》中提出“加快数字化发展，建设数字中国”，说明数字化转型是目前国家的趋势，每一个项目同样具有使命。检验项目在设计、实施和运行过程中是否运用到数字化方案，也是提醒和建议在具备条件的情况下，投资建设全过程应用数字化方案，助力行业数字化发展。

强化碳达峰碳中和分析，2020 年 9 月 22 日，国家主席习近平在第七十五届联合国大会上宣布，中国力争 2030 年前二氧化碳排放达到峰值，努力争取 2060 年前实现碳中和目标。这是国家对世界作出的保证和承诺，需在党中央的领导下，依靠全国人民上下一心为实现这一目标而共同努力，通过对项目年度碳排放总量预测检验每个项目是否满足国家和各省区市对于碳排放的标准与要求，并提出相应的控制方案以及明确减少碳排放的措施。

这些通过单独小节突出强化的内容使得在可行性研究的过程中，着重检验项目是否与国家整体规划、大型布局，重大政策相符合，对于偏离规划和政策的项目需及时进行调整，采取有效措施控制与解决。

三、重视项目全生命周期

《可研大纲》更加注重从项目全生命周期出发，完美融入创新与高质量发展。2017 年 2 月，国务院办公厅发布的文件中提出“培育全过程工程咨询”，说明关注点已经不再仅仅局限于一个阶段或过程，而是从全局出发，全面看待问题，由点到面，这种转变说明大家的意识更倾向于项目全生命周期。

《可研大纲》充分呈现了这一转变，改变“重建设、轻运营”的一贯思路，强调项目全生命周期的管理理念，《可研大纲》中可以看到需要阐述项目技术、设备和工程方案，表明对建设方案可行性的重视；同时，明确运营方案单独成章，《通用大纲》中重视研究运营模式选择和创新，明确运营组织方案和安全保障方案，提出绩效管理方案，制定项目关键绩效指标和绩效管理机制，提出项目主要投入产出效率、直接效果、外部影响和可持续性等绩效管理要求。而《参考大纲》根据企业项目特点确定生产经营方案、安全保障方案和运营管理方案，表明对建成后运营方案可行性也同样重视，突出运营重要性。后续还客观进行经济、社会、生态环境等影响论证评价，并识别、分析和管控各类风险，从而为项目建设方案提供有力佐证与支持。

可行性研究应从项目全生命周期管理的角度出发，全面系统分析项目各环节涉及的因素，研究各个环节的方案，特别是落实好项目建设和运用方案，协调各方面的因素保证项目符合国家规划和政策。

四、建议

《可研大纲》中有专门针对重大投资项目和重大项目的要求，比如提到“对于重大投资项目，应列示规划、用地、用水、用能、环境以及可能涉及的用海、用岛等要素保障指标……”“重大项目应当对社会稳定风险进行调查分析，查找并列出风险点……提出采取相关措施后的社会稳定风险等级建议”。但是对于重大投资项目和重大项目的界定在《可研大纲》中未找到相关说明。

建议《可研大纲》可以对重大投资项目和重大项目进行界定，如需根据各省市情况建议相应列出各省市相关参考文件。

《可研大纲》的出台是严格落实党中央、国务院决策部署，提升项目前期工作质量和水平，全面推动高质量发展。要达到这一目标需要行业同仁共同努力，作为从事咨询工作的一员，本人会通过政府投资和企业投资的每一个项目去深入解读新大纲要求，不断领悟和体会新大纲深意，认真研究项目全生命周期的建设必要性、方案可行性和风险可控性，在项目前期把好关，运用科学合适的方法与手段，得出可靠合理的结论，不负重托，提升后期项目实施的成功率。

（作者单位：机械工业规划研究院有限公司）

工程咨询行业的数字化路径探讨

文/朱飞跃　杨漾　唐演跃

一、前言

国家发展和改革委员会于 2023 年 3 月印发了《投资项目可行性研究报告编写大纲及说明》(以下简称《可研大纲》),包含《政府投资项目可行性研究报告编写通用大纲(2023 年版)》(下文简称《通用大纲》)及《企业投资项目可行性研究报告编写参考大纲(2023 年版)》(下文简称《参考大纲》),这是工程咨询行业的一件大事,笔者随即展开了认真的学习;并对《可研大纲》新增加和修改的内容,进行了积极探讨。在学习和探讨过程中,大家都希望获得对于《可研大纲》的权威解读。2023 年 4 月 25 日,在国家发展和改革委固定资产投资司指导下,中国工程咨询协会举办了“投资项目可行性研究报告编写大纲培训会”,我们从中国工程咨询协会网站获取了该培训的视频,系统地学习了《可研大纲》的新要求和新变化,提升了对《可研大纲》执行和运用的能力。

通过学习,笔者认识到《可研大纲》更加注重发挥重大战略、重大规划和产业政策的引领作用,更加注重从项目全生命周期出发拟定项目投融资和建设方案,更加强调数字化、经济、社会、环境等新评价理念的应用,更加关注可行性研究重点内容的逻辑衔接。《可研大纲》对可行性研究报告编制提出了更高的要求,同时也要求工程咨询从业人员持续不断提高自身业务水平,从系统性、创新性、全生命周期等方面对投资项目进行综合研究。

二、《可研大纲》中的数字化方案的现实意义

《可研大纲》新引入了“数字化方案”“碳达峰碳中和分析”等内容。这些内容，紧扣我国“加快数字化发展，建设数字中国”以及“2030 年前二氧化碳排放达到峰值、2060 年前实现碳中和”等政策和规划，符合我国国情和新时代的发展目标。

可行性研究报告中的“数字化方案”，旨在推进“数字化”工具在项目中的应用，目前主要的应用方向如下：在规划阶段，通过打造项目的概念数字孪生体模型，给业主方提供直观的未来呈现以方便决策。在设计和建设阶段，数字孪生体与 BIM 模型关联，逐步细化和完善，进行渲染和可视化。同时，数字化模型的结构优化分析计算、全过程 BIM 咨询服务(项目管理服务)等有利于各参与方降低成本、提升效率，最终获得良好的建设效果。面向运营，实施项目级数字化移交系统及服务，对建设过程中与运维相关的数据进行管理，关联基于竣工 BIM 模型打造的数字孪生体的运维功能，形成数字资产，随实体工程一并移交，有利于提升运营效率。

数字化技术是推动建筑安装行业变革的重要力量，有利于行业整体的转型升级。数字化技术的应用，对于减少工程变更、缩短工期、节约材料、降低建设成本、减少人为因素对工程质量的影响都有显著的效果。数字化技术带来了建筑过程的精细化和智能化管理，为建筑安装行业提供更多的商业模式和创新机会，相关企业只有适应这一技术变革趋势，才能保证自身在行业中的竞争地位。

从宏观层面来说，数字化技术在投资建设领域的应用，有利于政府对投资建设领域的动态监管、宏观把控，转变政府对投资建设领域的管理模式，实现精准有效的管控，提升政府的治理能力。

三、工程咨询行业的经济评价数字化情况

《可研大纲》中数字化方案章节能够有效推动投资建设领域的数字化应用，在数字化大潮中，如何实现和提升工程咨询行业自身的数字化应用，是一个现实并且迫切的课题。

通过培训，我们深刻体会到“工程咨询行业是一个多学科、多技术、多因素的智力密集型行业；工程咨询行业高质量发展要以数字化引领理念、模式、服务的转型升级。”

“数字化”是未来工程咨询行业高质量发展的利器，但是对于工程咨询行业“数字化”的路径目前还不十分清晰，这既是“机遇”，又是“挑战”。

目前看来，在工程咨询领域诸多数字化课题中，依照《建设项目经济评价方法与参数》进行经济评价的“数字化”，是工程咨询行业“数字化”优选的路径。《建设项目经济评价方法与参数》“数字化”，即开发方便使用、计算准确的经济评价软件，存在着一定的专业、技术门槛，目前尚未形成优秀的成果。抓住国家推进各行业“数字化”的机遇，率先做好《建设项目经济评价方法与参数》“数字化”的企业，将取得工程咨询行业“数字化”的先发优势。

（一）我国经济评价软件的发展概况

进行经济评价（财务分析、经济分析）有诸多理论和方法，在众多方法中，联合国工业发展组织（UNIDO）于1978年首次出版的《工业可行性研究编制手册》给出了一套普遍认可的、科学的方法来进行经济评价，我国在此基础上发布了《建设项目经济评价方法与参数》，成为我们进行经济评价的基础和规范。

20世纪80年代，随着我国投资项目开展可行性研究，经济评价随之开展。当时经济评价采用手工制表，完成全套表格需要2～3天时间。修改调整参数后，重新计算十分不便。

手工制表难以满足经济评价时间性和多样性的要求，随着计算机技术的发展，计算机在经济评价中得到运用。联合国工业发展组织在1982年推出了称为COMFAR（Computer for Feasibility Analysis and Reporting）的软件系统，率先将计算技术应用于经济评价。20世纪80年代末、90年代初，我国部分规划设计单位、工程咨询公司也在这方面做了许多工作，诞生了一批经济评价的程序或软件，这些软件基本上是在Dos操作系统之上，用Basic语言或C语言编制的，在一定程度上满足了经济评价快速准确的需求，一般熟练用户在基础数据收集齐全的情况下，1小时之内可以得出全套评价表格，修改参数重新计算只需数分钟。但是这些软件大多是设计或咨询单位自行编制，内部使用，没有进行商业化的开发和维护。

20世纪90年代中后期，随着Windows操作系统的普及，图形化的界面极大地方便了用户的使用，加上Office办公软件中Excel的广泛使用，部分用户应用Excel自行编制经济评价表格，完成经济评价工作。

20世纪末，陆续出现了商业化的经济评价软件，如"普乐1—2—3"，清华紫光与相关单位合作推出的建设项目经济评价软件，中咨信息科技有限公司推出的"投资大师—中咨投资项目经济评价系统软件"等。

迄今为止，生存下来的商业化经济评价软件有：铭星、灵析、伯里奥、普乐等，但尚未形成具有行业领导地位的经济评价软件。

（二）采用专业化经济评价软件的必要性

由于没有具有行业普遍认可的经济评价软件，目前经济评价采用Excel编制比较普遍。此种方式优点是比较灵活，能够充分满足评价的要求。缺点是需要根据每个评价项目的具体情况链接计算公式，输入的原始数据、计算公式、输出的结果数据交错混杂，由于评价人员的自身原因，容易出现公式输入错误等情况，造成评价结果不准确，且由于每个项目基本上都需要重新链接公式，所需时间较长，一般熟练的评价人员新编制一套表格需要半天以上的时间。

此外，用 Excel 自行编制的经济评价表格，在变更建设期、计算期等内容时极其不方便；在进行敏感性分析、弥补以前年度亏损后计算所得税、计算贷款偿还期时，还需要人为干预，手动计算。虽然部分评价人员计算机水平较高，能够应用宏或 VBA 实现自动判别计算，但是由于程序和数据一体，不利于推广应用。

专业开发的经济评价软件实现软件和数据分离，便于评价人员使用，可以避免用 Excel 编制经济评价表格时因个人水平和操作失误导致的计算错误。专业软件的自动化和智能化还大大减少了分析计算和报告整理时间，将项目评价人员的时间和精力集中到原始参数的确定上，有利于提高项目经济评价质量，避免经济评价计算失误导致的损失，是降低项目投资风险的技术保证。

同时，在诸多投资项目评标、可行性研究报告评审时，由于评审时间有限，专家对提供的财务分析表格基本上是凭借工作经验和数据间的逻辑关系进行核验判断，无法准确知晓相关计算是否准确，是否与正确计算的结果存在偏差，给评标和评审带来一定的审核风险。

（三）专业经济评价软件开发的难点

虽然使用专业的经济评价软件存在诸多好处，但是开发一款计算准确、使用方便灵活的专业经济评价软件还是有一定难度的。

一方面，专业的经济评价软件涉及许多经济学的基本概念、财税制度、法律法规等，相对于工程咨询领域的造价软件，经济评价软件中的相关数据并非单一的线性关系，开发难度较大。软件编程人员如果不能正确理解相关知识、概念，并且应用到专业的经济评价软件中，往往在特定情况下，会出现计算结果出错的情况，且编程人员查错和修改都十分困难。

另一方面，由于各行业都有自身的产业特点，专业的经济评价软件如何灵活方便地适应各行业经济评价的特殊性，也是需要解决的问题。

四、工程咨询行业数字化的路径探讨

《建设项目经济评价方法与参数》是可行性研究报告编制的底层标准和规范，随着相关政策、法规的变化，《建设项目经济评价方法与参数》需要修订和完善，建议在修订过程中，充分考虑经济评价数字化的需求。以财务分析为例，对于财务分析报表（如现金流量表、利润与利润分配表、财务计划现金流量表、资产负债表、借款还本付息估算表），可以在考虑数字化需求的基础上采用相对固定的格式，因为这些报表与所分析的行业关联性不大，可以使用相对固定统一的分析表格。对于辅助报表、基础报表等，其目的是通过基础和辅助计算，提供相关数据供财务分析报表使用，因而辅助报表、基础报告可根据行业特点，选择相对灵活的设计。

同时建议相关咨询机构、软件企业在开发专业经济评价软件时，根据《建设项目经济评价方法与参数》，对于相对固定的财务分析报表，研究制定企业级的标准，确定软件开发的流程框图，固定需要输入数据的内容、格式、接口标准等。优秀的企业标准，经过行业协会评审、批准，可以升级为协会团体标准。统一规范地输入数据，便于专业经济评价软件的使用，也便于在可行性研究报告评审、投资项目招标评审时，评审专家可以用标准的输入数据进行计算校核，提升评审效率和准确性。

开发诸如财务分析报表的底层核心计算模块涉及许多专业和技术性的问题，软件编程人员需要正确理解行业专家的意图，密切配合，用程序代码转化行业专家的思路、框图等，并且反复测试修改，才能获得计算正确且稳定的代码。核心计算模块的开发需要汇集全咨询行业的智慧和研究成果，建议在这一过程中，可以尝试让具有编程经验的工程咨询行业经济评价人员直接撰写核心计算代码和进行软件测试，解决软件编程人员不熟悉经济评价业务的难题。采用了规范的输入数据接口，并成功开发的核心计算模块可以广泛应用在各行业经济评价系统中，降低针对各行业的经济评价软件开发的难度。

专业的经济评价软件是工程咨询行业数字化的一个切入点，工程咨询行业的数字化还有许多领域亟待开发、完善。例如工程建设管理系统的数字化，涉及如何适应我国工程建设相关的法律法规，打通工程进度计划、合同管理、材料库存管理、现金流管理、工程造价结算管理、工程款支付管理、档案管理、工程变更及签证管理、工程质量管理、工程验收管理、工程运维交付管理等诸多环节，工程咨询行业的从业人员还有许多细致的工作需要完成。

通过数字化赋能，使工程咨询行业的头部企业走上数字化转型道路，必将引领行业发展和模式创新，为投资者提供更好更高效的咨询服务产品。展望未来，工程咨询行业数字化的工作任重而道远。

（作者单位：朱飞跃、杨漾，阶梯项目咨询有限公司；
唐演跃，樾青果科技（北京）有限公司）

新可研大纲纾困解惑 工程咨询“小白”获益良多

文/杜亚囡

中国工程咨询协会于 2023 年 4 月 25 日举办了《投资项目可行性研究报告编写大纲及说明》(以下简称《可研大纲》)培训,让笔者从整体上认识了《可研大纲》,整体把握了今后可研编制的优化方向:注重规划引领作用、注重项目全生命周期出发、关注建设更关注后期运营、关注投资也注重财务分析、注重数字化方案、注重逻辑衔接前后对应、项目跟着规划走、资金围绕项目走等。

笔者特别赞同国家发展改革委投资司赵成峰处长提到的关于咨询是智力密集型“朝阳行业”这一观点,以及中咨公司徐成彬老师讲到的工程咨询将迎来一个高质量的飞跃,即“从格式化文本到专业化论证”“从可批性到可行性”“从工可到项目全生命周期”。两位老师深入浅出地把《可研大纲》的总体思路、主要内容(三个目标七个维度)及与之前的 2002 年《投资项目可行性研究指南》对比讲得明明白白。通过本次培训,笔者对投资项目的审批历史沿革有了一个整体系统的认识,感叹工程咨询发展“路漫漫其修远兮,吾将上下而求索”。

此外,还参加了其他地区的线上培训,每一次培训都受益匪浅。在这里想具体谈一下 2023 年 6 月 20 日成都培训,田兆东老师的《企业投资项目商业模式设计在投资决策阶段的应用》课程。田老师讲到“农康养及深加工一体化科技农业投资项目全过程咨询”实例,一方面打开了思维维度,让咨询人与投资人站在同一维度考虑问题;另一方面拓展了对目前咨询的认知边界。

田老师总结:“新版《可研大纲》既是提升投资决策科学化水平的需要,也是工程咨询企业转型的难得机遇”。具体思考如下:

首先是对“新版《可研大纲》是提升投资决策科学化水平的需要”的认识。田老师的分享开篇主要针对政府投资项目和企业投资项目的定义、区别以及《通用大纲》和《参考大纲》核心章节的不同,分析企业投资项目在决策阶段确定融资模式的重要性。通俗易懂地分析了之前重建设轻运营的开发模式与现在所提商业模式的区别。

新版《可研大纲》之后的前期咨询要求将思维维度打开,与投资人站在同一维度考虑问题,并提出企业战略与商业模式之间相互关联的重要性。企业战略更为短期、显性、更注重目标,而商业模式更为长期、隐性、更注重路径及布局,研究企业战略并制定相对应的商业模式,进而使得企业战略与商业模式相互融合补充,是实现项目可行性和可持续性的必要条件,也是实现企业盈利和企业价值提升的关键。总之,新版《可研大纲》打通了传统开发模式与商业模式的通道,并加速了二者融合。

其次,提到“本次新版《可研大纲》是工程咨询企业转型的难得机会”,笔者更是深有感触。工作中,面对一个项目调整一遍又一遍,半年时间项目几乎还在原地打转,作为甲方项目负责人面对项目困境束手无策,咨询单位也被甲方一遍遍地修改要求折磨得崩溃。但是我慢慢发现在解决问题的过程中,咨询单位几乎总在问我们要数据要思路等资料,双方在合作的过程中都不是很轻松、顺利。

当我困惑于咨询存在的意义时,恰好看到一篇由前麦肯锡高级咨询顾问、优你咨询联合创始人 Joyce 学姐分享的公众号文章,里边提到自己的早期咨询经历。

有一次服务新客户,项目经理交代我们,初期可以先迎合对方需求,看看客户想要啥。要是不行的话,再由麦肯锡这边为主导,把项目做好。但迎合客户的过程是痛苦的,因为他们的“诉求也不清晰。我们按客户意思去做,就像毛驴拉磨,原地转圈。一会改成这样、一会又换成那样、今天 CEO 说要这样改、明天又有 CEO 特助说你们做这个欠缺了某某方面考虑……反复拉锯之下，我意识到，要从客户手中抓回主动权了。”

最后，通过本次培训的学习、思考提出几点自己的建议：

一是希望国家发改委制定相关政策文件或者咨询协会增加相关案例分享，协助甲方能尽快地从之前重建设轻运营的思路中跳出来，强调全过程工程咨询中决策阶段的重要性，即让业主重视项目可行性研究报告的编制。

二是在对项目可研的评估工作中除重点对项目建设方案评审外，应补充专家对项目产出方案、运营方案合理性的评审，加强专家对项目投融资与财务方案的评审。若为全过程工程咨询项目，应制定相应的指标，阶段性对咨询服务进行绩效评估，实现项目全生命周期的可行性及可持续性。

三是应规范并强化咨询行业的服务意识，强化服务能力，咨询师继续教育中建议补充产业引入、商业模式探索、融资模式、试用场景等等，增强咨询人咨询服务能力，促进咨询人思维模式的转变，由被动变主动，做合格的“咨询”师。

（作者单位：河南宋都政建工程管理有限公司）

五个维度浅议可研大纲及相关建议

文/张政

2023年3月,国家发展改革委发布了《国家发展改革委关于印发投资项目可行性研究报告编写大纲及说明的通知》(发改投资规〔2023〕304号,以下简称《可研大纲》),通知附有《政府投资项目可行性研究报告编写通用大纲(2023年版)》《企业投资项目可行性研究报告编写参考大纲(2023年版)》和《关于投资项目可行性研究报告编写大纲的说明(2023年版)》(以下分别简称《通用大纲》《参考大纲》),成为工程咨询行业2023年以来最重大的事件之一,同时也揭开了行业从业者学习新可研编写大纲的帷幕。

作为央企控股上市企业的项目投资从业人员,同时也是咨询工程师(投资),在第一时间对通知和附件做了认真的学习研究,同时参加了中国工程咨询协会举办的培训,加深了对于新版《可研大纲》的理解,结合所处行业及工作经历,谈谈对于新版《可研大纲》的一些粗浅认识,并提出一些建议。

一、把政府投资项目与企业投资项目区分开,既适应经济社会发展规律,又充分体现了科学性

2004年7月国务院发布了《国务院关于投资体制改革的决定》(国发〔2004〕20号),区分政府投资项目和企业投资项目,政府投资项目采取审批制,企业投资项目根据不同情况试行核准制和备案制。针对企

业投资项目和政府投资项目，国务院于2016年和2019年又相继颁布了《企业投资项目核准和备案管理条例》及《政府投资条例》。

对于政府投资项目，应突出以人民为中心的基本原则，项目需满足基本公共需求、突出经济社会的综合效益，充分考虑财务可负担性、防范地方隐性债务风险；对于企业投资项目，应落实企业投资决策自主性和投资决策的科学性，重视市场需求分析、突出项目经济性，同时关注项目可持续性以及项目对于企业的影响。对于政府投资项目，适应审批制的相关要求，经济性可行性优先于财务的可行性；对于企业投资项目，更突出了建议性，指导企业进行科学的投资决策。

对于企业项目投资的从业者，《可研大纲》不仅仅可作为企业投资项目可行性研究报告编写的指导性文件，也可作为企业进行科学投资决策的指引，从而降低企业投资风险，提高企业投资效益。

二、统筹资源要素分析，充分体现了可持续发展思想

政府投资项目和企业投资项目都提到了要素保障分析，要素保障指的是政府为经济发展提供的必要条件，包含体制、用地、资金、人员保障、基础设施、发展环境等诸多方面。新版《可研大纲》重点提及土地要素保障和环境承载要素保障两大方面。

用地要素保障特别提到了农用地转化为建设用地时，需要办理相关合规合法性手续；占用永久基本农田的，说明永久基本农田占用补划情况。除了用地外，还提到了用海、用岛相关问题，体现了海陆统筹的思想，我国拥有广袤的领海，应着力推进海洋经济高质量发展。

资源环境要素保障，涉及水资源、能源、大气环境、生态等多维度的承载能力及其保障条件，与之对应的用水量、能耗、碳排放强度和污染减排指标相关要求。同时也提到了用海、用岛过程中的相关规范和保护措施。

可持续发展，既要发展，又要可持续。对于用地要素和资源环境要

素的保障充分体现了可持续发展的思想理念,既不可过度开发造成要素资源的浪费,又不可因噎废食阻碍经济社会的发展,要通过科学的规划把握平衡。

三、重视运营方案编制,为投资项目全生命周期高质量实施保驾护航

投资项目的全生命周期大致包括三个阶段一决策阶段、建设阶段和运营阶段。项目运营阶段占据了项目周期的绝大多数时间,之前的可行性研究报告的侧重点,大部分着眼于工程的可行性,而忽略了运营期的可行性研究。究其原因,主要是以下三点:

第一,投资驱动工程,工程驱动经济发展的思维定式。长期以来,投资作为我国经济发展的“三驾马车”之一,带动了经济的高速增长,但也积累了诸多的问题,政府和企业习惯性地把投资与工程画等号,认为投资即是工程,工程即是投资,造成了很多低效、无效投资甚至烂尾项目。

第二,对于短期效益的追求导致长期主义视野不足。很多国企甚至民营企业,以投资驱动工程利润,“赚快钱”的诱惑丧失了长期主义宏观视野,重工程轻运营的思维倾向严重。

第三,运营经验缺失,造成运营方案编制的空洞。高速发展造就了很多投资驱动型企业,而企业高速发展,造成很多企业只着眼于对外扩张,不重视项目运营。

新版《可研大纲》,首次将运营方案的编制提高到重要地位,是投资项目从高速发展到高质量发展的必然要求。不论是政府投资类项目,还是企业投资类项目,通过高质量运营实现项目的社会效益和经济效益,也是回归投资的初心。

四、经济评价方法的演变与调整，充分体现了实践是检验真理的唯一标准

可行性研究报告经济评价的方法依据《建设项目经济评价方法与参数(第三版)》(简称《方法与参数》),《方法与参数》提供了一整套完备且逻辑关系严密的财务测算表及配套分析参数，第三版自 2006 年发布至今，仍然是一套全面的、科学的投资评价体系。

原可研经济方案，并没有严格依据《方法与参数》和传统工程经济所建议的分析方法区分融资前和融资后分析，而是较为机械刻板地设定资本金和贷款比例、银行贷款利率，最终通过预设的资本金内部收益率(税后)标准及其他边界条件，倒推项目的产出品的单价。该套方法评价的起点是投资估算，终点是单价及对应的资本金内部收益率(税后)。

新版《可研大纲》,调整了财务分析的流程，投资估算后，先进行项目盈利能力分析，针对政府投资项目营业收入不足以覆盖项目成本费用的，提出政府支持方案。盈利能力分析对应的指标应为项目投资内部收益率(税前),该指标可作为项目融资成本的标尺，只有项目投资内部收益率(税前)高于融资利率，才能体现出融资的正向杠杆效应。盈利能力分析后，再进行融资方案和债务清偿能力分析，而融资的方式是多元的，除传统的银行贷款方式外，政府投资项目包含用权益型金融工具、专项债、公司信用类债券等融资方式，企业投资项目包含绿色金融、绿色债券等，同时提到了基础设施领域不动产投资信托基金(REITs)等模式盘活存量资产、实现投资提前回收的可能性。针对政府投资项目，特别提到了需要考虑是否增加当地政府财政支出负担、引发地方政府隐性债务风险等情况。

最终要进行财务可持续性分析，通过构建财务计划现金流量表，分析项目资金缺口情况，针对经营净现金流不足的，政府投资项目需考虑

政府财政补贴，企业投资项目需考虑股东借款，统筹考虑企业整体财务状况、总体信用及综合融资能力等因素，首次提出针对企业（股东）的现金流、利润、营业收入、资产、负债等主要指标的影响分析。通过投资的理论，指导投资实践，通过投资实践促进理论的革新。

2023年6月，国家发展改革委发布了《关于公开遴选〈建设项目经济评价方法与参数（修订建议稿）〉任务承担单位的公告》，启动《建设项目经济评价方法与参数（第三版）》修编工作，期待新一轮的理论创新，进而指导实践的不断发展。

五、新版《可研大纲》的一些新概念让人耳目一新，充分体现了与时俱进

数字化方案，对于项目设计、施工、运维等多阶段实施过程中，鼓励项目采用数字化技术。“工欲善其事必先利其器”，数字化技术的应用，是实现技术升级和产业升级的必然要求，也是实现高质量发展的硬件基础。通过可研编制的过程引导产业发展，也体现了大纲编制者的良苦用心。

碳达峰碳中和分析，2020年9月中国明确提出2030年“碳达峰”与2060年“碳中和”的“双碳”目标。“双碳”目标倡导绿色、环保、低碳的生活方式。加快降低碳排放步伐，有利于引导绿色技术创新，提高产业和经济的全球竞争力。在新版《可研大纲》中予以阐述，体现了与国家战略的高度一致性和前瞻性。

基础设施领域不动产投资信托基金（REITs），通过REITs基金上市的形式实现初始投资人提前退出，退出后的资金可用于其他新增项目的专业投资，增大投资促进经济发展的引擎动力；投资机构和人民群众可通过二级市场购买和交易REITs基金，共享改革开放的成果。实践证明，REITs是盘活基础设施存量资产较为理想的金融工具，新版《可研大纲》中提到REITs，使REITs培育（Pre－REITs）提前到项目的

决策阶段，同时也有利于投资项目的手续规范。

风险管控方案提出“邻避”问题，体现了以人民为中心的发展思想，为解决人民日益增长的美好生活需要和不平衡不充分的发展之间的矛盾提供了科学的方法。

六、针对进一步完善《可研大纲》的几点建议

针对《可研大纲》的进一步完善和中国工程咨询行业的发展，提出几点建议。

（一）着力落实“真”可行性研究报告编制

新版《可研大纲》结构严谨，内容充实而全面。优秀的理论思想需要通过求真务实的实践创造价值，在进一步宣贯和引导过程中，应着力落在“真”上，即编制真正研究项目可行性的可行性研究报告，提高行业的整体水平，使可行性研究报告的咨询成果真正成为投资项目全生命周期的实施蓝图。

（二）编制标准化和差异化案例集

由于编制大纲的纲领性和抽象性，建议在 2002 年发布的《投资项目可行性研究指南（试用本）》基础上编制新版研究指南，研究指南中附有通过真实案例改编的案例集。案例集要突出编制可行性研究报告思想的共性和针对不同行业项目的个性。为从业者提供案例模板，应避免可行性研究报告案例的过分抄袭，建议在审批制的政府投资项目中，项目审批系统中引入类似于学术论文查重的相关功能。

（三）《方法与参数》的一些修编建议

可行性研究报告编制离不开《方法与参数》，恰好《方法与参数》开始启动修编工作，根据投资测算实际问题提几点修编建议。

1. 根据“营改增”政策后现行的会计记账规则，进行“价税分离”调整。涉及总成本费用估算表、固定资产折旧费估算表、无形资产和其他资产摊销估算表、项目投资现金流量表、项目资本金现金流量表、利润

与利润分配表等；

2.在参数分析中，增加核心利润获现率、经济附加值（EVA）等比率参数，增加财务分析的维度和质量。相关公式如下：

核心利润获现率＝经营活动产生的现金流量净额/核心利润＝（营业收入－营业成本－营业税金及附加－销售费用、管理费用、财务费用）/核心利润

经济附加值＝税后利润－资本费用＝营业利润－所得税额－总资本×平均资本费用率＝营业利润－所得税额－总资本×（资本或股本费用率×资本构成率＋负债费用率×负债构成率）

3.考虑应收账款跨年度分析。目前的财务分析方法中，默认当年收入可以在当年收回，应收账款也仅仅作为“流动资产”中的一项在流动资金估算表中予以考虑。但实际项目运营过程中，应收账款严重影响项目的收益率和财务生存能力，建议在修编过程中，特别标注应收账款跨年度分析的方法，并作为敏感性因素的一项考虑进行敏感性分析。

（四）针对政府和社会资本合作模式（PPP）和生态环境导向的开发模式（EOD）实施方案，与可行性研究报告统一的经济评价方案

PPP项目的投资分析与投后管理，存在大量项目可行性研究报告和实施方案中经济评价方案不一致甚至前后矛盾的问题，主要是因为政府主管部门和审批流程不同造成的。建议发展改革委、财政部、生态环境部等多部门协调统一，建立同口径、同标准的投资评价体系，以增加此类项目决策的严谨性和科学性，以及方案规划路径的一致性。

（五）中国工程咨询协会鼓励会员单位和咨询工程师（投资），围绕企业投资项目开展企业战略规划咨询相关服务

针对企业投资项目，目前有96％的比例实行告知性备案，告知性备案意味着企业要对项目投资决策负责。相比于外资企业，不论是国有企业、民营企业还是混合所有制企业，在项目投资决策中都存在相当大的短板和不足。项目投资决策的失败，既不符合投资高质量发展的要求，又是对人民的辛勤劳动成果的严重浪费。中国工程咨询协会既接

受中国法律规范和政府有关部门指导，又与国际咨询工程师联合会(FIDIC，菲迪克)接轨，既体现了先进性又突出了中国特色，同时拥有大量知识储备和实践经验丰富的工程咨询单位和咨询工程师，理应肩负起企业投资项目战略咨询的责任，为实现经济高质量发展，为实现中华民族伟大复兴贡献更多的智力支持！

（作者单位：北京碧水源科技股份有限公司）

关于可研大纲与《大科学项目大纲》对比分析与相关建议

文/刘辉

2014 年国家发展改革委、财政部等联合发布了《国家重大科技基础设施管理办法》,并提出了《国家重大科技基础设施可行性研究报告编制提纲》(以下简称《大科学项目大纲》)。2002 年国家计委发布《投资项目可行性研究指南(试用版)》(以下简称《可研指南》),规范了工业、铁路、城市基础设施等十二个领域投资项目可行性研究报告的编制格式。

2023 年,为适应新时代的要求,国家发展改革委在《可研指南》的基础上研究制定了《投资项目可行性研究报告编写大纲及说明》(以下简称《可研大纲》)。

笔者多年来长期从事可行性研究报告的编制工作,主持或参与了十多项国家重大科技基础设施项目的可行性研究工作,对《可研指南》和《大科学项目大纲》具有比较深刻的理解。新的《可研大纲》颁布实施后,在认真学习、深刻领会《可研大纲》制定目标、思路、体系和编制要求的基础上,结合工作实际,浅谈几点体会。

一、《可研大纲》具有更严谨的逻辑体系

可行性研究是建设前期工作的重要内容,是基本建设程序中最重要的组成部分,主要是根据国民经济长期规划、地区规划与行业规划的要求,对建设项目在技术、工程和经济上是否合理和可行,进行全面分析、论证,进行多方案比较,提出评价,为项目决策提供可靠的依据。可

行性研究报告的研究内容应逻辑完整,可以反映项目建设的各个方面。

工业项目的《可研指南》包含总论、企业基本情况、需求预测及拟建规模、厂址选择与土地利用、物料供应与生产协作、工程设计方案、环境保护、职业安全卫生、消防、节能与合理用能、生产组织及人员培训、项目实施进度、项目招标、投资估算及资金筹措、财务评价、社会效益及稳定性析、风险分析、结论和需要说明的问题等十八个章节。

而《大科学项目大纲》包含项目基本信息、项目建设依据与目的、建设内容与技术方案、实施条件、环境、安全、卫生及资源综合利用、投资估算和资金筹措、建设周期与进度计划、建设组织管理、运行与利用、开放共享、科学、经济和社会效益分析、风险分析与控制、社会稳定风险分析、其他需要说明的问题、结论与建议等十四个章节。《大科学项目大纲》内容总体全面,能够满足项目建设必要性、方案可行性、投资合理性和可持续发展等方面的论述要求,但内容相对而言比较分散,各章节之间的逻辑性、系统性相对比较离散。

对比来看,《可研大纲》紧扣"三个方面、七个维度"的逻辑体系,设置十个章节,各章节之间以及各章节内部的逻辑关系更加合理。其中:项目建设背景和必要性、项目需求分析与产出方案章节围绕"需求可靠性"论证了项目建设的必要性;项目选址与要素保障、项目建设方案、项目运营方案、项目投融资与财务方案、项目影响效果分析章节分别围绕要素保障性、工程可行性、运营有效性、财务合理性、影响可持续性论证了项目方案的可行性;项目风险管控方案章节围绕风险管控方案论证了项目风险的可控性。《可研大纲》章节数虽有减少,但论述内容依然完整,能够反映建设项目的各个方面,而且各章节论述目标的逻辑性更强。

同时,《可研大纲》各章节内小节的设置也充分体现了逻辑链。以项目投融资与财务方案章节为例,《可研指南》中投资估算和财务评价分列两章,分别论述项目投资的合理性和财务效益的可持续性;但由于项目的财务效益与投资估算和融资方案是密不可分、相互影响的,《可研大纲》将两章内容有机组合，并按照“不考虑融资方案的投资估算是多少？项目不考虑融资方案的盈利能力如何？采用怎样的融资方案？在该融资方案条件下项目的债务清偿能力如何？在该融资方案条件下项目财务是否具有可持续性”的逻辑设置小节，充分体现了投资估算、融资方案和财务效益之间的耦合关系。

综上所述，《可研大纲》是一个体系完整、逻辑严谨的有机体，在可行性研究过程中，应充分考虑影响项目可行性的各个方面，按照《可研大纲》设定的逻辑链进行研究，体现可行性研究工作的科学性。

二、《可研大纲》更关注项目的全生命周期

建设项目从立项决策到运营结束是一个完整的生命周期，项目的可行性不仅仅体现在建设阶段，同时要延续到运营阶段。以往的可行性研究报告，又被称为“工程可行性研究报告（即工可）”，更加关注项目建设阶段的可行性。

对比来看，工业项目《可研指南》十八个章节，几乎没有对项目运营方案进行论述；《大科学项目大纲》有运行与利用的章节，但缺乏绩效考核的内容，没有重点关注运营的效果。《可研大纲》将项目看作一个有机体，充分关注了项目从立项决策到建设实施，再到运营管理，直至项目退出全生命周期。

在项目运营方案中，需要论证运营模式的选择和运营组织方案，需要研究项目运行费用及筹资方案，需要关注项目运行过程中所面临的安全风险及保障措施，需要研究项目的绩效方案，验证项目的建设和运营方案能否实现项目既定的建设目标，把项目运营阶段可行性与项目建设阶段放到可行性研究同等重要的高度。

同时，《可研大纲》转换发展角度，从一开始就关注项目退出方案，提出在可行性研究阶段对具有潜在上市条件的项目开展 REITs 盘活存量资产分析，通过以终为始的思路，倒逼相关方在项目前期研究阶段重

视投资管理的合规性、运营收益的稳定性。

三、《可研大纲》彰显了高质量发展的理念

2017年，党的十九大首次提出“高质量发展”的表述。十九大报告中提出的“建立健全绿色低碳循环发展的经济体系”为新时代下高质量发展指明了方向。可行性研究是决定项目质量的最重要依据文件，经济高质量发展离不开高质量投资，高质量投资离不开高质量投资决策，而高质量投资决策则离不开高质量的可行性研究。可行性研究阶段应将高质量发展理念充分融入项目方案的各个方面。

《可研大纲》主动顺应时代要求，在大纲逻辑框架设置中充分考虑了绿色、低碳、数字化的高质量发展要求。在项目建设方案章节，将数字化方案作为单独的一个小节，对于具备条件的项目，要求提出数字化应用方案，促进投资建设全过程数字化应用。通过数字化应用，促进项目降本增效，加快行业转型升级，提升政府的治理能效。在项目影响效果分析章节，对于高耗能、高排放项目，要通过估算项目建设和运营期间的年度碳排放总量和强度，评价项目碳排放水平，以及与当地“双碳”目标的符合性，提出生态环境保护、碳排放控制措施。

四、建议

《大科学项目大纲》是专门针对国家重大科技基础设施项目可行性研究的专用大纲，而《可研大纲》则是国家投资项目可行性研究的通用大纲，二者在研究要求上存在一些不同之处。比如，在《大科学项目大纲》中有关于开放共享方案的研究，在《可研大纲》中这部分内容如何体现？《可研大纲》中要求的项目产出方案、绩效管理方案，对于国家重大科技基础设施项目如何理解？碳达峰和碳中和应如何分析等？

建议针对国家重大科技基础设施项目出台一个具有针对性的可行

性研究报告编制细则，帮助咨询人员更好理解《可研大纲》在国家重大科技基础设施项目中的应用，从而提高可行性研究的质量，有力促进国家重大科技基础设施等重大投资项目的高质量发展。

（作者单位：机械工业规划研究院有限公司）

浅谈可研大纲的哲学思考

文/张明锋　靳冬玲

2023 年 3 月，国家发展改革委印发《投资项目可行性研究报告编写大纲及说明》（发改投资规〔2023〕304 号，以下简称《可研大纲》），包括《政府投资项目可行性研究报告编写通用大纲（2023 年版）》（以下简称《通用大纲》）、《企业投资项目可行性研究报告编写参考大纲（2023 年版）》（以下简称《参考大纲》）和《关于投资项目可行性研究报告编写大纲的说明（2023 年版）》，自 2023 年 5 月 1 日起施行。

《可研大纲》的出台，是对 2002 年原国家计委《投资项目可行性研究指南（试用版）》的深入和完善，是新时期中国投资实践活动的投资项目可行性研究制度规范。从《可研大纲》的出台背景、国家发展改革委

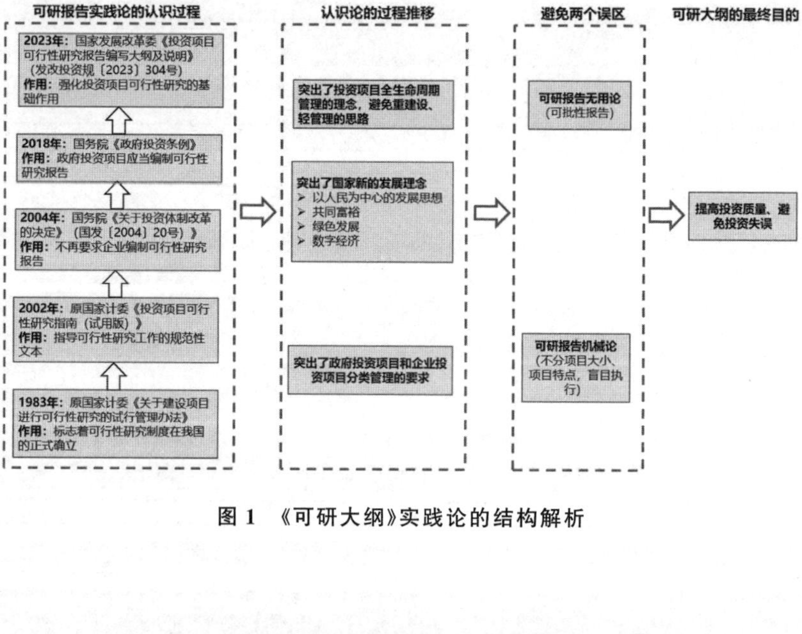

图 1　《可研大纲》实践论的结构解析

系列解读来看,《可研大纲》的出台也是不断加深投资项目前期决策重要性的实践、认识、再实践、再认识,不断循环往复的过程,是对投资项目实践论的高级形式。用实践论的观点去解读《可研大纲》,为使用《可研大纲》、关心《可研大纲》的各界人士提供参考。《可研大纲》实践论结构解析详见图1。

一、《可研大纲》的变化是从感性到理性、再到感性,不断重复认识的过程

20世纪80年代初,我国学习借鉴世界银行和联合国工业发展组织推进项目建设的有益经验,探索引入可行性研究制度。1983年,原国家计委发布《关于建设项目进行可行性研究的试行管理办法》,明确可行性研究是建设前期工作的重要内容,是基本建设程序的组成部分,标志着可行性研究制度在我国的正式确立。

2002年,原国家计委印发《投资项目可行性研究指南(试用版)》(以下简称《指南》),作为国家层面上用以指导全国投资项目可行性研究工作的规范性文本。

2004年,国务院出台《关于投资体制改革的决定》(国发〔2004〕20号),对于企业不使用政府投资建设的项目,一律不再实行审批制,区别不同情况实行核准制和备案制。企业投资建设实行核准制的项目,仅需向政府提交项目申请报告,不再经过批准项目建议书、可行性研究报告等程序,这意味着,企业投资项目不再要求编制可行性研究报告。

2018年,国务院发布《政府投资条例》,明确政府采取直接投资方式、资本金注入方式投资的项目,项目单位应当编制可行性研究报告,按照政府投资管理权限和规定的程序,报投资主管部门或者其他有关部门审批,这是国家首次以法规的形式明确了可行性研究的适用范围和审批要求。

2023年3月,国家发展改革委印发《投资项目可行性研究报告编写

大纲及说明》(发改投资规〔2023〕304 号),指出可行性研究是投资决策的核心环节,必须强化投资项目可行性研究的基础作用,深入把握项目可行性研究的重点,注重防控项目决策、建设、运营风险,着重提高投资综合效益,推动投资项目转化为有效投资,助力经济社会健康可持续发展。

从 1983 年国家提出建设项目要进行可行性研究,到 2002 年《指南》出台,再到 2004 年企业投资项目不再要求编制可行性研究报告,2018 年政府投资项目应当编制可行性研究报告,直至《可研大纲》的出台,说明了我国对投资项目编制可行性研究是一个不断加深认识的过程,也是可行性研究发挥的作用不断提高的过程。

二、《可研大纲》要适应新的形势变化,即实践论中的过程推移

实践论指出,任何过程,不论是属于自然界的和属于社会的,由于内部的矛盾和斗争,都是向前推移向前发展的,人们的认识运动也应跟着推移和发展。

新的形势下,在我国加快构建新发展格局,着力推动高质量发展的大背景下,2002 年的《指南》有关内容已难以适应我国投资管理的实践需要。如果还是按照《指南》相关要求去编制可行性研究报告,重建设、轻管理的思路还是不能改变,并且也无法体现坚持以人民为中心、共同富裕、绿色发展、数字经济等新的要求。因此,《可研大纲》的出台具有很大的现实意义。《可研大纲》在认识方面有以下几个创新:

一是突出了投资项目全生命周期管理的理念。《可研大纲》要求投资项目应从项目全生命周期管理的角度出发,全面系统分析各环节涉及的因素,客观进行经济、社会、环境等影响论证评价,准确识别和管控各类风险,在此基础上择优提出项目建设实施方案。《可研大纲》在章节编排上提出注重项目产出方案、项目运营方案、绩效管理方案、财务方案、经济影响分析、社会影响分析、项目风险管控方案等,从项目全生

命周期判断项目是否可行。

二是突出了国家新的发展理念。《可研大纲》要求投资项目应坚持以人民为中心的发展思想以及共同富裕、绿色发展、数字经济等新发展理念。《可研大纲》在编制内容上提出规划政策符合性分析、资源和能源利用效果分析、碳达峰碳中和分析以及土地综合利用、人防、抗震设防、防洪减灾、消防应急、绿色和韧性、数字化等新要求。

三是突出了政府投资项目和企业投资项目分类管理的要求。《可研大纲》要求政府投资项目应突出经济社会综合效益，并根据经济社会发展需要和财政可负担性，合理确定建设标准、建设内容、投资规模等，防范地方政府隐性债务风险；企业投资项目应突出经济性，聚焦企业自主投资决策所关注的投资收益、市场风险规避等内容，引导企业提高投资决策的科学性和财务的可持续性。

三、《可研大纲》要防止两个倾向，即可研报告无用论和可研报告机械论

对投资项目可行性研究来说，地方政府有两种倾向。一种倾向认为可行性研究报告没用，可行性研究报告是可批性报告，只是为了走政府审批程序，项目单位报上来可行性研究报告就批，不进行专家评审等论证，不关心项目是否可行、是否经济合理。另外一种倾向认为项目无论大小都要编制可行性研究报告，可行性研究报告以及土地、规划、环评、能评等各种要件非得齐全才能批复，否则就不能获得可研批复，或者为了逃避责任，把可行性研究报告审批权下放到基层政府或功能区审批，导致项目前期工作严重滞后或带来审批的粗放以及投资的严重浪费。以上两种做法均不能反映国家发改委提出的“高质量发展需要高质量的投资，高质量的投资需要高质量的投资决策”的基本要求。

实际上，关于以上两种情况，《可研大纲》已经给出了明确答复。对第一种倾向，《可研大纲》指出要实现投资高质量发展，就必须强化投资

项目可行性研究的基础作用，深入把握项目可行性研究的重点，注重防控项目决策、建设、运营风险，着重提高投资综合效益，推动投资项目转化为有效投资，助力经济社会健康可持续发展。也就是说，要做真正的可行性研究。对第二种倾向，《可研大纲》指出，对于建设内容单一、投资规模较小、技术方案简单的项目，可按照国家有关规定简化大纲中的有关内容。也就是说，《可研大纲》并不是一成不变，可根据项目实际情况进行适当增减。另外，《可研大纲》指出，对不同的行业领域，有关行业主管部门可参照编写大纲，在征求国家发改委意见、反映行业特殊性，并根据实际需要对编写大纲有关内容进行合理调整的基础上，制定适用于本行业或领域的编制大纲或实施细则。

四、《可研大纲》的最终目的是提升投资决策质量水平

2022 年 10 月，在中国共产党第二十次全国代表大会开幕会上，习近平总书记提出，高质量发展是全面建设社会主义现代化国家的首要任务，要加快构建新发展格局，着力推动高质量发展。高质量发展需要高质量的投资，高质量的投资需要高质量的投资决策，而可行性研究是投资决策的核心环节。要实现投资高质量发展，就必须强化投资项目可行性研究的基础作用。

为提高可行性研究报告的编制质量，《可研大纲》创新提出从“三大目标、七个维度”去研究论证。即可行性研究要围绕投资项目建设必要性、方案可行性及风险可控性三大目标开展系统、专业、深入论证，重点要把握“七个维度”的研究论证内容。其中，项目建设必要性应从需求可靠性维度研究得出结论，项目方案可行性应从要素保障性、工程可行性、运营有效性、财务合理性和影响可持续性五个维度进行研究论证，项目风险可控性应通过各类风险管控方案维度研究得出结论。

如果项目单位、政府审批部门、可研编制单位能够按照《可研大纲》提出的“三大目标、七个维度”高度重视可行性研究报告的编制和审批

工作,对提高投资项目的投资质量、避免投资失误将起到事半功倍的效果。

（作者单位：张明锋，青岛青咨工程咨询有限公司；
靳冬玲，青岛习远咨询有限公司）

浅谈投资项目数字化应用在实施中的问题

文/蒋洪

引言

投资项目应用数字化是投资项目高质量建设与运营的重要保障，项目的数字化交付是国家“数字中国”中的一个基建数字载体。《政府投资项目可行性研究报告编写通用大纲(2023 年版)》以下简称(《通用大纲》)和《企业投资项目可行性研究报告编写参考大纲(2023 年版)》(以下简称《参考大纲》)中新增的数字化应用内容，在当下很多建设项目中已经部分或全部实施，对建设领域的提质增效、转型赋能起到了很好效果。但在项目数字化应用实施过程中也遇到一些突出问题，即项目在可研报告和投资估算时没有设置这项费用，导致数字化应用实施缺乏动力、出台的数字化应用实施政策文件落实不到位，数字化推广应用受到阻碍。这次《投资项目可行性研究报告编写大纲及说明》(以下简称《可研大纲》)中新增的数字化应用，在投资决策阶段为解决这个问题提供了依据，编制可研报告增加数字化应用内容，同时在编制项目投资估算时增加设置这笔费用，从而在投资源头上为保障项目数字化应用提供资金支持。

一、数字化应用的价值

数字化应用在《可研大纲》中属于建设方案中的内容，但是它的作用却贯穿了投资项目全生命周期，如在决策阶段的可行性研究报告中的项目选址和要素保障、项目建设方案比选、投资估算，建设阶段的设计、施工以及竣工交付后的运维阶段等都能发挥重要作用。国家发展改革委投资司法规处处长赵成峰在《可研大纲》培训会上讲了数字化方案的三个价值：第一、实际有应用，以BIM为代表的数字化技术在实际项目建设中应用很广泛；第二、国家有要求，《国家“十四五”规划》提出的数字中国，数字经济，建设项目数字化是一个基建数字载体；第三、价值有体现，基于项目层面，建设项目数字化使设计更加科学，施工更加高效，造价管控更加精准，运维更加便捷。基于行业层面，建设项目数字化使行业生产流程再造和组织管理重构，提质增效，事半功倍；基于政府层面，有利于进一步提升政府治理效能，支撑大数据动态监管，转变政府管理方式，使政府管理者更直观更精准化项目决策，这些转变的基础支撑条件就是项目数字化底座。赵处长发言中的“三个有”非常精准地总结了以BIM为代表的数字化技术在投资项目中的重要作用。

二、数字化应用的范围

数字化技术是指BIM、GIS、云计算、IOT（物联网）、5G、大数据、虚拟现实和增强现实（VR/AR）等新一代信息技术。在投资项目的可研报告编制中应用数字化，例如项目选址、总图运输方案比选、建设方案、配套工程及投资估算等，能使可研报告更科学精准地辅助决策，有助于投资项目的成功。

项目选址及总图运输方案比选是项目决策的重要内容，选址不当会造成项目“先天不足”，为后期项目运营带来先天缺陷导致项目失败，采用BIM、GIS、无人机倾斜摄影等数字化技术，使项目方案可视化、数据模型化、决策更加准确快速。例如2021年重庆新机场选址工作就首次在国内大型机场选址中融合GIS、大数据、BIM和无人机等新技术，提高了选址工作的科学性、合理性、高效性，标志着机场选址工作完成了从经验式选址向数字化选址的升级迈进。

总图运输方案比选，总体布置利用 BIM 技术对各个功能区进行不同精度要求的 BIM 建模，优化模拟，再根据总图技术经济指标进行动态关联比较，可以直观准确地找出最优方案。

建设方案及配套工程采用 BIM 等数字化技术可以更科学有效进行多方案比选和管综优化工作，同时考虑技术上和经济上的合理性，使得这部分的投资估算也更准确。

在建设管理、数字化运营方案中将数字化应用需要的要素考虑其中，比如组织架构、管理流程与机制、数字化人才配备、数字化管理平台等，是提高项目高质量建设和运营的重要支撑。和以往可研报告编制相比，增加数字化应用内容，对咨询企业而言是个巨大的挑战，既涉及企业组织变革，还涉及到咨询工程师的知识结构更新。虽然在可研报告编制中增加数字化应用内容，会增加可研报告的编制成本，但这样做会使方案比选和优化工作做得更扎实，投资估算更准确，投资控制更精准，降低或回避了项目隐藏的风险，让可行性研究在投资决策中发挥更大作用，也能为后续工作提供重要的基础资料和依据来源。同时在投资项目的建设方案中提出数字化应用方案，能有力地推动后期项目建设和运维阶段的实施。

自从 2015 年住房和城乡建设部《关于印发推进建筑信息模型应用指导意见的通知》(建质函〔2015〕159 号)和国务院办公厅《关于促进建筑业持续健康发展的意见》(国办发〔2017〕19 号)明确提出大力发展 BIM 等数字化技术在建筑行业的推广应用以来，全国各省市政府、住建厅(委)也出台了很多相关实施应用文件，例如《重庆市住房和城乡建设委员会关于推进智能建造的实施意见》中规定："从 2021 年起，主城都市区政府投资项目、2 万平方米以上的单体公共建筑项目(或包含 2 万平方米以上规模公共建筑面积的综合体建筑)、装配式建筑工程项目，以及轨道交通工程、大型道路、桥梁、隧道和三层以上的立交工程项目，在设计、施工阶段均应采用 BIM 技术，原则上 3 万平方米以上的房地产开发项目宜采用 BIM 技术，并通过 BIM 项目管理平台提交 BIM 模型，以及完成设计管理、施工许可、竣工验收等各环节的数据交互……”。这些规定对工程项目的数字化技术实施起到了很大的推动作用。但同时也遇到很多问题，最主要的是数字化应用的费用问题。

三、应用费用问题及建议

第一，在《可研大纲》以前，旧的可研报告编制没有数字化应用的内容，投资估算和设计概算也缺少数字化应用的费用计算，导致这些年在项目建设实施中存在执行困难，实施缺乏动力，数字化推广应用政策文件落实不到位，应用受到阻碍。

近十年，建设主管部门出台了很多推广实施数字化应用的政策文件，但是项目在前期阶段，由于可研报告没有相应内容，项目估算中也没有数字化应用的科目设置和费用估算，项目建设方只有通过挤占设计费等其他费用来响应政策要求。很多施工企业是从别的费用中挤出一些费用来实施，导致工程项目成本开支捉襟见肘，在当前市场竞争激烈的情况下，项目建设的数字化应用执行非常困难，其可持续性也成了一个很大的问题。

在工程项目决策后期阶段要再增加这笔费用是很困难的，因为根据《政府投资条例》第十一条规定：“初步设计及其提出的投资概算是否符合可行性研究报告批复以及国家有关标准和规范的要求”是主管部门对政府投资项目进行审查，作出是否批准的决定因素之一；同时该条例第二十三条规定：“政府投资项目建设投资原则上不得超过经核定的投资概算”。在编制可行性研究报告时，如果缺乏对 BIM 等数字化应用的认识而未考虑其中，投资估算也没有估算数字化应用的费用，这样在工程投资的源头上造成“数字化应用费用”的漏项，在后续的设计概算、招标控制价、投标报价、竣工结算以及结算审计中就没有数字化应用的费用。

这意味着如果项目要搞数字化应用，就成了无米之炊，因缺乏资金支持而无法顺利实施。尽管这些年相关部门出台了很多推广实施数字化应用的政策文件，但是项目建设各参与方由于缺乏相应资金，大多数都是应付了事。如果不从根本上解决数字化应用经费来源问题，数字化应用实施的可持续性就是一个大问题。

可喜的是，这次新发布的《可研大纲》中已经提出了解决办法：在建设方案中新增了数字化方案专篇。作为投资项目的顶层设计文件和项目审批的基本依据，将数字化应用融入到投资决策阶段的制度规范中，既能使决策更加科学精准，又能从投资的源头上为项目建设和运维阶段的数字化应用提供依据，在项目估算或项目概算中计列数字化应用的费用。

第二，缺乏权威性的数字化应用取费依据，投资估算和概算也缺乏相应科目设置。

缺乏权威性数字化应用相关取费依据是目前数字化应用执行困难的另一个原因，虽然目前全国很多省市发布了当地的 BIM 取费参考标准，但大多属于建筑业协会团体标准性质的，对于政府投资项目而言，其取费依据的权威性和指导性还不够。建议政府相关部门颁布相应的政策指导文件，明确工程投资中数字化应用的费用计算标准，并在投资构成中设置相应的费用科目，例如我国现行《建设项目总投资费用组成》等文件由于是多年前编制的，其费用组成没有考虑数字化应用费用的科目设置，导致费用缺项，建议相关部门应尽快修订《建设项目总投资费用组成》等配套文件，把数字化应用的费用科目增加进去。

有些省市已经意识到这些问题，并率先发布了地方性文件，例如河北省建筑业协会等组织发布的《河北省建筑信息模型(BIM)技术应用服务计价参考依据》规定："项目在立项时应根据工程项目复杂程度、应用深度，明确 BIM 技术应用要求和配套费用，并计入工程建设成本，在工程建设其他费用中单独计列，专款专用"。重庆市政府 2023 年发布的《重庆市智能建造试点城市建设实施方案》中明确了"将 BIM 技术、物联网技术应用等费用计入工程投资”;“发展改革部门对政府投资的智能建造试点项目,在核准投资估算和工程概算时应考虑智能建造增量成本”。只有有了清晰明确、权威可信的数字化取费依据和投资项目费用科目设置,才有利于项目投资各方认真执行落实数字化实施应用。

四、总结

基于项目的功能定位以及复杂程度,可研报告编制以及项目建设运维的数字化应用也因项目而异,这要求咨询工程师不仅要熟悉当前数字化应用的基本内容、作用价值以及实施过程,还要熟悉数字化应用的费用该怎样计算,这样才能在可研报告编制中应用数字化技术提高可研报告质量。在项目建设中提出数字化应用方案,同时在项目估算时充分考虑数字化应用的费用,使投资估算更完整准确,为投资项目在设计、施工和运维阶段提供数字化应用方案,发挥其应用价值,为项目的高质量建设和运营提供科学的决策支撑。

(作者单位:重庆科度工程科技有限公司)

融会贯通可研大纲　全面服务投资决策

文/秦龙杰

可行性研究报告是投资项目的重要环节，是投资项目前期决策的重要决策依据，也是投资项目成败的关键因素之一。可行性研究报告在我国投资领域发挥了重大作用，为我国经济建设和国民经济发展提供了科学的指导。

为了适应新的发展形势，进一步提高投资质量，推进投资项目高质量建设，根据《政府投资条例》和《企业投资项目核准和备案管理条例》等规定，在2022年发布的《投资项目可和性研究指南(试用版)》基础上，2023年3月，国家发展改革委发布了《政府投资项目可行性研究报告编写通用大纲(2023年版)》(以下简称《通用大纲》)和《企业投资项目可行性研究报告编写参考大纲(2023年版)》(以下简称《参考大纲》)，两个《可研大纲》的出台，为工程咨询单位做好可行性研究报告提供了一个根本遵循和科学指导文件。新的《可研大纲》逻辑更加严谨、内容更加丰富、重点更加突出、章节设置更加合理，体现了可行性研究报告的初心和决策关注点、核心点，更加有利于推进咨询单位不断提高咨询质量和水平，更好服务于投资项目的建设，促进高水平咨询人才的不断成长，提供更优质的咨询服务。

首先，为了更好地利用好、学习好两个已经出台的重要文件，机械工业规划研究院细化梳理投资项目可行性报告格式和《可研大纲》的编写说明，逐一进行解读、讨论和研究，仔细研讨《可研大纲》的逻辑关系和内在关联，并对照原有可行性研究报告格式，进行差异化对比，深刻理解新大纲的科学性、严谨性和合理性，并结合上述发布文件内容，对机械院提出的相关修订建议进行了系统回顾，代表国机集团反馈的多条建议已经得到了《可研大纲》编写组的合理采纳，大家均为此感到自豪和骄傲。通过上述系列活动的开展，为可行性研究报告编写大纲在全院宣贯落实营造了良好氛围，打下了扎实基础。

其次，在中国工程咨询协会（以下简称中咨协会）的组织下，机械院组织骨干咨询人员参加了今年 4 月由国家发展改革委固定资产投资司指导下的第一次专题培训会，并及时下载了投资项目可行性研究报告编写大纲培训会课件，不但在规划院内部进行共享，还与我们合作的业主单位共享，及时通报国家对可行性研究报告的最新要求，使他们也深入了解新的《可研大纲》格式，增加对可行性研究报告新的认识，提高《可研大纲》的用户共识。通过本次活动，进一步提高了全院咨询人员对投资项目可行性研究报告新大纲的认识，更加准确理解和把握了大纲的编写原则。

为了更好应用好编写大纲，切实提升投资项目前期工作质量，扩大大纲的实际应用范围，机械院还组织新组建的所属武汉分院咨询人员，积极报名参加中咨协会武汉站的培训，推进分院与总部同步培训、同步提升，并在培训会后在两地进行线上分享和互动，交流学习体会和心得，起到了很好的培训学习效果。

最后，在内部注册咨询师培训过程中，机械院将新的投资项目可行性研究报告编写大纲作为重要培训内容，组织内部的专题培训和讨论。同时，根据机械院上级主管单位中国机械工业集团的委托，发挥智库作用，结合正在牵头编制的《国机集团投资项目可行性研究报告编制指引》工作，我们根据编制大纲对编制指引进行了适应性修订，更好指导集团的投资项目管理活动，并在此基础上，形成了国机集团不同领域的可行性研究报告编制指引文件，体现了上下融合、共享共用的理念，适应了不同领域的特点和具体要求，使《可研大纲》文件的内容得到了很好应用。

值得一提的是，机械院结合咨询工作实际，围绕已经承接的“十四五”国家重大科技基础设施项目可行性研究报告编写工作，根据相关单位的最新要求，原则上未批复的项目要按照新的投资项目可行性研究报告编写大纲来进行编制。而按照国家发展改革委《国家重大科技基础设施管理办法》的相关文件，国家重大科技基础设施可行性研究报告本身也有一个发布的编制提纲。

为了做好两个大纲的衔接，实现无缝对接，机械院组织大科学设施的专业咨询团队和专家，就新的可行性研究报告编制大纲与国家重大科技基础设施可行性研究报告编制提纲进行多次讨论，根据项目特点，前面保留了摘要、术语等内容；在建设背景中增加了前期程序办理和其他前期工作进展；在要素保障中将原可行性研究报告中附件中的内容进行精要摘录，作为要素保障章节的内容加以充实；适应新大纲要求，增加数字化方案一节，并根据项目特点提出项目全生命周期的数字化方案，从设计、制造、管理到运维全方位进行论证，体现数字化新思维理念；突出项目运营方案中的运营模式、运营组织和安全保障，将项目建设与运营有机结合起来。

考虑到大科学装置项目的特殊性，其绩效管理方案中的关键绩效指标和管理机制，进一步完善相关的产出及评价指标体系；在项目效益分析中，体现大科学设施四个面向的不同目标，更多从社会效益角度进行论述，个别具有直接经济带动效益的项目，则从产业化延伸角度进行论述；在项目影响效果分析中，将以工代赈等内容进行了细化，尤其是针对船舶海工等领域，劳务用工比较普遍的项目，加以突出编写，体现对当地就业的带动和技能的提升，促进农民工增收。在此章节还增加了碳达峰碳中和分析的内容，并与原有节能分析有效融合，核算出碳排放总量和相关减碳措施。

总体上，通过投资项目可行性研究报告编写大纲说明的学习，突出学用结合，突出指导实际咨询，目前已经初步形成了具有规划院特色的国家重大科技基础设施和不同行业领域的可行性研究报告编制体系，这个体系既传承了原可行性研究报告的总体框架，又丰富和充实了新《可研大纲》的创新性理念和编写要求，起到很好的融合作用，具体效果还有待在实际咨询工作中不断加以改进。

未来，规划院将在中国工程咨询协会的领导下，积极发挥国家智库、行业智库、央企智库的作用，率先在咨询工作中应用新的《可研大纲》，创新应用领域，不断反馈和总结经验，不断丰富《可研大纲》的内容，为加快构建新发展格局，推动制造业高质量投资，实现制造业高质量发展贡献我们的力量。

（作者单位：机械工业规划研究院有限公司）

践行国家新发展理念　助力投资决策科学化

文/刘玉珍

2023 年 3 月，国家发展改革委印发《投资项目可行性研究报告编写大纲及说明》（发改投资规〔2023〕304 号，以下简称《可研大纲》），包括《政府投资项目可行性研究报告编写通用大纲（2023 年版）》（以下简称《通用大纲》）和《企业投资项目可行性研究报告编写参考大纲（2023 年版）》（以下简称《参考大纲》），《可研大纲》的颁布实施，是工程咨询行业发展的一件大事，对咨询师来讲，今后的可研报告编制要紧紧围绕建设的必要性、方案的可行性以及风险的可控性三大目标进行研究。

围绕项目经济社会效益，做好要素保障性、工程可行性、运营有效性、财务合理性、影响可持续性等分析论证，科学编制风险管控方案，为政府、企业投资科学决策提供有力支撑。

一是深刻理解贯彻落实《可研大纲》是咨询师工作中践行国家高质量发展要求的具体举措。党的二十大报告指出，要加快构建新发展格局，着力推动高质量发展。高质量发展需要高质量的投资，高质量的投资需要高质量的投资决策，高质量的投资决策需要高质量的可行性研究。要实现投资高质量发展，就必须强化投资项目可行性研究的基础作用。咨询师作为《可研大纲》落实的重要一员，对完成的每一份可研报告，都要围绕项目建设的必要性、方案可行性和风险可控性等三大目标，研究项目在推动国家重大战略、重大规划实施中的重要作用以及意义、产业政策的符合性等方面进行分析，阐述项目建设的背景和必要性，从项目全生命周期角度统筹分析方案的可行性，确定投融资方案，并把生态环境影响、资源和能源利用、碳达峰碳中和等有机融入可研报告编制中。通过每一个具体的项目，每一份合格的成果输出，落实《可研大纲》，把国家高质量发展的要求体现到每一个具体的项目可研报告中。

二是项目谋划中再加力，从重视项目建设方案到全过程谋划项目方案转变，以往的可研报告在方案可行性论证时更多从项目建设阶段出发，关注建设规模、建设标准、建设方案、投资规模的合理性论证等，对项目运营阶段的运营需求关注较少，这样就可能造成项目建成后无法有效满足使用需求，或者运营费用投入太高，项目运营不经济。在项目建设方案论证比选时，《可研大纲》更加强调从项目全生命周期的费用效益出发，实现全生命周期的费用效益最大化。不只是从项目建设期的实施条件、技术经济比选的角度论证方案的可行性，更要从项目未来运营的可持续性，技术经济综合最优的角度来论证项目方案的可行性。咨询师在项目谋划过程中必须从重建设轻运营的思路中跳出，对项目运营的谋划提高到和建设方案同等重要的地位对项目进行谋划。

三是篇章编制中再加力，使每一个篇章符合自身逻辑又能体现可研报告的系统性。《通用大纲》和《参考大纲》在项目运营方案篇章，根据投资主体不同、项目建设目标不同、篇章设计不同。《通用大纲》强制适用于政府投资项目，项目建设目标是满足社会公共需求，聚焦社会发展，强调要对项目运营组织方案进行充分的论证分析，并对未来的运营保障条件予以考虑，包括未来运营需要的技术条件，人力资源条件等，确保项目建成以后不因运营保障条件难以实现影响项目的实施效果。《通用大纲》也要求对项目建成以后的绩效评价指标有充分的考虑，作为项目运营期对项目进行绩效考核的基本依据。《参考大纲》适用于企业作为投资主体对建设项目可研报告的要求，为落实企业投资自主权，引导企业重视项目运营管理，发挥项目建设的经济性和可持续性，在项目运营方案篇章要求对生产经营方案、安全保障方案、运营管理方案进行研究。

四是专篇研究中再加力，在专篇研究中加强与专项管理内容的衔接。在资源和能源利用效果分析部分，要结合建设方案中技术方案、设备方案、工程方案，对项目用能以及节能管理措施进行分析，并和《固定资产投资项目节能审查办法》结合，加强项目使用能源种类的比选，推动项目用能向绿色能源转变，加强项目建设运营节约能源研究，降低单位产品能源消耗。山东省是能源消耗大省，在碳达峰工作中，实现能源节约是完成碳达峰目标的一项重要措施。为实现目标，每一个项目都要做好资源能源消费节约措施，在可研阶段就要针对技术方案、设备方案、工程方案、运行方案做好节能设计，为下一步做好专项管理提供技术支持。

五是在宣传实践上再加力，每位咨询师既是《可研大纲》学习者、实践者，也是《可研大纲》宣传者、推动者，在根据大纲要求编好每份可研报告的基础上，作为项目谋划决策的参谋助手，还应该切实发挥好新大纲的宣传者，向接触到的每一位客户介绍《可研大纲》的编制要求，从全过程的角度谋划符合高质量发展的项目，推动《可研大纲》在实践中进一步优化。

（作者单位：临沂市工程咨询院有限公司）

浅谈如何提高投资项目可行性研究成果质量

文/龚智

2023年5月1日，正式施行的《投资项目可行性研究报告编写大纲及说明》（以下简称《可研大纲》）明确指出，其适用于指导有关方面开展投资项目的可行性研究工作，提升我国投资项目前期论证的质量和水平，切实发挥可行性研究在投资决策核心环节中的基础作用，实现投资项目高质量决策，助力投资高质量发展。

可行性研究重点解决项目“能不能干”的问题，是投资项目决策的核心关键环节，在整个投资项目决策过程中起着承上启下的作用。而工程咨询人就是这个环节中的重要“责任人”，肩负着做好投资项目的可行性研究职责使命。作为工程咨询人，深切感受到做好可行性研究工作离不开《可研大纲》的科学指引，结合《可研大纲》线上培训、线下研习以及从业经历，浅谈用好《可研大纲》提高投资项目可行性研究成果质量的想法。

一、做好投资项目可行性研究的问题分析

（一）做好项目可行性研究面临的挑战

20多年来，《投资项目可行性研究指南（试用版）》（以下简称《指南》），在指导工程咨询人有序开展可行性研究工作方面发挥了重要作用，特别是针对各行业领域的可行性研究成果给出了相应的报告编制大纲，极大地方便了工程咨询人应对各类项目可行研究工作，既能提高

工作效率，又有规范体例可循。

随着我国经济社会发展形势的变化，《指南》在实践中已很难满足当前可研工作的要求，主要体现如下：一是逻辑框架不够清晰，对章节结构的内在逻辑描述不够清晰；二是未区分不同的投资主体，基于审批制，不同的投资项目采用统一的格式体系；三是以工业项目为主要研究对象，基本的研究内容和方法更适用于工业项目；四是难以满足高质量发展的要求，不适应新发展阶段高质量发展的要求。为此，基于《指南》，国家发展改革委颁布了2023版《可研大纲》，此大纲是对投资项目可行性研究报告编写内容和深度的一般要求和基础指引，而具体行业或领域的可行性研究报告编写大纲还待相关管理部门或机构制定实施。

（二）做好项目可行性研究易受到的影响

近年来，各地工程咨询公司如雨后春笋应运而生，激发了工程咨询单位及市场活力，也导致了项目咨询业务竞争日益激烈。各咨询公司为获取项目咨询业务使出了浑身解数，有的咨询公司为抢占先机，与项目委托方还是口头协议，就安排咨询人员深入开展咨询服务工作，更有甚者偏离市场价低价竞争或设计时免费做可研报告等。

作为工程咨询人，为确保受托的每个投资项目信息的准确性和可靠性，编写报告的背后需要向项目相关方收集资料，进行实地踏勘、数据分析和专业解读。而项目委托方认为我们只是“文字搬运工”，可研报告满足“可批”就行或者就是项目建设程序中的“配牌”存档之用，不重视项目可行性研究工作。有时为“突击”争取上级专项、债券或银行融资等，项目委托方要求一周或更短时间提交可研报告，就算我们加班加点配合完成了报告，要是资金争取不到，责任全归咎于报告没做好。我们辛辛苦苦的付出，却往往不被理解和认可。这种困境让我们备感压力与疲惫。

二、做好投资项目可行性研究的想法

做好投资项目的可行性研究是工程咨询人的看家本领，也是基本功。那么，《可研大纲》就是指导有效开展项目可行性研究的方法论，工程咨询人是运用《可研大纲》做好项目可行性研究的关键实施者。因此，加强《可研大纲》的学习运用，增强工程咨询人责任感和归属感，是做好投资项目可行性研究必备条件。

（一）领会《可研大纲》的作用，为开展项目可行研究工作指明方向

2023 版《可研大纲》是作为开展项目可行性研究工作的基础指南。从形式上明确了是指导全国投资项目开展可行性研究工作的现行行政规范性文件，指导我国境内各行业各类投资项目的可行性研究工作，其研究成果作为投资主体内部决策、政府审批和核准及备案、银行审贷、投资合作、工程设计、项目实施、竣工验收以及项目后评价等工作的基本依据。

2023 版《可研大纲》是新时期开展投资项目可行性研究的重要规范。从内容上确定是对项目可行性研究报告编写内容和深度的一般要求，主要聚焦“三大目标、七个维度”的核心内容。无论是政府投资项目的《政府投资项目可行性研究报告编写通用大纲（2023 年版）》（以下简称《通用大纲》），还是企业投资项目的《企业投资项目可行性研究报告编写参考大纲（2023 年版）》（以下简称《参考大纲》）都强调，可行性研究要围绕投资项目建设必要性、方案可行性及风险可控性三大目标开展系统、专业、深入论证，重点要把握“七个维度”的研究论证内容。其中，项目建设必要性应从需求可靠性维度研究得出结论，项目方案可行性应从要素保障性、工程可行性、运营有效性、财务合理性和影响可持续性五个维度进行研究论证，项目风险可控性应通过各类风险管控方案维度研究得出结论。

（二）领悟《可研大纲》创新和突破点，为编写项目可研报告谋篇布局

与《指南》及各行业的大纲相比，工程咨询人在开展投资项目可行性研究，需要深入融会贯通2023版《可研大纲》的新思路、新内容和新要求。

1. 新思路。一是建立了严谨科学的分析框架，围绕可研报告要解决的核心问题，大纲建立了"三大目标、七个维度"的逻辑框架。二是兼顾各类投资主体的决策要求，充分考虑了政府、企业、咨询研究机构的不同需求，强调研究的搭建和共性内容的梳理，制定了《通用大纲》《参考大纲》和《编写大纲的说明》，大幅度简化了原来面面俱到、但逻辑性不强的分析框架。三是全生命周期的研究思路，更加强调从项目全生命周期的费用效益出发，从项目未来运营的可持续性、技术经济综合最优的角度，实现全生命周期的费用效益最大化。同时，更加强调运营组织方案的合理性、有效性和可操作性。

2. 新内容。一是从项目与规划政策的符合性角度，对政府投资项目而言，项目实施的先决条件是有助于国家和地方规划目标和政策目标的实现；对企业投资项目而言，从企业经营角度研究项目可行性的同时，必须确保项目与国家和地方规划和政策的符合性。二是土地、资源、环境的刚性约束，从政府宏观调控、资源调控的角度考虑问题，更加关注土地资源、水资源、能源资源等是不是对项目形成刚性约束或刚性限制。三是注重数字化、信息化技术的运用，《可研大纲》增加了数字化应用章节，要求可行性研究需加强数字化技术和信息化技术应用的研究，提出从规划设计、建设实施到运维的全过程数字化应用方案。四是注重项目的外部影响，增加了分析项目对双碳目标实现的影响，开展碳排放总量和碳排放强度的计算，提出碳排放控制措施，满足碳排放控制目标的要求。

3. 新要求。一是项目资金来源的多样性，不管是政府投资项目还是企业投资项目，均应对项目的财务前景做充分的分析预测；对于没有收入来源的项目，强调要开展资金平衡分析，提出建设期和运营期的资

金来源方案，确保项目经营的可持续性。二是项目对社会、环境、资源能源等的外部影响作为项目可行性的关键因素，将社会是否可接受、环境影响是否可控、资源能源是否集约有效利用作为可行性分析的重要内容。三是风险识别和管控，将风险是否可控作为关键的决策影响因素，针对建设期和运营期的重大风险，制定风险应对措施和应对预案；特别强调了网络与数据安全、社会稳定风险中的“邻避”问题等方面的风险分析。

（三）用好《可研大纲》，增强工程咨询人责任感和归属感

以2023版《可研大纲》实施为契机，推动工程咨询机构健康发展，需要更加注重工程咨询人综合能力的提升，需要更加注重工程咨询人的责任意识的培养。

一是《可研大纲》考验工程咨询人的应变能力。《可研大纲》是对可行性研究报告编写内容和深度的一般要求，不同行业或领域的可行性研究报告应在“三大目标、七个维度”总体框架下，根据具体行业或领域及项目特点，合理设置篇章结构。因而，做好各专业的项目可行性研究，工程咨询人在遵循《可研大纲》的一般要求的基础上，还需兼顾具体项目特点择取或创新适应的研究方法，使投资项目“真可行”。

二是《可研大纲》的新思路、新内容和新要求，更凸显可研报告的专业性，重视专业的人做专业的事。项目主要负责人需要对规划政策有深刻的理解，需要建立全生命周期的思维方式，并围绕三大目标开展系统、专业深入论证，统筹好各章节的关系。特别是七大维度均要充分借鉴工程咨询和管理咨询领域已形成的成熟研究方法，利用完整可靠的数据资料，通过逻辑严密的分析过程进行研究，形成科学准确的研究结论。

三是《可研大纲》是开展高质量的可行性研究的制度规范，高质量的可行性研究是确保投资科学决策的重要基础。而高质量可行性研究形成的结论报告是工程咨询人精心策划、综合研判的智力性成果。因此，坚持以工程咨询人为中心是加强投资项目可行性研究的有力抓手，

在条件成熟的情况下，明确注册登记的咨询工程师承担项目负责人职责。同时，大力推行咨询工程师（投资）执业登记制度，发挥咨询工程师（投资）执业登记业务办理系统作用，升级中咨易签 APP 人脸识别签章功能，构建以“制度＋平台＋系统＋监督”管理模式，既增强工程咨询人的责任感和归属感，又能有效地保证可研报告的编制质量和水平。

三、投资项目可行性研究工作的发展思考

可行性研究工作是一个过程，可研报告是对这个阶段各项咨询工作的整合结果，可研工作应与方案研究、各专项评价工作同步开展，将相关研究成果纳入可研的相应章节中。对标迭代升级的《可研大纲》，工程咨询人做好投资项目可行性研究工作，要善于优化咨询资源配置、加强咨询模式创新，发挥前期咨询引领带动作用，积极发展投资决策综合性咨询和全过程工程咨询，不断提升包含项目前期咨询、项目实施/工程建设咨询、项目运行维护咨询等在内的全阶段一体化咨询能力。

（作者单位：重庆市先发投资咨询有限公司）

可研新时代　拥抱新大纲

文/付军明　郑建振　原二普

一、可研的由来及发展

可行性研究作为投资项目科学决策的一种专业工具，具有投资决策的基础、筹措资金的依据、项目设计的前提、审批的前置条件和项目实施的根据等多种用途。20 世纪 80 年代初，在世界银行和联合国工业发展组织等国际机构的推动下，可行性研究随着改革开放传入我国，并成为项目投资决策的必经程序。2002 年 1 月，国家发展计划委员会发布《关于出版〈投资项目可行性研究指南(试用版)〉的通知》(计办投资〔2002〕15 号，简称《可研指南》)，同意出版发行《可研指南》。《可研指南》成为我国第一个在国家层次上用以指导投资项目可行性研究工作的规范性文本，标志着投资项目可行性研究进入规范化管理阶段。

随着经济社会的发展，我国经济社会发展发生了极大的变化，原可研报告有关内容已经不适应我国投资管理实践要求。加强投资项目可行性研究成为推动可行性研究与时俱进和创新发展的迫切需要，也是落实投资高质量发展政策要求、加强和改进投资项目管理、提升投资决策科学化水平的必然要求。

二、新、旧《可研大纲》对比分析

2023 年 3 月，国家发展改革委印发投资项目可行性研究报告编写大纲及说明(发改投资规〔2023〕304号,以下简称《可研大纲》),包括《政府投资项目可行性研究报告编写通用大纲(2023年版)》(以下简称《通用大纲》)、《企业投资项目可行性研究报告编写参考大纲(2023年版)》(以下简称《参考大纲》)和《关于投资项目可行性研究报告编写大纲的说明(2023年版)》。

新旧两版《可研大纲》对比来看,首先,新《可研大纲》将建设背景和必要性单独成章,突出其宏观、中观和微观的需求统一;其次,新《可研大纲》增补了项目运营方案,要求改变过去"重建设、轻运营"的做法,强调从经营管理者的视角,分析项目投产运营实现的产出目标,重视运营方案的可行性研究;最后新《可研大纲》将风险分析变为风险管控方案,从单纯的风险分析变为风险分析、风险措施、风险评估、应急预案的投资项目风险管控方案。

三、新《可研大纲》重大变革

新《可研大纲》体现了四个方面的重大变革。

一是新《可研大纲》围绕投资项目建设必要性、方案可行性及风险可控性三大目标开展系统、专业、深入论证,重点要把握"七个维度"的研究论证内容。其中,项目建设必要性强调重点论证需求可靠性,分别从宏观、中观和微观层面针对社会需求和市场需求来分析项目建设的依据和理由;方案可行性强调重点论证要素保障性、工程可行性、运营有效性、财务合理性和影响可持续性;风险可控性强调重点论证风险管控方案。

二是贯彻高质量发展新理念。特别强调了要素保障、数字化方案、绩效管理方案、可融资性评价、REITs盘活存量资产分析、碳达峰碳中和分析等体现新发展理念要求的可行性研究内容。其中,要素保障分析强调坚持项目跟着规划走,资金和要素跟着项目走的原则,强化可行性研究必须为项目落地提供实施方案;数字化方案有利于促进项目降本增效、推动行业转型升级、提升全过程业务管理效能。绩效管理方案强调研究制定项目全生命周期关键绩效指标和绩效管理机制；项目可融资性评价，强调对于经营性项目，跳出传统的投资估算、资金筹措和财务评价的逻辑次序，要求在投资估算基础上，先行开展项目自身的盈利能力分析，评价项目可融资性，在此基础上确定项目的融资方案；REITs盘活存量资产分析，要求对具有潜在上市条件的项目开展REITs盘活存量资产分析，以终为始，旨在倒逼有关各方在项目前期研究阶段重视投资管理合规性、运营收益稳定性等内容；碳达峰碳中和分析，体现对于高耗能、高排放项目，各地根据实际情况，确定项目是否纳入“两高”项目管理清单。

三是适应投融资体制改革新要求，实行分类管理。企业投资项目强调主要遵循市场机制，其可行性研究应突出经济性和商业价值；政府直接投资的非经营性项目，则不必评价其盈利能力，主要开展项目全生命周期资金平衡分析，提出确保财务可持续性的措施方案。针对可研报告目的的不同，体现出内容的差异化，从项目需求方案的差异来看，政府投资项目应主要满足社会公共需求，而企业投资项目应以满足市场需求为导向。从项目运营方案的差异来看，政府投资项目要评价市场化运营的可行性和利益相关方的可接受性，而企业投资项目一般需要详细论证生产运营方案，研究资源的供应方案、采购方案和运输方案等，充分考虑供应链风险，防止被“卡脖子”。从项目投融资和财务方案的差异来看，政府投资项目应根据经济社会发展需要和财政可负担性，防范地方政府隐性债务风险，而企业投资项目通常以盈利性为主要目标，投融资和财务分析应聚焦项目投资收益研究、市场风险规避等内容。另外政府投资项目、企业投资项目分别应注重与项目建议书、申请书等成果的衔接。

四是立足前期研究指引项目全生命周期专业化管理。重点突出“四个强化”，即强化规划政策符合性分析，与战略规划目标、政策要求的一致性；强化投资建设全过程数字化应用方案分析，以数字化转型促进项目全生命周期降本增效；强化项目运营方案的比较分析，基于项目全生命周期的运营方案优化和系统性论证；强化项目融资方案和财务可持续性保障分析，全面分析投资需求、融资方案、债务风险和财务可持续性。

四、业务的启发及应用

目前在可行性研究报告编制中存在较多问题，一是习惯性地找模板、套模板，导致出现可研报告编制过程中的不系统、不全面、不高效、不针对。二是专业化知识储备不足，主要表现在政策研究不够、需求的分析不够、工程技术方案理解不足、财务方面的专业知识薄弱、各专题研究的知识储备不足等方面。三是工作创造性能力不足，对可研报告的编制均是按部就班，创造性思维不足，根据业主的要求死板地编制，从可研报告技术层面、工程建设程序层面无法创造性地为业主提供专业建议。四是工作主观能动性不强，沟通协调能力有待提高，学习主动性不够，总结提高不够，业务能力提高有限。

通过对新《可研大纲》的学习，对可研编制等工程前期咨询业务的启发。

首先，应克服模板化思维、高质量完成可研报告。坚持系统性思维，基于战略－规划－计划－项目的逻辑关系进行系统研究，体现宏观政策、中观区域需求和微观项目需求统一；坚持全面性观念，贯彻项目全生命周期管理理念，突出体现绿色发展和以人民为中心的新发展理念，增加运营管理研究和项目风险管控方案内容；坚持高效性理念，进一步提高项目的模式策划能力、项目建管程序管理能力，确保项目的投融资、工程方案、环境影响、风险管控合理合规，为项目高效落地保驾护航；坚持"一专多能"业务工作习惯，鼓励向投融资、碳排放、数字化、REITs、ESG、社会稳定风险管控等专业化发展。

其次，需进一步积极储备专业知识、勇于开创先河，研究传统咨询业务同 RETIs 双碳目标、数字化、ESG 等高质量要求的契合点，创造咨询机构品牌和效益的新型增长点。

最后，建议做好咨询研究工作需贯彻好“十个更加注重”。即更加注重政策研究，解决合规性问题，提高项目策划质量；更加注重需求分析，将宏观需求（战略规划）、中观需求（区域和行业发展）和微观需求（企业战略、市场和社会需求）相结合，多层次地研究项目投资建设的必要性、产出和规模；更加注重方案研究，实现“工可”向项目周期方案优化；更加注重财务系统分析，为项目的决策提供更加科学的参考；更加注重专题研究，项目高质量决策要系统研究各种要素保障，核心是专题研究结合；更加注重风险管控分析，从注重风险处置向注重风险防控转变，从注重减少风险损失向注重减少风险隐患转变，从注重应对单一风险向注重应对综合性系统性风险转变；更加注重运营分析，保证运营要有效；更加注重沟通协调，提高工作效率、团队凝聚力和组织竞争力；更加注重复盘总结，提高咨询质量和技术积累；更加注重各级汇报，积累汇报技巧，保持持续进步！

（作者单位：湖北省工程咨询股份有限公司）

深入学习可研大纲 贯彻高质量发展理念

文/陈姿颖

2023年3月，国家发展改革委发布《国家发展改革委关于印发投资项目可行性研究报告编写大纲及说明的通知》(发改投资规〔2023〕304号)，正式公布了《政府投资项目可行性研究报告编写通用大纲(2023年版)》和《企业投资项目可行性研究报告编写参考大纲(2023年版)》(以下简称《可研大纲》)。《可研大纲》是在2002年发布的《投资项目可行性研究指南(试用版)》(计办投资〔2002〕15号)(以下简称《可研指南》)之后，指导全国投资项目开展可行性研究工作的重要制度性规范。

一、主要培训内容

(一)我国投资项目可行性研究发展历程

我国投资项目可行性研究共经历了四个阶段：

1.1978—2002年：学习借鉴阶段

可行性研究作为投资项目科学决策的一种专业工具，在世界银行和联合国工业发展组织等国际组织的推动下，20世纪80年代初随着改革开放传入我国。

2.2002—2012年：规范推广阶段

2002年由国家发展计划委发布《投资项目可行性研究指南(试用版)》(计办投资〔2002〕15号)，用以规范可行性研究工作的内容和方法，指导可行性研究报告的编制。

《可研指南》总结了我国改革开放第一个 20 年可行性研究工作的经验教训，并借鉴了国际上可行性研究的有益做法，成为我国第一本在国家层面用以指导投资项目可行性研究工作的规范性文本，是我国可行性研究规范工作的重要里程碑，标志着投资项目可行性研究进入规范化管理及全面推广应用的新阶段。

3.2012—2022 年：质量提升阶段

2012 年 11 月，中国共产党第十八次全国代表大会召开，标志着我国经济社会开始进入高质量发展的新时代。

立足新发展阶段，贯彻新发展理念，构建新发展格局，实现高质量发展，对投资项目可行性研究提出一系列新要求，由此推动可行性研究工作进入全面提升质量的新阶段。

4.2022 年以后：高质量论证阶段

2022 年 11 月 29 日，国家发展改革委发布关于对《政府投资项目可行性研究报告编制通用大纲（征求意见稿）》《企业投资项目可行性研究报告编制参考大纲（征求意见稿）》和《关于投资项目可行性研究报告编制大纲的说明》公开征求意见的公告，历经 3 个多月，于 2023 年 3 月 23 日，《可研大纲》正式发布。

《可研大纲》的出台，对促进咨询服务高质量发展、提升投资决策科学化法治化水平、推动高质量投资具有重要的引导意义。

（二）可行性研究报告总体框架

投资项目可行性研究报告的总体框架可以总结为“三大目标、七个维度”。“三大目标”指建设必要性、方案可行性和风险可控性；“七个维度”指需求可靠性、要素保障性、工程可行性、运营有效性、财务合理性、影响可持续性、风险管控方案。七大维度与三大目标相互对应、相互衔接。

1.项目建设必要性应重点论证需求可靠性

应从宏观、中观和微观层面展开分析，论证项目建设的依据和理由。对于主要满足社会公共需求的投资项目，应进行社会需求研究。

要通过对项目的产出品、投入品或服务的社会容量、供应结构和数量等进行分析，为确定项目的目标受益群体、建设规模和服务方案提供依据。

2.项目方案可行性应重点论证要素保障性、工程可行性、运营有效性、财务合理性和影响可持续性

其中，要素保障性分析应包括项目选址/选线、建设条件、土地要素保障以及水资源、能耗、碳排放强度和污染减排指标控制要求及保障能力等。工程可行性分析应包括技术方案、设备方案、工程方案，并明确建设管理方案等。运营有效性分析应包括运营模式选择、运营组织、安全保障、绩效管理等。财务合理性分析应研究项目投资需求和融资方案，计算有关财务评价指标，评价项目财务盈利能力、偿债能力和财务持续能力。影响可持续性应重视经济社会、资源能源、生态环境等外部影响效果的评价，并注意与节能评价、环境影响评价等专项评价的结果相衔接。

3.项目风险可控性应重点论证风险管控方案

可行性研究应重视识别项目存在的各种潜在风险因素，并分析评价风险发生的可能性及其危害程度，提出风险管控方案和风险应急预案。重大项目还应当对社会稳定风险进行调查分析，对可能引发"邻避"问题的，应提出综合管控方案。

（三）《可研大纲》的创新和突破点

与2002年发布的《可研指南》相比，2023年版《可研大纲》在以下四个方面有较大的创新和突破。

1.贯彻高质量发展理念

高质量发展是我国新时代经济社会转型发展的基本要求，也是投资项目可行性研究的核心价值导向。高质量可行性研究推动高质量投资决策，高质量投资决策推动高质量投资，高质量投资推动高质量发展；同样，高质量发展也可以推动高质量可行性研究。

2.政府投资项目和企业投资项目分类管理

政府投资项目和企业投资项目的重点和关注点不同，新版《可研大纲》对政府投资项目和企业投资项目进行分类管理。

政府投资项目具有突出经济社会综合效益；满足基本公共需求，聚焦经济社会发展；关注财政可负担性，防范隐性债务风险等特点。《可研大纲》对政府投资项目强制适用。

企业投资项目具有落实企业投资自主权，引导企业重视可研；强化市场需求分析，并关注规划政策符合性；突出经济性和可持续性等特点。《可研大纲》对企业投资项目参考适用。

3.突出项目全生命周期理念，立足前期研究指引项目全生命周期管理

以往的可行性研究报告在方案论证时更多从项目建设阶段出发，更加关注建设规模、建设标准、建设方案、投资规模的合理性论证等，对项目运营阶段的运营需求关注较少，可能造成投资项目“重建设轻运营”的问题。《可研大纲》坚持贯彻投资项目从决策阶段到建设阶段，再到运营阶段的全生命周期管理。

《可研大纲》强调要对项目运营组织方案进行充分的论证分析，并对未来的运营保障条件予以考虑，包括未来运营需要的技术条件，人力资源条件等，确保项目建成以后不因运营保障条件难以实现影响项目的实施效果。《可研大纲》强调了风险管理，也是贯穿项目全生命周期，是风险管控角度保证项目建设和持续运营的体现。

4.突出系统性，建立了“三大目标、七个维度”的结构化分析框架

《可研大纲》的整体框架和章节结构相互衔接、逻辑统一，充分体现系统观念。主要表现在各个部分相互衔接、每个章节逻辑统一。各个部分相互衔接：“三大目标七个维度”各个部分相互衔接，解决项目要不要干、能不能干、怎么干、花多少钱干、能不能持续的问题。

每个章节逻辑统一：《可研大纲》的每个章节间的逻辑关系是统一的。比如“项目选址与要素保障”篇章中，确定了项目选址或选线后，项目建设条件更多从政府宏观调控、资源调控的角度考虑，更加关注土地

资源、水资源、能源资源等是否对项目形成刚性约束或刚性限制。要素保障分析则坚持“项目跟着规划走，要素跟着项目走”，深入分析项目对土地、能源、资源、环境、生态等保障要素的需求。

又如“项目投融资与财务方案”篇章，按照《可研大纲》，应在制定融资方案之前先进行盈利能力分析，在确定融资方案后再进行偿债能力分析和财务可持续性分析，逻辑更加科学。通过投资估算和盈利能力分析，来确定适宜的融资方案，而投资估算、盈利能力和融资方式又决定了项目债务清偿能力和财务可持续性。

二、培训感悟

《可研大纲》坚持了以人民为中心的发展思想，并在新发展理念的引领下，强调了绿色低碳发展、数字技术应用、生态环境保护、城市更新和乡村振兴、双碳目标实现等重点工作任务，对新时代做好可行性研究报告编制工作，助力高质量投资决策必将提供很好的指导。

(一)深入思考《可研大纲》的应用

1. 可研工作和可研报告

可行性研究工作是一个过程，可研报告是一个阶段性结果。

可研报告是对项目前期各项咨询工作的整合，可研工作应与方案研究、各专项评价工作应同步开展，将相关研究成果纳入可研的相应章节中。如:能评是能耗分析和碳达峰分析的基础;环评是生态环境影响分析的基础。

前期综合决策咨询是增强可研科学性的重要组织方式，如可研加五评(能评、环评、交评、水评、稳评)，前期总包(前期综合决策咨询加前期项目管理)是保证前期工作效率的有效方式。

2. 原则性要求和灵活性运用

紧紧围绕不同投资主体对可研报告的要求开展工作。

在保持原有总体逻辑的基础上，不能生搬硬套，根据不同投资主体的投资决策要求保留适度的灵活性。

从研究解决实际问题出发，根据行业特点和项目规模，灵活调整部分章节结构，特别是关于建设方案的描述，需作有针对性的调整。不应只是形式上满足报告体系格式，各章节应对可研最终结论形成支撑，每个章节均应建立自身的逻辑结构。

3. 全局性把控和专业性要求

项目负责人应具有总体把控项目的能力，体现系统性。

项目主要负责人需对规划政策有深刻的理解，需建立全生命周期的思维方式，并围绕三大目标的协同加强系统思考，统筹好各个章节的相互关系。

七大维度均要充分借鉴工程咨询和管理咨询领域已形成的成熟研究方法，利用完整可靠的数据资料，通过逻辑严密的分析过程进行研究，形成科学准确的研究结论，体现专业性。

（二）充分发挥《可研大纲》引导投资项目高质量决策

高质量发展是我国新时代经济社会转型发展的基本要求，也是我国投资项目可行性研究工作的核心价值导向。2022 年 3 月，中国工程咨询协会印发的《关于加快推进工程咨询业高质量发展的指导意见》（中咨协政研〔2022〕21 号）提出全面贯彻新发展理念，落实行业高质量发展。

2016 年，国务院印发了《中共中央国务院关于深化投融资体制改革的意见》（中发〔2016〕18 号），提出进一步改进和规范政府投资项目审批制，采用直接投资和资本金注入方式的项目，严格审批项目建议书、可行性研究报告和初步设计。2018 年国务院印发了《政府投资条例》（国务院令第 712 号）从行政法规层面要求政府投资项目必须编制项目建议书、可行性研究报告。项目可行性研究应为主管部门把好项目“准入关”。2023 年发布的《可研大纲》，立足新发展阶段，强调贯彻新发展理念，坚持以人民为中心的发展思想，关注绿色发展、自主创新、共同富裕、国家安全、风险管理等理念以及投资建设数字化转型等要求，并充分汲取联合国可持续发展目标，世界银行有关环境社会影响评价分析框架，以及环境、社会和治理等理念，完善可行性研究相关内容，以促进实现高质量发展。

《可研大纲》的颁布实施，是我国工程咨询行业发展史上的一件大事，必将加快引领和推进工程咨询和投资管理模式、理念转变和创新的进程。

（三）严格按照《可研大纲》深入开展项目可行性研究实践

1.做实项目研究的前期工作

在项目研究过程中，应全面收集项目基础资料，深入行业主管、基层政府，充分了解项目背景、地方需求，全面收集发展规划、地区规划、行业规划、专项规划等各类规划，了解当地财政情况、产业基础、发展方向、自然条件等资源条件，提出项目建设的必要性。结合测绘、勘测等资料，掌握地形地貌、气象、水文、地质、地震等情况，调查项目选址用地现状情况，以及场址周边水、电、气、热和通讯、交通运输条件等现状条件，科学进行场址方案比选。

2.编制好可研报告内容

根据现状调研和需求分析，研究项目建设目标和功能定位，提出建设项目的主要内容和规模。充分调研各利益相关方对项目建设实施的意见，深入群众和社会层面，实地考察当地经济社会发展水平、居民生活状况、社会习俗文化、与项目相关的社会需求，做深项目征地拆迁、资源环境、社会影响、社会风险等评价工作。增加评价项目ESG责任投资效果，防范和管控投资项目可能产生的环境、社会、治理风险等内容，积极将“环境、社会和治理”（ESG）等国际先进理念融入可行性研究。根据建设生态文明、实现双碳目标、推进绿色发展等要求，增加绿色建材、绿色建筑、海绵城市、生态修复等相关篇章，创新研究项目运营组织、运营模式，研究项目资本金退出机制等内容。

3.发挥咨询机构在前期决策阶段的统筹作用

建设项目一般由咨询机构最先介入，由于咨询机构对国家、行业、地方的各类法律、法规和政策要求，对项目前期谋划、项目建议书、项目现状、建设内容、项目投资控制最为清楚；对项目可行性研究评审深度要求，对各专业设计方案应达标深度最为专业；对环评、水保、节能、社稳等专项评价专篇最为了解；对项目申报程序、项目策划生成、项目立项及可研报批等最为熟悉。由咨询机构牵头统筹测绘、勘察、各专项设计、专项评价等单位共同推进前期工作，能充分发挥各参与单位的优势，用其所长。一方面有助于项目满足多专业审批要求，顺利通过专家评审；另一方面通过专项评价综合协同，有利于项目单位办理各项前期要件，加快项目前期进度。

三、相关建议

（一）建议以《可研大纲》为基础，结合行业特点，制定相应行业投资项目可研编制规范

《可研大纲》主要给出了编写可研报告的共性内容和研究框架，不同行业的项目会有各自的个性特点，因此，各行业主管部门可以《可研大纲》为基础，修订或编制适合本行业的投资项目可研编制规范，与《可研大纲》接轨，同时又能体现行业特点和个性需求。

（二）建议对《建设项目经济评价方法与参数》进行修订或更新

2023 年 4 月之前，投资项目可行性研究报告编制的参考材料主要包括《投资项目可行性研究指南（试用版）》和《建设项目经济评价方法与参数》（第三版）。

《建设项目经济评价方法与参数》最早由国家（发展）计划委员会、建设部于 1987 年发布，目前使用的第三版于 2006 年 7 月发布，一直使用至今。

经过十多年的发展，《建设项目经济评价方法与参数》（第三版）中部分内容（例如一些基准收益率参数等）已不适应时代发展的要求。目前《投资项目可行性研究指南（试用版）》已经由新版《可研大纲》替代，

建议尽快推动《建设项目经济评价方法与参数》(第三版)的修订更新，以便更好地指导投资项目可行性研究工作。

(三)建议出台相关收费标准

1999 年，国家发展计划委发布《国家计委关于印发建设项目前期工作咨询收费暂行规定的通知》(计价格〔1999〕1283 号)，正式发布了建设项目前期工作咨询的收费标准，该收费标准从 1999 年一直使用至 2015 年。

2016 年 1 月 1 日，国家发展和改革委员会发布《中华人民共和国国家发展和改革委员会令第 31 号》，计价格〔1999〕1283 号文件位于《国家发展改革委决定废止的规范性文件目录》第 358 条。该文件废止后，在实际工作中涉及到可行性研究咨询服务报价时，经常还是以该文件为基础进行折扣率报价。鉴于新版《可研大纲》提出的新要求和新挑战，建议相关部门制定适应新形势的收费指导意见。

(作者单位：天津广正建设项目咨询股份有限公司)

附录

政府投资项目可行性研究报告编写通用大纲

（2023 年版）

一、概述

（一）项目概况

项目全称及简称。概述项目建设目标和任务、建设地点、建设内容和规模（含主要产出）、建设工期、投资规模和资金来源、建设模式、主要技术经济指标、绩效目标等。

（二）项目单位概况

简述项目单位基本情况。拟新组建项目法人的，简述项目法人组建方案。对于政府资本金注入项目，简述项目法人基本信息、投资人（或者股东）构成及政府出资人代表等情况。

（三）编制依据

概述项目建议书（或项目建设规划）及其批复文件、国家和地方有关支持性规划、产业政策和行业准入条件、主要标准规范、专题研究成果，以及其他依据。

（四）主要结论和建议

简述项目可行性研究的主要结论和建议。

二、项目建设背景和必要性

（一）项目建设背景

简述项目立项背景，项目用地预审和规划选址等行政审批手续办理和其他前期工作进展。

(二)规划政策符合性

阐述项目与经济社会发展规划、区域规划、专项规划、国土空间规划等重大规划的衔接性，与扩大内需、共同富裕、乡村振兴、科技创新、节能减排、碳达峰碳中和、国家安全和应急管理等重大政策目标的符合性。

(三)项目建设必要性

从重大战略和规划、产业政策、经济社会发展、项目单位履职尽责等层面，综合论证项目建设的必要性和建设时机的适当性。

三、项目需求分析与产出方案

(一)需求分析

在调查项目所涉产品或服务需求现状的基础上，分析产品或服务的可接受性或市场需求潜力，研究提出拟建项目功能定位、近期和远期目标、产品或服务的需求总量及结构。

(二)建设内容和规模

结合项目建设目标和功能定位等，论证拟建项目的总体布局、主要建设内容及规模，确定建设标准。大型、复杂及分期建设项目应根据项目整体规划、资源利用条件及近远期需求预测，明确项目近远期建设规模、分阶段建设目标和建设进度安排，并说明预留发展空间及其合理性、预留条件对远期规模的影响等。

(三)项目产出方案

研究提出拟建项目正常运营年份应达到的生产或服务能力及其质量标准要求，并评价项目建设内容、规模以及产出的合理性。

四、项目选址与要素保障

（一）项目选址或选线

通过多方案比较，选择项目最佳或合理的场址或线路方案，明确拟建项目场址或线路的土地权属、供地方式、土地利用状况、矿产压覆、占用耕地和永久基本农田、涉及生态保护红线、地质灾害危险性评估等情况。备选场址方案或线路方案比选要综合考虑规划、技术、经济、社会等条件。

（二）项目建设条件

分析拟建项目所在区域的自然环境、交通运输、公用工程等建设条件。其中，自然环境条件包括地形地貌、气象、水文、泥沙、地质、地震、防洪等；交通运输条件包括铁路、公路、港口、机场、管道等；公用工程条件包括周边市政道路、水、电、气、热、消防和通信等。阐述施工条件、生活配套设施和公共服务依托条件等。改扩建工程要分析现有设施条件的容量和能力，提出设施改扩建和利用方案。

（三）要素保障分析

土地要素保障。分析拟建项目相关的国土空间规划、土地利用年度计划、建设用地控制指标等土地要素保障条件，开展节约集约用地论证分析，评价用地规模和功能分区的合理性、节地水平的先进性。说明拟建项目用地总体情况，包括地上（下）物情况等；涉及耕地、园地、林地、草地等农用地转为建设用地的，说明农用地转用指标的落实、转用审批手续办理安排及耕地占补平衡的落实情况；涉及占用永久基本农田的，说明永久基本农田占用补划情况；如果项目涉及用海用岛，应明确用海用岛的方式、具体位置和规模等内容。

资源环境要素保障。分析拟建项目水资源、能源、大气环境、生态等承载能力及其保障条件，以及取水总量、能耗、碳排放强度和污染减排指标控制要求等，说明是否存在环境敏感区和环境制约因素。对于涉及用海的项目，应分析利用港口岸线资源、航道资源的基本情况及其保障条件；对于需围填海的项目，应分析围填海基本情况及其保障条件。对于重大投资项目，应列示规划、用地、用水、用能、环境以及可能涉及的用海、用岛等要素保障指标，并综合分析提出要素保障方案。

五、项目建设方案

(一)技术方案

通过技术比较提出项目预期达到的技术目标、技术来源及其实现路径，确定核心技术方案和核心技术指标。简述推荐技术路线的理由。对于专利或关键核心技术，需要分析其取得方式的可靠性、知识产权保护、技术标准和自主可控性等。

(二)设备方案

通过设备比选提出所需主要设备(含软件)的规格、数量、性能参数、来源和价格，论述设备(含软件)与技术的匹配性和可靠性、设备(含软件)对工程方案的设计技术需求，提出关键设备和软件推荐方案及自主知识产权情况。对于关键设备，进行单台技术经济论证，说明设备调研情况；对于非标设备，说明设备原理和组成。对于改扩建项目，分析现有设备利用或改造情况。涉及超限设备的，研究提出相应的运输方案，特殊设备提出安装要求。

(三)工程方案

通过方案比选提出工程建设标准、工程总体布置、主要建(构)筑物和系统设计方案、外部运输方案、公用工程方案及其他配套设施方案。工程方案要充分考虑土地利用、地上地下空间综合利用、人民防空工程、抗震设防、防洪减灾、消防应急等要求，以及绿色和韧性工程相关内容，并结合项目所属行业特点，细化工程方案有关内容和要求。涉及分期建设的项目，需要阐述分期建设方案；涉及重大技术问题的，还应阐述需要开展的专题论证工作。

（四）用地用海征收补偿（安置）方案

涉及土地征收或用海海域征收的项目，应根据有关法律法规政策规定，提出征收补偿（安置）方案。土地征收补偿（安置）方案应当包括征收范围、土地现状、征收目的、补偿方式和标准、安置对象、安置方式、社会保障、补偿（安置）费用等内容。用海用岛涉及利益相关者的，应根据有关法律法规政策规定等，确定利益相关者协调方案。

（五）数字化方案

对于具备条件的项目，研究提出拟建项目数字化应用方案，包括技术、设备、工程、建设管理和运维、网络与数据安全保障等方面，提出以数字化交付为目的，实现设计—施工—运维全过程数字化应用方案。

（六）建设管理方案

提出项目建设组织模式和机构设置，制定质量、安全管理方案和验收标准，明确建设质量和安全管理目标及要求，提出拟采用新材料、新设备、新技术、新工艺等推动高质量建设的技术措施。根据项目实际提出拟实施以工代赈的建设任务等。

提出项目建设工期，对项目建设主要时间节点做出时序性安排。提出包括招标范围、招标组织形式和招标方式等在内的拟建项目招标方案。研究提出拟采用的建设管理模式，如代建管理、全过程工程咨询服务、工程总承包（EPC）等。

六、项目运营方案

（一）运营模式选择

研究提出项目运营模式，确定自主运营管理还是委托第三方运营管理，并说明主要理由。委托第三方运营管理的，应提出对第三方的运营管理能力要求。

（二）运营组织方案

研究项目组织机构设置方案、人力资源配置方案、员工培训需求及计划,提出项目在合规管理、治理体系优化和信息披露等方面的措施。

（三）安全保障方案

分析项目运营管理中存在的危险因素及其危害程度,明确安全生产责任制,建立安全管理体系,提出劳动安全与卫生防范措施,以及项目可能涉及的数据安全、网络安全、供应链安全的责任制度或措施方案,并制定项目安全应急管理预案。

（四）绩效管理方案

研究制定项目全生命周期关键绩效指标和绩效管理机制,提出项目主要投入产出效率、直接效果、外部影响和可持续性等管理方案。大型、复杂及分期建设项目,应按照子项目分别确定绩效目标和评价指标体系,并说明影响项目绩效目标实现的关键因素。

七、项目投融资与财务方案

（一）投资估算

对项目建设和生产运营所需投入的全部资金即项目总投资进行估算,包括建设投资、建设期融资费用和流动资金,说明投资估算编制依据和编制范围,明确建设期内分年度投资计划。

（二）盈利能力分析

根据项目性质,确定适合的评价方法。结合项目运营期内的负荷要求,估算项目营业收入、补贴性收入及各种成本费用,并按相关行业要求提供量价协议、框架协议等支撑材料。通过项目自身的盈利能力分析,评价项目可融资性。对于政府直接投资的非经营性项目,开展项目全生命周期资金平衡分析,提出开源节流措施。对于政府资本金注入项目,计算财务内部收益率、财务净现值、投资回收期等指标,评价项目盈利能力;营业收入不足以覆盖项目成本费用的,提出政府支持方案。对于综合性开发项目,分析项目服务能力和潜在综合收益,评价项目采用市场化机制的可行性和利益相关方的可接受性。

（三）融资方案

研究提出项目拟采用的融资方案，包括权益性融资和债务性融资，分析融资结构和资金成本。说明项目申请财政资金投入的必要性和方式，明确资金来源，提出形成资金闭环的管理方案。对于政府资本金注入项目，说明项目资本金来源和结构、与金融机构对接情况，研究采用权益型金融工具、专项债、公司信用类债券等融资方式的可行性，主要包括融资金额、融资期限、融资成本等关键要素。对于具备资产盘活条件的基础设施项目，研究项目建成后采取基础设施领域不动产投资信托基金（REITs）等方式盘活存量资产、实现项目投资回收的可能路径。

（四）债务清偿能力分析

对于使用债务融资的项目，明确债务清偿测算依据和还本付息资金来源，分析利息备付率、偿债备付率等指标，评价项目债务清偿能力，以及是否增加当地政府财政支出负担、引发地方政府隐性债务风险等情况。

（五）财务可持续性分析

对于政府资本金注入项目，编制财务计划现金流量表，计算各年净现金流量和累计盈余资金，判断拟建项目是否有足够的净现金流量维持正常运营。对于在项目经营期出现经营净现金流量不足的项目，研究提出现金流接续方案，分析政府财政补贴所需资金，评价项目财务可持续性。

八、项目影响效果分析

（一）经济影响分析

对于具有明显经济外部效应的政府投资项目，计算项目对经济资源的耗费和实际贡献，分析项目费用效益或效果，以及重大投资项目对宏观经济、产业经济、区域经济等所产生的影响，评价拟建项目的经济合理性。

(二)社会影响分析

通过社会调查和公众参与，识别项目主要社会影响因素和主要利益相关者，分析不同目标群体的诉求及其对项目的支持程度，评价项目采取以工代赈等方式在带动当地就业、促进技能提升等方面的预期成效，以及促进员工发展、社区发展和社会发展等方面的社会责任，提出减缓负面社会影响的措施或方案。

(三)生态环境影响分析

分析拟建项目所在地的环境和生态现状，评价项目在污染物排放、地质灾害防治、防洪减灾、水土流失、土地复垦、生态保护、生物多样性和环境敏感区等方面的影响，提出生态环境影响减缓、生态修复和补偿等措施，以及污染物减排措施，评价拟建项目能否满足有关生态环境保护政策要求。

(四)资源和能源利用效果分析

研究拟建项目的矿产资源、森林资源、水资源(含非常规水源)、能源、再生资源、废物和污水资源化利用，以及设备回收利用情况，通过单位生产能力主要资源消耗量等指标分析，提出资源节约、关键资源保障，以及供应链安全、节能等方面措施，计算采取资源节约和资源化利用措施后的资源消耗总量及强度。计算采取节能措施后的全口径能源消耗总量、原料用能消耗量、可再生能源消耗量等指标，评价项目能效水平以及对项目所在地区能耗调控的影响。

(五)碳达峰碳中和分析

对于高耗能、高排放项目，在项目能源资源利用分析的基础上，预测并核算项目年度碳排放总量、主要产品碳排放强度，提出项目碳排放控制方案，明确拟采取减少碳排放的路径与方式，分析项目对所在地区碳达峰碳中和目标实现的影响。

九、项目风险管控方案

（一）风险识别与评价

识别项目全生命周期的主要风险因素，包括需求、建设、运营、融资、财务、经济、社会、环境、网络与数据安全等方面，分析各风险发生的可能性、损失程度，以及风险承担主体的韧性或脆弱性，判断各风险后果的严重程度，研究确定项目面临的主要风险。

（二）风险管控方案

结合项目特点和风险评价，有针对性地提出项目主要风险的防范和化解措施。重大项目应当对社会稳定风险进行调查分析，查找并列出风险点、风险发生的可能性及影响程度，提出防范和化解风险的方案措施，提出采取相关措施后的社会稳定风险等级建议。对可能引发“邻避”问题的，应提出综合管控方案，保证影响社会稳定的风险在采取措施后处于低风险且可控状态。

（三）风险应急预案

对于拟建项目可能发生的风险，研究制定重大风险应急预案，明确应急处置及应急演练要求等。

十、研究结论及建议

（一）主要研究结论

从建设必要性、要素保障性、工程可行性、运营有效性、财务合理性、影响可持续性、风险可控性等维度分别简述项目可行性研究结论，评价项目在经济、社会、环境等各方面效果和风险，提出项目是否可行的研究结论。

（二）问题与建议

针对项目需要重点关注和进一步研究解决的问题，提出相关建议。

十一、附表、附图和附件

根据项目实际情况和相关规范要求，研究确定并附具可行性研究报告必要的附表、附图和附件等。

企业投资项目可行性研究报告编写参考大纲

（2023 年版）

一、概述

（一）项目概况

项目全称及简称。概述项目建设目标和任务、建设地点、建设内容和规模（含主要产出）、建设工期、投资规模和资金来源、建设模式、主要技术经济指标等。

（二）企业概况

简述企业基本信息、发展现状、财务状况、类似项目情况、企业信用和总体能力，有关政府批复和金融机构支持等情况。分析企业综合能力与拟建项目的匹配性。属于国有控股企业的，应说明其上级控股单位的主责主业，以及拟建项目与其主责主业的符合性。

（三）编制依据

概述国家和地方有关支持性规划、产业政策和行业准入条件、企业战略、标准规范、专题研究成果，以及其他依据。

（四）主要结论和建议

简述项目可行性研究的主要结论和建议。

二、项目建设背景、需求分析及产出方案

（一）规划政策符合性

简述项目建设背景和前期工作进展情况，论述拟建项目与经济社

会发展规划、产业政策、行业和市场准入标准的符合性。

（二）企业发展战略需求分析

对于关系企业长远发展的重大项目，论述企业发展战略对拟建项目的需求程度和拟建项目对促进企业发展战略实现的重要性和紧迫性。

（三）项目市场需求分析

结合企业自身情况和行业发展前景，分析拟建项目所在行业的业态、目标市场环境和容量、产业链供应链、产品或服务价格，评价市场饱和程度、项目产品或服务的竞争力，预测产品或服务的市场拥有量，提出市场营销策略等建议。

（四）项目建设内容、规模和产出方案

阐述拟建项目总体目标及分阶段目标，提出拟建项目建设内容和规模，明确项目产品方案或服务方案及其质量要求，并评价项目建设内容、规模以及产品方案的合理性。

（五）项目商业模式

根据项目主要商业计划，分析拟建项目收入来源和结构，判断项目是否具有充分的商业可行性和金融机构等相关方的可接受性。结合项目所在地政府或相关单位可以提供的条件，提出商业模式及其创新需求，研究项目综合开发等模式创新路径及可行性。

三、项目选址与要素保障

（一）项目选址或选线

通过多方案比较，选择项目最佳或合理的场址或线路方案，明确拟建项目场址或线路的土地权属、供地方式、土地利用状况、矿产压覆、占用耕地和永久基本农田、涉及生态保护红线、地质灾害危险性评估等情况。备选场址方案或线路方案比选要综合考虑规划、技术、经济、社会等条件。

(二)项目建设条件

分析拟建项目所在区域的自然环境、交通运输、公用工程等建设条件。其中,自然环境条件包括地形地貌、气象、水文、泥沙、地质、地震、防洪等;交通运输条件包括铁路、公路、港口、机场、管道等;公用工程条件包括周边市政道路、水、电、气、热、消防和通信等。阐述施工条件、生活配套设施和公共服务依托条件等。改扩建工程要分析现有设施条件的容量和能力,提出设施改扩建和利用方案。

(三)要素保障分析

土地要素保障。分析拟建项目相关的国土空间规划、土地利用年度计划、建设用地控制指标等土地要素保障条件,开展节约集约用地论证分析,评价用地规模和功能分区的合理性、节地水平的先进性。说明拟建项目用地总体情况,包括地上(下)物情况等;涉及耕地、园地、林地、草地等农用地转为建设用地的,说明农用地转用指标的落实、转用审批手续办理安排及耕地占补平衡的落实情况;涉及占用永久基本农田的,说明永久基本农田占用补划情况;如果项目涉及用海用岛,应明确用海用岛的方式、具体位置和规模等内容。

资源环境要素保障。分析拟建项目水资源、能源、大气环境、生态等承载能力及其保障条件,以及取水总量、能耗、碳排放强度和污染减排指标控制要求等,说明是否存在环境敏感区和环境制约因素。对于涉及用海的项目,应分析利用港口岸线资源、航道资源的基本情况及其保障条件;对于需围填海的项目,应分析围填海基本情况及其保障条件。

四、项目建设方案

(一)技术方案

通过技术比较提出项目生产方法、生产工艺技术和流程、配套工程(辅助生产和公用工程等)、技术来源及其实现路径,论证项目技术的适用性、成熟性、可靠性和先进性。对于专利或关键核心技术，需要分析其获取方式、知识产权保护、技术标准和自主可控性等。简述推荐技术路线的理由，提出相应的技术指标。

（二）设备方案

通过设备比选提出拟建项目主要设备（含软件）的规格、数量和性能参数等内容，论述设备（含软件）与技术的匹配性和可靠性、设备和软件对工程方案的设计技术需求，提出关键设备和软件推荐方案及自主知识产权情况。必要时，对关键设备进行单台技术经济论证。利用和改造原有设备的，提出改造方案及其效果。涉及超限设备的，研究提出相应的运输方案，特殊设备提出安装要求。

（三）工程方案

通过方案比选提出工程建设标准、工程总体布置、主要建（构）筑物和系统设计方案、外部运输方案、公用工程方案及其他配套设施方案，明确工程安全质量和安全保障措施，对重大问题制定应对方案。涉及分期建设的项目，需要阐述分期建设方案；涉及重大技术问题的，还应阐述需要开展的专题论证工作。

（四）资源开发方案

对于资源开发类项目，应依据资源开发规划、资源储量、资源品质、赋存条件、开发价值等，研究制定资源开发和综合利用方案，评价资源利用效率。

（五）用地用海征收补偿（安置）方案

涉及土地征收或用海海域征收的项目，应根据有关法律法规政策规定，确定征收补偿（安置）方案，包括征收范围、土地现状、征收目的、补偿方式和标准、安置对象、安置方式、社会保障等内容。用海用岛涉及利益相关者的，应根据有关法律法规政策规定等，确定利益相关者协调方案。

（六）数字化方案

对于具备条件的项目，研究提出拟建项目数字化应用方案，包括技术、设备、工程、建设管理和运维、网络与数据安全保障等方面，提出以数字化交付为目的，实现设计－施工－运维全过程数字化应用方案。

（七）建设管理方案

提出项目建设组织模式、控制性工期和分期实施方案，确定项目建设是否满足投资管理合规性和施工安全管理要求。如果涉及招标，明确招标范围、招标组织形式和招标方式等。

五、项目运营方案

（一）生产经营方案

对于产品生产类企业投资项目，提出拟建项目的产品质量安全保障方案、原材料供应保障方案、燃料动力供应保障方案以及维护维修方案，评价生产经营的有效性和可持续性。

对于运营服务类企业投资项目，明确拟建项目运营服务内容、标准、流程、计量、运营维护与修理，以及运营服务效率要求等，研究提出运营服务方案。

（二）安全保障方案

分析项目运营管理中存在的危险因素及其危害程度，明确安全生产责任制，设置安全管理机构，建立安全管理体系，提出安全防范措施，制定项目安全应急管理预案。

（三）运营管理方案

简述拟建项目的运营机构设置方案，明确项目运营模式和治理结构要求，简述项目绩效考核方案、奖惩机制等。

六、项目投融资与财务方案

（一）投资估算

说明投资估算编制范围、编制依据，估算项目建设投资、流动资金、建设期融资费用,明确建设期内分年度资金使用计划。

(二)盈利能力分析

根据项目性质,选择适合的评价方法,估算项目营业收入和补贴性收入及各种成本费用,并按相关行业要求提供量价协议、框架协议等支撑材料,分析项目的现金流入和流出情况,构建项目利润表和现金流量表,计算财务内部收益率、财务净现值等指标,评价项目的财务盈利能力,并开展盈亏平衡分析和敏感性分析,根据需要分析拟建项目对企业整体财务状况的影响。

(三)融资方案

结合企业自身及其股东出资能力,分析项目资本金和债务资金来源及结构、融资成本以及资金到位情况,评价项目的可融资性。结合企业和项目经济、社会、环境等评价结果,研究项目获得绿色金融、绿色债券支持的可能性。对于具备条件的基础设施项目,研究提出项目建成后通过基础设施领域不动产投资信托基金(REITs)等模式盘活存量资产、实现投资回收的可能性。企业拟申请政府投资补助或贴息的,应根据相关要求研究提出拟申报投资补助或贴息的资金额度及可行性。

(四)债务清偿能力分析

按照负债融资的期限、金额、还本付息方式等条件,分析计算偿债备付率、利息备付率等债务清偿能力评价指标,判断项目偿还债务本金及支付利息的能力。必要时,开展项目资产负债分析,计算资产负债率等指标,评价项目资金结构的合理性。

(五)财务可持续性分析

根据投资项目财务计划现金流量表,统筹考虑企业整体财务状况、总体信用及综合融资能力等因素,分析投资项目对企业的整体财务状况影响,包括对企业的现金流、利润、营业收入、资产、负债等主要指标的影响,判断拟建项目是否有足够的净现金流量,确保维持正常运营及保障资金链安全。

七、项目影响效果分析

(一)经济影响分析

对于具有明显经济外部效应的企业投资项目,论证项目费用效益或效果,以及重大项目可能对宏观经济、产业经济、区域经济等产生的影响,评价拟建项目的经济合理性。

(二)社会影响分析

通过社会调查和公众参与,识别项目主要社会影响因素和关键利益相关者,分析不同目标群体的诉求及其对项目的支持程度,评价项目在带动当地就业、促进企业员工发展、社区发展和社会发展等方面的社会责任,提出减缓负面社会影响的措施或方案。

(三)生态环境影响分析

分析拟建项目所在地的生态环境现状,评价项目在污染物排放、地质灾害防治、防洪减灾、水土流失、土地复垦、生态保护、生物多样性和环境敏感区等方面的影响,提出生态环境影响减缓、生态修复和补偿等措施,以及污染物减排措施,评价拟建项目能否满足有关生态环境保护政策要求。

(四)资源和能源利用效果分析

对于占用重要资源的项目,分析项目所需消耗的资源品种、数量、来源情况,以及非常规水源和污水资源化利用情况,提出资源综合利用方案和资源节约措施,计算采取资源节约和资源化利用措施后的资源消耗总量及强度。计算采取节能措施后的全口径能源消耗总量、原料用能消耗量、可再生能源消耗量等指标,评价项目能效水平以及对项目所在地区能耗调控的影响。

(五)碳达峰碳中和分析

对于高耗能、高排放项目,在项目能源资源利用分析基础上,预测并核算项目年度碳排放总量、主要产品碳排放强度,提出项目碳排放控制方案，明确拟采取减少碳排放的路径与方式，分析项目对所在地区碳达峰碳中和目标实现的影响。

八、项目风险管控方案

（一）风险识别与评价

识别项目市场需求、产业链供应链、关键技术、工程建设、运营管理、投融资、财务效益、生态环境、社会影响、网络与数据安全等方面的风险，分析各风险发生的可能性、损失程度，以及风险承担主体的韧性或脆弱性，判断各风险后果的严重程度，研究确定项目面临的主要风险。

（二）风险管控方案

结合项目特点和风险评价，有针对性地提出项目主要风险的防范和化解措施。重大项目应当对社会稳定风险进行调查分析，查找并列出风险点、风险发生的可能性及影响程度，提出防范和化解风险的方案措施，提出采取相关措施后的社会稳定风险等级建议。对可能引发“邻避”问题的，应提出综合管控方案，保证影响社会稳定的风险在采取措施后处于低风险且可控状态。

（三）风险应急预案

对于拟建项目可能发生的风险，研究制定重大风险应急预案，明确应急处置及应急演练要求等。

九、研究结论及建议

（一）主要研究结论

从建设必要性、要素保障性、工程可行性、运营有效性、财务合理性、影响可持续性、风险可控性等维度分别简述项目可行性研究结论，重点归纳总结拟推荐方案的项目市场需求、建设内容和规模、运营方案、投融资和财务效益，并评价项目各方面的效果和风险，提出项目是否可行的研究结论。

（二）问题与建议

针对项目需要重点关注和进一步研究解决的问题，提出相关建议。

十、附表、附图和附件

根据项目实际情况和相关规范要求，研究确定并附具可行性研究报告必要的附表、附图和附件等。

关于投资项目可行性研究报告编写大纲的说明

（2023 年版）

一、制定目的

党的二十大报告指出，要加快构建新发展格局，着力推动高质量发展。高质量发展需要高质量的投资，高质量的投资需要高质量的投资决策，而可行性研究是投资决策的核心环节。要坚持科学决策、民主决策、依法决策，提升我国投资项目前期论证的质量和水平，实现投资高质量发展，就必须强化投资项目可行性研究的基础作用。

为贯彻落实党的二十大精神，加强对项目前期工作的政策指导，巩固和深化投融资体制改革成果，推动投资高质量发展，根据《政府投资条例》《企业投资项目核准和备案管理条例》等规定，在 2002 年发布的《投资项目可行性研究指南（试用版）》基础上，经深入调查研究、广泛征求意见，制定了《政府投资项目可行性研究报告编写通用大纲（2023 年版）》（以下简称《通用大纲》）和《企业投资项目可行性研究报告编写参考大纲（2023 年版）》（以下简称《参考大纲》，两个大纲以下统称投资项目可行性研究报告编写大纲），供有关方面借鉴和参考。

投资项目可行性研究报告编写大纲是对项目可行性研究报告编写内容和深度的一般要求。为更好适应不同行业领域的特点和具体要求，相关管理部门或机构可参照两个编写大纲，在充分反映行业特殊性、根据实际需要对两个编写大纲有关内容进行合理调整的基础上，制定适用具体行业或领域的可行性研究报告编写大纲。

二、适用范围

(一)适用领域

投资项目可行性研究报告编写大纲用于指导有关方面开展投资项目的可行性研究工作,适用于我国境内各行业各类项目的可行性研究工作,其研究成果作为投资主体内部决策、政府审批和核准及备案、银行审贷、投资合作、工程设计、项目实施、竣工验收,以及项目后评价等工作的基本依据。其中,政府投资项目可行性研究报告原则上应按照《通用大纲》进行编写,以保障政府投资项目前期工作质量,提升投资决策的科学化和规范化水平。《参考大纲》在落实企业投资自主权基础上,主要是引导企业重视项目可行性研究,加强投资项目内部决策管理,促进依法合规生产经营,实现健康可持续发展。

(二)适用人群

投资项目可行性研究报告编写大纲是指导全国投资项目开展可行性研究工作的行政规范性文件,主要面向投资建设领域从事可行性研究工作的专业人员,也可供政府部门、企事业单位等从事投资管理工作,银行等金融机构负责投资决策和信贷融资决策人员,以及高等院校相关专业的师生参考使用。

(三)具体项目适用

投资项目可行性研究报告编写大纲是对投资项目可行性研究报告编写内容和深度的基础性要求。项目单位、工程咨询机构等主体在编写具体项目的可行性研究报告时,可结合项目的实际情况,对两个大纲所要求的内容予以适当调整。比如,若论证的项目不涉及编写大纲中的部分内容,可在说明情况后不再予以详细论证;对于编写大纲未涉及的内容,必要时应结合行业特点进行论证。对于建设内容单一、投资规模较小、技术方案简单的项目,可以按照国家有关规定简化编写大纲中的有关内容；对于重大或复杂项目，可行性研究报告正文前面可以形成摘要，综述项目概况、可行性研究过程、主要结论和建议等内容。

三、原则要求

（一）坚持推动高质量发展

编写可行性研究报告要完整、准确、全面贯彻新发展理念，坚持以人民为中心的发展思想，更加注重发挥宏观战略、发展规划和产业政策的引领作用。同时，要立足投资项目全生命周期管理，研究借鉴可持续发展要求，更加注重经济、社会、环境评价等新理念新方法的应用，将绿色发展、自主创新、共同富裕、国家安全、风险管理等理念以及投资建设数字化等要求融入可行性研究，推动建立适应高质量发展的投资项目可行性研究制度规范。

（二）坚持政府投资项目和企业投资项目分类管理

可行性研究应充分发挥市场在资源配置中的决定性作用，更好发挥政府作用，根据政府投资项目和企业投资项目分类管理要求，明确政府投资项目和企业投资项目可行性研究的不同侧重。其中，政府投资项目可行性研究应突出经济社会综合效益，并根据经济社会发展需要和财政可负担性，合理确定建设标准、建设内容、投资规模等，防范地方政府隐性债务风险；企业投资项目可行性研究应突出经济性，聚焦企业自主投资决策所关注的投资收益、市场风险规避等内容，引导企业提高投资决策的科学性和财务的可持续性。

（三）坚持以“三大目标、七个维度”为核心内容

围绕投资项目建设必要性、方案可行性及风险可控性三大目标开展系统、专业、深入论证，重点把握“七个维度”的研究内容。其中，项目建设必要性应从需求可靠性维度研究得出结论，项目方案可行性应从要素保障性、工程可行性、运营有效性、财务合理性和影响可持续性等五个维度进行研究论证，项目风险可控性应通过各类风险管控方案维

度研究得出结论。

四、项目可行性研究报告的主要内容及编写说明

(一)概述

拟建项目和项目单位基本情况是项目决策机构掌握项目全貌、决定是否建设的前提和基础,也是投资项目可行性研究报告的重要内容。

“项目概况”是对拟建项目的建设地点、建设内容和规模、总体布局、主要产出、总投资和资金来源、主要技术经济指标等内容的阐述,为项目决策机构对拟建项目的相关事项开展分析评价奠定基础。

“项目单位(企业)概况”是对项目单位基本信息的阐述,为项目决策机构分析判断项目单位是否具备承担拟建项目的能力、国有控股企业是否聚焦主责主业等提供依据。拟新组建项目法人的,提出项目法人组建方案。政府资本金注入项目还需简述项目法人基本信息、投资人(或者股东)构成及政府出资人代表等情况。

“编制依据”主要说明拟建项目取得相关前置性审批要件、主要标准规范及专题研究成果等情况,为相关研究评价和数据提供来源和支撑。

“主要结论和建议”简述可行性研究的主要结论和建议,必要时可进行列表展示。

(二)项目建设背景和必要性

“项目建设背景”主要简述项目提出背景、前期工作进展等情况,便于项目决策机构掌握项目来源、工作基础和需要解决的重要问题等。说明项目投资管理手续办理情况,如建设项目用地预审与选址意见书、环境影响评价、排污许可、文物保护、矿产压覆、水土保持、地震安全性评价等行政审批手续,以及相关手续取得的保障条件。

“规划政策符合性”应体现经济社会发展战略和规划,从扩大内需、共同富裕、乡村振兴、科技创新、节能减排、碳达峰碳中和、国家安全、基

本公共服务保障等重大政策目标层面进行分析，研究提出项目建设的必要性，评价项目与战略目标、政策要求的一致性。

"项目建设必要性"主要从宏观、中观和微观层面展开分析，研究项目建设的理由和依据。对于主要满足社会公共需求的非经营性项目，应进行社会需求研究，通过对项目的产出品、投入品或服务的社会容量、供应结构和数量等进行分析，为确定项目的目标受益群体、建设规模和服务方案提供依据。

(三)项目需求分析与产出方案

"需求分析"要根据经济社会发展规划、国家和地方标准规范以及项目自身特点，通过文案资料、现场调研、数字化技术等方法，分析需求现状和未来预期等情况，研究提出拟建项目近期和远期目标、产品或服务的需求总量及结构，为研究确定项目建设内容和规模提供支撑。对于重大项目，应立足于构建以国内大循环为主体、国内国际双循环相互促进的新发展格局，研究两个市场、两种资源，促进畅通循环，论证产业链供应链的韧性和安全性。企业投资项目以满足市场需求为导向，应结合"企业发展战略需求分析"，更多从"项目市场需求分析"、市场竞争力等角度研究论证项目建设的必要性。

"项目建设内容和规模""产出方案"在需求分析基础上，阐述拟建项目总体目标及分阶段目标，提出拟建项目建设内容和规模，明确项目产品方案或服务方案及其质量要求，并评价项目建设内容、规模以及产品方案的合理性。企业投资项目还要研究"项目商业模式"，分析拟建项目收入来源和结构，判断项目是否具有充分的商业可行性和金融机构等相关方的可接受性，并研究项目综合开发等模式创新路径及可行性。

(四)项目选址与要素保障

"项目选址或选线"应坚持国土空间"唯一性"要求，从规划条件、技术条件、经济条件和资源节约集约利用等方面，以国土空间规划和用途管制规则为基本依据，基于国土空间规划"一张图"，将耕地和永久基本农田保护、生态红线保护、节约集约利用土地作为方案比选核心要素，对拟定的备选场址方案或线路方案进行比较和择优。选址方案研究应鼓励公众参与，充分考虑不同影响和风险因素的早期筛查判断和初步分析成果，并结合利益相关方的诉求或建议反馈，完善和优化选址选线方案。

"项目建设条件"主要分析拟建项目所在地的自然环境、交通运输、公用工程等支撑项目建设的外部因素。

"要素保障分析"包括土地要素保障，以及水资源、能耗、碳排放强度和污染减排指标控制要求及保障能力等。对于新占用土地的投资项目，应当明确拟建项目场址或选线的土地权属、供地方式、土地利用状况、矿产压覆、占用耕地和永久基本农田、涉及生态保护红线、地质灾害危险性评估等情况。对于涉及新增占用耕地的项目，应明确耕地占补平衡落实方案。对于涉及耕地、永久基本农田、生态保护红线的项目，开展节约集约用地研究，评价土地资源节约集约利用水平。根据"要素跟着项目走"原则，重大项目应根据法规政策要求，提出要素予以特别保障的方案。企业投资项目应鼓励市场化配置资源，重点分析项目亟需的用地、用能、碳排放等要素的可得性。

（五）项目建设方案

项目建设方案主要从工程技术方案及工程实体建设的角度研究工程可行性，在绿色低碳、节约集约、智慧创新、安全韧性等方面加强比选。为有序推进项目实施，建设方案要对项目组织实施、工期安排、招标方案等进行分析，明确"建设管理方案"，并根据项目实际情况研究提出"数字化方案"，促进投资建设全过程数字化应用。同时，要对项目"技术方案""设备方案""工程方案"的合理性、先进性、适用性、自主性、可靠性、安全性、经济性等进行多方案比选，研究工程技术方案的可行性。根据生态文明建设、推进绿色发展、全面节约资源等要求，"工程方案"应重视节约集约用地、绿色建材、绿色建筑、超低能耗建筑、装配式建筑、生态修复等绿色及韧性工程相关内容。

"用地用海征收补偿(安置)方案"应根据有关法律法规政策规定,对于投资项目涉及土地征收或用海海域征收的,明确征收范围、土地现状、征收目的、补偿方式和标准、安置对象、安置方式、社会保障、补偿(安置)费用等内容。其中,土地征收涉及补偿和安置等内容,用海征收一般只涉及补偿,不涉及安置。项目土地征收需要采取集中安置的,应提出集中安置点规划设计方案。项目采取过渡安置方式的,应明确过渡期限等,并分析其合理性。项目用地征收补偿(安置)方案应保证被征地农民原有生活水平不降低、长远生计有保障。

(六)项目运营方案

可行性研究要改变"重建设、轻运营"的做法,强调项目全生命周期的方案优化和系统性论证,既要重视工程建设方案可行性研究,也要重视项目建成后的运营方案可行性研究。同时,还要结合项目的工程技术特点,遵循有关部门颁布的各类运营管理标准(包括强制性标准和参考性标准等),确保满足产品或服务质量、安全标准等要求。

运营方案要重视研究"运营模式选择"和创新。政府投资项目要评价市场化运营的可行性和利益相关方的可接受性,企业投资项目要确定"生产经营方案",突出运营有效性。项目运营需要研究"运营组织方案",并制定项目全生命周期关键绩效指标和绩效管理机制,提出项目主要投入产出效率、直接效果、外部影响和可持续性等绩效管理要求,即"绩效管理方案"。

项目运营要牢固树立安全发展理念,提出"安全保障方案",明确安全生产责任和应急管理要求,强化运营单位主体责任,落实政府监管要求。

(七)项目投融资与财务方案

项目投融资与财务方案是在明确项目产出方案、建设方案和运营方案的基础上,研究项目投资需求和融资方案,计算有关财务评价指标,评价项目盈利能力、偿债能力和财务持续能力,据以判断拟建项目的财务合理性,分析项目对不同主体的价值贡献,为项目投资决策、融资决策和财务管理提供依据。

可行性研究阶段对项目“投资估算”的准确度要求在±10%以内，以切实提高投资估算的精度，为项目全过程投资控制提供依据。政府投资项目的投资估算应依据国家颁布的投资估算编制办法和指标进行编制。投资估算要充分考虑项目周期内有关影响和风险管理的费用安排，如环境保护与治理、社会风险防范与管控、节能与减碳、安全与卫生健康等相关建设投入和费用支出等。

对于政府资本金注入项目和企业投资项目，“盈利能力分析”是项目财务方案的重要内容。项目“融资方案”是在对项目自身盈利能力进行分析的基础上，研究项目的可融资性，以及采用政策性开发性金融工具、发行产业基金、权益型金融工具、专项债等融资方式的可行性。债务融资的投资项目要重视评价债务清偿能力；如果项目经营期出现经营净现金流量不足，还应研究提出资金接续方案，重点评价项目财务可持续性。

项目“盈利能力分析”重点是现金流分析，通过相关财务报表计算财务内部收益率、财务净现值等指标，判断投资项目盈利能力。财务收入是构成投资项目财务现金流入的主要来源；成本费用是项目产品定价的基础，也是项目财务现金流出的主要构成。对于没有营业收入的非经营性项目，可不进行盈利能力分析，主要开展项目建设和运营阶段资金平衡分析，提出开源节流措施。如果营业收入不足以覆盖项目成本费用，应研究提出可行性缺口补助方案。

为了适应投资项目融资主体多元化、融资渠道多样化、融资方式复杂化的变化，项目“融资方案”研究需要强化对融资结构、融资成本和融资风险等的分析。政府投资项目要从公共财政角度分析论证财政资金支持的必要性、支持途径和方式，以及资金筹措替代方案等，关注如何更好发挥政府作用。企业投资项目要关注项目业主、出资人、股东合法权益和价值实现，从财务管理的角度设计合理的投资模式和融资方案，评价项目的可融资性。综合性开发项目需要关注项目潜在综合收益，拓展项目市场化发展空间。基础设施项目应根据需要，研究项目建成后采取基础设施领域不动产投资信托基金（REITs）等方式盘活存量资产、实现项目投资回收的路径。

“债务清偿能力分析”是论证项目计算期内是否有足够的现金流量，按照债务偿还期限、还本付息方式偿还项目的债务资金，从而判断项目支付利息、偿还到期债务的能力。政府投资或付费类项目还要分析评价当地财政可负担性和是否可能引发隐性债务等情况。

“财务可持续性分析”是根据财务计划现金流量表，综合考察项目计算期内各年度的投资活动、融资活动和经营活动所产生的各项现金流入和流出，计算净现金流量和累计盈余资金，判断项目是否有足够的净现金流量维持项目的正常运营。

（八）项目影响效果分析

可行性研究报告应重视经济社会、资源环境等外部影响效果的评价，并注意与节能评价、环境影响评价等专项评价的结果相衔接。

“经济影响分析”是从经济资源优化配置的角度，利用经济费用效益分析或经济费用效果分析等方法，评价项目投资的真实经济价值，判断项目投资的经济合理性，从而确保项目取得合理的经济影响效果。重大投资项目还要分析其对宏观经济、区域经济和产业经济的影响。

“社会影响分析”主要从项目可能产生的社会影响、社会效益和社会接受性等方面，研究项目对当地产生的各种社会影响，评价项目在促进个人发展、社区发展和社会发展等方面的社会责任，并提出减缓负面社会影响的措施和方案。

“生态环境影响分析”是从推动绿色发展、促进人与自然和谐共生的角度，分析拟建项目所在地的生态环境现状，评价项目在污染物排放、生态保护、生物多样性和环境敏感区等方面的影响。

“资源和能源利用效果分析”是从实施全面节约战略、发展循环经济等角度，分析论证除了项目用地（海）之外的各类资源节约集约利用的合理性和有效性，提出关键资源保障和供应链安全等方面的措施，评价项目能效水平以及对当地能耗调控的影响。

“碳达峰碳中和分析”通过估算项目建设和运营期间的年度碳排放总量和强度，评价项目碳排放水平，以及与当地“双碳”目标的符合性，提出生态环境保护、碳排放控制措施。

此外，根据项目特点和实际需要，还可以开展安全影响效果论证，更好统筹发展和安全，提升供应链韧性和安全水平，实现经济效益、社会效益、生态效益和安全效益相统一。

（九）项目风险管控方案

可行性研究应重视风险管控，确保有效规避项目全生命周期风险。“风险识别与评价”主要是识别项目存在的各种潜在风险因素，包括市场需求、要素保障、关键技术、供应链、融资环境、建设运营、财务盈利性、生态环境、经济社会等领域的风险，并分析评价风险发生的可能性及其危害程度，提出规避重大和较大风险的对策措施及应急预案，即“风险管控方案”和“风险应急预案”，建立健全投资项目风险管控机制。

重大项目应当对社会稳定风险进行调查分析，征询相关群众意见，查找并列出风险点、风险发生的可能性及影响程度，提出防范和化解风险的方案措施，提出采取相关措施后的社会稳定风险等级建议。可能引发“邻避”问题的，应提出综合管控方案。要通过深入分析评价，论证相关风险管控方案能否将项目各种风险均降低到可接受的状态。

五、投资项目可行性研究报告与投资决策其他手续的关系

（一）与政府投资项目建议书的关系

政府投资项目建议书重在论述项目建设的必要性，主要对项目的功能定位、主要建设内容和规模、投资匡算、资金筹措、社会效益和经济效益进行初步分析，为后续开展可行性研究提供基础。可行性研究报告主要研究项目建设的技术经济可行性，贯彻多方案比选理念，对项目的建设规模和内容、建设方案、运营方案、融资方案、财务方案、外部影

响和效益等方面开展深入研究分析，为政府投资决策提供依据，是项目建议书的深化研究。政府投资项目建议书的编写，可参考《通用大纲》，并对相关内容予以适当简化。

（二）与企业投资项目申请书的关系

企业投资建设属于政府核准目录范围内的项目，须按照规定向核准机关提交项目申请书。项目申请书主要基于可行性研究的成果，重点分析企业投资项目在符合发展建设规划、技术标准和产业政策的前提下，可能产生的资源利用、公共利益等外部影响，旨在获得项目核准许可。企业投资项目可行性研究报告为企业投资决策提供依据，也为项目申请书提供编写基础，可行性研究相关成果可以转化为项目申请书相关内容。

备注：可扫二维码获取《政府投资项目可行性研究报告编写通用大纲（2023 年版）》《企业投资项目可行性研究报告编写参考大纲（2023 年版）》和《关于投资项目可行性研究报告编写大纲的说明（2023 年版）》